Detlef Witt, Rolf Kneißl, Tilo Schöfbeck, Sandra Hauff

Kirchen an Trebel und Ibitz

Ein kunst- und kulturhistorischer Führer
zu den vorpommerschen Dorfkirchen
Glewitz, Medrow, Nehringen, Deyelsdorf, Rakow und Bretwisch

Gewidmet
Annemarie Rühl
* 19. September 1921
† 19. November 2010

MICHAEL IMHOF VERLAG

Umschlagvorderseite: Passionsfries, Christus in der Vorhölle
alle Fotos Umschlag: Rolf Kneißl

© 2012
Michael Imhof Verlag GmbH & Co. KG
Stettiner Straße 25
D-36100 Petersberg
Tel.: 0661/9628286; Fax: 0661/63686
www.imhof-verlag.com | info@imhof-verlag.de

Reproduktion und Gestaltung: Michael Imhof Verlag
Druck: Meiling Druck, Haldensleben

Printed in EU
ISBN 978-3-86568-678-7

INHALTSVERZEICHNIS

VORWORT

Rolf Kneißl

In unseren Kirchen leben der Glaube, aber auch die Kunst und Kultur vieler vergangener Generationen noch heute weiter. Manches davon scheint uns geheimnisvoll und unserem Wissen verborgen. Dabei erzählen die Kirchen uns die Geschichte der Dörfer und die Geschichten der Dörfler. Vielleicht kann dieses Büchlein eine Hilfe zum Verstehen sein und Zeiten zurückliegender Generationen lebendig werden lassen.

Sicher finden wir in unseren Dorfkirchen nicht die ganz große Kunst, aber es sind durch die damit verbundenen Geschichten doch unverwechselbare Glaubenszeugnisse von Menschen, die hier lebten und in ihrem Glauben Freude, Hoffnung und Trost erfahren haben.

Diese Kunstwerke waren fast immer Gebrauchsgegenstände der Liturgie oder Erinnerungsmale. Die meisten werden noch heute in Gottesdiensten benutzt oder sind ein Blickfang, der die Gedanken auf Reisen schickt.

Mit diesem Kirchenführer wollen wir aber auch Mut machen, unsere Kirchen zu betreten, um Ruhe und Besinnung in einer rastlosen Zeit zu finden – sei es zum Konzert, zur Besichtigung oder ganz besonders zu ihrer eigentlichen Bestimmung, dem Gottesdienst.

Wir möchten an dieser Stelle allen danken, die in den zurückliegenden Jahren geholfen haben, unsere Kirchen zu erhalten – sie legten ehrenamtlich Hand an, standen uns mit ihrem Rat zur Seite oder spendeten dringend benötigtes Geld.

Die Gottesdienstbesucher beim Margarethenfest 2011, Foto RK

Besonderer Dank gilt unseren Stiftern und Spendern Otto und Annemarie († 2010) Rühl (Margarethenstiftung), Hartmut und Irmgard Nehmzow (Nehmzowstiftung) sowie Hermann und Ilse Schlosser, die sich seit vielen Jahren gemeinsam mit der Deutschen Stiftung Denkmalschutz in Bonn um unsere Kirchen bemühen.

An der Herstellung dieses Kirchenführers waren viele beteiligt. Johannes Soeder hat vor allem zur Geschichte der Rakower und Bretwischer Kirche viel Hintergrundwissen eingebracht. Christiane Kirbs hat viele handschriftliche deutsche Texte transkribiert. Aber auch viele andere haben mit konkretem Fachwissen wichtige Hinweise gegeben. Allen sei herzlich dafür gedankt. Schließlich und letztendlich ist noch einmal Familie Rühl zu danken, dass dieses Buch entstehen konnte.

Winterliche Stimmung im Trebeltal, Foto RK

Einleitung

Tilo Schöfbeck

Der landschaftliche Charakter liegt, wie die Erträglichkeit des Bodens, zwischen den Extremen reizender Anmuth und einförmiger Oede, zwischen fettem Weizenboden und armen Sandschellen.

(Daniel 1863, S. 420, Kapitel: Das Herzogthum (Provinz) Pommern)

Das Land an Trebel und Ibitz ist eine typische Grenzlandschaft. Ein ausgedehntes Niederungsgebiet trennt seit Jahrhunderten Mecklenburg und Pommern voneinander. Auf pommerscher Seite ist die Gegend von zahlreichen Urstromtälern durchzogen, von Ablaufrinnen des Schmelzwassers nach der letzten Eiszeit. Überall trifft man auf Gräben und Fließe wie den Roten Brückengraben oder den Burggraben, die das Gewässernetz von Trebel- und Ibitzbruch miteinander verbinden. Die Siedlungen entstanden auf den Talsand-

inseln, in natürlicher Schutzlage zwischen den verschiedenen Bruchgebieten, verbunden einzig durch zahlreiche Dämme wie den Speckendamm, Torfdamm, Schwarzen Damm oder Wolthofer Damm. Bereits aus urgeschichtlicher Zeit haben sich die ältesten Zeugnisse menschlicher Besiedlung gefunden, neben steinzeitlichen Artefakten, bronze- und eisenzeitlichen Funden ist es die berühmte Nehringer Drachenfibel aus dem 7. Jahrhundert n. Chr., die von Skandinavien ins Land kam und um 1930 als Baggerfund aus der Trebel

Trebellandschaft mit Nehringer Brücke, Foto DW

geborgen wurde. Sicher ist der *Holm*, der Name einer Insel im Trebelbruch gegenüber von Nehringen, ein weiterer Hinweis auf skandinavische Einflüsse im Hinterland der Ostseeküste.

Nachdem das Land am Ende der Völkerwanderungszeit großenteils von seiner germanischen Bevölkerung verlassen war, wanderten im Laufe des 7. Jahrhunderts slawische Stämme aus dem Südosten ein. Ihre Siedlungen und Burgen finden sich überall im Land von Trebel und Ibitz. Bei Nehringen befand sich vermutlich seit alter Zeit eine Übergangsmöglichkeit über die Trebel. Ein bedeutender Hacksilberschatz, abgelegt unter einem großen Stein am Mühlenberg der nahegelegenen Feldmark Dorow, wurde 1973 geborgen und bestand aus Schmuckresten sowie zahlreichen Münzen Mittelasiens, des deutschen Reichsgebietes, Böhmens, Englands, Italiens und Skandinaviens. Die Schlussmünze datiert 1002. Bei einem Hacksilberschatz wurden verschiedenste Gegenstände aus Edelmetall unabhängig von ihrem Kunstwert so klein zerteilt, dass sie auf ihren reinen Edelmetallwert reduziert waren.

In zwei Missionsreisen kam Otto von Bamberg 1124/25 und 1128 nach Pommern, um die slawischen ,Heiden' zum Christentum zu bekehren. Seiner Lebensgeschichte zufolge befuhr er dabei auch die Peene und berührte damit auch die Region unserer Kirchen. Dennoch hatte dieser kurze Aufenthalt keine tiefgreifenden Auswirkungen auf das Leben der ansässigen Bevölkerung. Erst im beginnenden 13. Jahrhundert, mit der Ankunft von Zuwanderern aus den Altsiedelgebieten, verbreitete sich das Christentum in den neuen Dörfern. Die Siedler stammten großenteils aus Niedersachsen und Westfalen, anfänglich auch aus der Altmark. Die Deutsche Ostsiedlung und der Landesausbau erreichten das Grenzland zu Beginn des 13. Jahrhunderts.

Bedeutende Förderung erfuhr diese Umstrukturierung durch die Ansiedlung von Feldklöstern. Für die Glewitzer Region war das unweit gelegene Kloster Neuenkamp von besonderer Bedeutung. Die Zisterzienserabtei war 1231 vom Rügenfürsten Wizlaw I. als Tochter des Klosters Kamp im heutigen Kamp-Lintfort am Niederrhein gegründet worden. Zu den Idealen des Zisterzienserordens gehörte die Ansiedlung in der Einsamkeit. Abseits der großen Städte und Straßen ließen sie sich nieder. Von dort aus betrieben sie die Urbarmachung und Kultivierung des Umlandes. Reich beschenkt durch Landesherren, Landadel und städtisches Bürgertum, verfügten sie gegen Ende des Mittelalters über umfangreichen Landbesitz in der Region, unter anderem auch an Trebel und Ibitz.

Die Territorialgrenzen waren nur gegen Mecklenburg klar, ansonsten trennte die verschiedenen Dörfer mit ihren Kirchspielen einerseits die Bistumsgrenze zwischen Schwerin und Kammin, andererseits auch bis 1325 die Herrschaftsgrenze zwischen dem Fürstentum Rügen im Norden und dem Herzogtum Pommern im Süden. Die *terra Loitz* entwickelte sich anfangs zu einer kleinen, relativ unabhängigen Herrschaft unter dem mecklenburgischen Ritter Detlev von Gadebusch. Der alte slawische Burgort Tribsees weiter im Norden bildete den Gegenpol, einen Außenposten des Rügenfürsten, besetzt mit einem Angehörigen des Fürstenhauses. Gleichzeitig war dieser auch Archidiakon, also kirchlicher Verwalter des gesamten festländischen Teiles im Fürstentum Rügen, das im Gegensatz zur Insel zum Bistum Schwerin gehörte. Erst kürzlich konnte vor den Toren der Stadt Tribsees ein mittelslawischer Burgwall aus dem 10. Jahrhundert nachgewiesen werden, andernorts muss sich die Burg befunden haben,

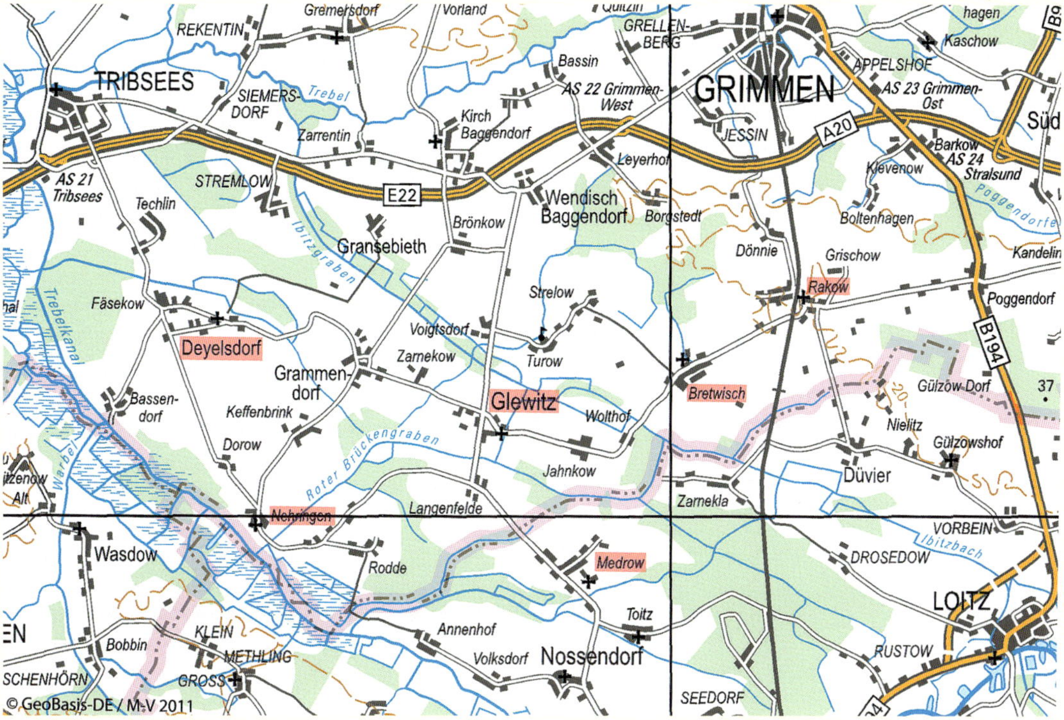

The map at the top of the page shows the landscape between Trebel and Ibitz, with place names including:

TRIBSEES, SIEMERSDORF, REKENTIN, Gremersdorf, Vorland, GRELLEN-BERG, Quitzin, hagen, Kaschow, APPELSHOF, GRIMMEN, Bassin, AS 22 Grimmen-West, AS 23 Grimmen-Ost, Süd, Barkow, AS 24 Stralsund, Klevenow, Kirch Baggendorf, Zarrentin, JESSIN, A20, Leyerhof, Boltenhagen, STREMLOW, Techlin, E22, Wendisch Baggendorf, Borgstedt, Dönnie, Grischow, Kandelin, Gransebieth, Brönkow, Rakow, Poggendorf, Fäsekow, Strelow, B194, Deyelsdorf, Voigtsdorf, Zarnekow, Turow, Bretwisch, Gülzow-Dorf, 37, Grammen-dorf, Keffenbrink, Glewitz, Wolthof, Nielitz, Gülzowshof, Bassen-dorf, Dorow, Düvier, Jahnkow, Nehringen, Langenfelde, Zarnekla, VORBEIN, Wasdow, Rodde, Medrow, DROSEDOW, Ibitzbach, Toitz, LOITZ, Bobbin, KLEIN, Annenhof, RUSTOW, SCHENHÖRN, METHLING, Volksdorf, Nossendorf, GROSS, SEEDORF

© GeoBasis-DE / M-V 2011

die im 12. Jahrhundert Erwähnung findet. Die Kirche dürfte mit den älteren baulichen Hinterlassenschaften eines ehemals basilikalen Langhauses zumindest in die Zeit um die Mitte des 13. Jahrhunderts gehören, der nicht mehr vorhandene romanische Chor war entsprechend noch etwas älter.

Die ersten neuen Dörfer im Raum südlich von Grimmen scheinen auch gegen 1220/30 entstanden zu sein, wie parallele Entwicklungen in den benachbarten Landschaften zeigen. Die urkundlichen Ersterwähnungen von Klein und Groß Rakow, Bretwisch, Medrow und anderen Kirchspieldörfern liegen in den Jahren 1232 bzw. 1242. Damals schwelte der Streit um die Bistumsgrenzen und damit auch über die Zehneinkünfte zwischen dem Schweriner und dem Kamminer Bischof. Die Dörfer waren bereits neu vermessen, da die Größe in Hufen (ca. 20 ha) angegeben wurde. Ihre Ortsnamen zeugen von der slawischen Bevölkerung, selbst Bretwisch hieß in jenen Tagen noch *Pretutse*, was bedeutungsgemäß ‚Ort, durch den etwas fließt' heißt und die Ortslage an einem Bach treffend beschreibt. Die Besonderheit Bretwischs war über viele Jahrhunderte seine Zweiteilung zwischen den benachbarten Bistümern, zeitweise auch Herrschaften und später Pfarreien.

In der Frühzeit der Dörfer entstanden gleichzeitig die ersten Kirchgemeinden.

Die zugewanderten Siedler brachten aus ihrer Heimat in (Nieder-)Sachsen und Westfalen die sogenannte altsächsische Kirchspielverfassung mit, was zur Folge hatte, dass nicht jedes Dorf seine eigene Kirche besaß. Vielmehr mussten die Einwohner von ca. 4–6 Orten zu ein und demselben Gotteshaus kommen. Später kam es zur Gründung von Filialkirchen und Kapellen, von denen sich zum Ende des Mittelalters, am Vorabend der Reformation, fast in jedem Dorf eine befunden zu haben scheint. Die wenigen Nachrichten, die davon überkommen sind, sprechen zumeist von dem desolaten Zustand dieser kleinen und einfachen Bauten.

Forschungen in anderen Regionen zeigen, dass es sich bei den ersten Kirchen immer um Holzbauten gehandelt hat. Bis zur Errichtung steinerner Sakralbauten dauerte es mindestens eine Generation, also 20–30 Jahre, in manchen Fällen auch länger – nicht selten folgen heute Fachwerkkirchen gleichartigen Vorgängern. Die ältesten Dorfkirchen der Region befinden sich auf mecklenburgischer Seite in Behren-Lübchin (1240er Jahre) und Levin (1253d) sowie in Vorpommern in Tribohm (um 1240) und Eixen (1259d) (‚d‘ bezieht sich auf die dendrochronologische Untersuchungsmethode, in der durch den Vergleich von Jahrringmustern das Fälljahr eines Baumes bestimmt werden kann). Unter den vorgestellten Kirchen dieses Buches dürfte es sich beim Chor der Kirche von Klein Rakow aus den 1270er Jahren um die älteste Kirche handeln, die aber ihrerseits einem verbreiteten Typ folgt, wie er in Mecklenburg und Vorpommern (nördlich der Peene) ab der Jahrhundertmitte nachweisbar ist. Ein Chorbau mit dem typischen Blendengiebel, der ebenfalls noch diesem Modell folgt, findet sich in Medrow (1280er Jahre). Gleichzeitig entsteht in Glewitz einer der modernsten Chöre im Küstengebiet, ein polygonaler Backsteinbau von strengen Formen der Hochgotik mit aufwendiger Architekturmalerei.

Der Reichtum, welcher solche hervorragenden Werke der Hochkunst auf das Land brachte, rührte im ausgehenden 13. Jahrhundert von den Gewinnen des schwunghaften Getreideexportes, insbesondere nach Westeuropa, her. Die neuen Felder waren sehr fruchtbar, die Preise attraktiv, so dass die jungen Hansestädte durch Handel erblühten und auch auf dem Lande der Wohlstand seine Spuren hinterließ. Doch flaute die Konjunktur im beginnenden 14. Jahrhundert merklich ab, Missernten und Hungersnöte im zweiten Jahrzehnt führten ebenso wie Preisverfall und ökologische Probleme (ausgebeutete Böden, vollständige Entwaldung, Winderosion) zu nachweislich geringer Bautätigkeit. Am Ende dieser Epoche stand die Pest, der Schwarze Tod, der 1348/49 einen erheblichen Anteil der Bevölkerung dahinraffte. Die Grenzregion zu Mecklenburg war zudem stark durch die Rügischen Erbfolgekriege im 2. Viertel des 14. Jahrhunderts in Mitleidenschaft gezogen worden, wie es sich u. a. an der regionalen Häufung von starken Bauschäden an Kirchen im mittleren 14. Jahrhundert ablesen lässt. Gleichzeitig werden ab Jahrhundertmitte aber auch wieder vermehrt Kirchen errichtet. In Klein Rakow wird das massive Langhaus um 1386 fertiggestellt, das Glewitzer Kirchenschiff vermutlich einige Jahre eher, in Medrow ebenfalls zu dieser Zeit.

Zu Beginn des 15. Jahrhunderts entstanden dann die Türme, am besten zu sehen in Klein Rakow mit dem hölzernen Ständerbau von 1422, welcher wie der etwa gleichzeitig verzimmerte, im 19. Jahrhundert durch eine andere Konstruktion ersetzte Glewitzer Turm über einem massiven Untergeschoss errichtet wurde. In Medrow haben sich nur noch Reste des Turmfundamentes erhalten,

deren Entstehung im 15. Jahrhundert aber wahrscheinlich ist.

Als Besonderheit kann gelten, dass sich unter den sechs vorgestellten Dorfkirchen zwei nachreformatorische Bauten aus der Renaissance befinden, einer Epoche, aus der uns nur eine kleine Anzahl von Kirchen überliefert ist. Aufgrund von Zwistigkeiten zweier konkurrierender Adelsfamilien wurde die ursprüngliche Mutterkirche in Dorow von zwei neuen ‚Gutskirchen' in Nehringen (1598) und Deyelsdorf (1602) beerbt. Beide Bauten werden nunmehr von protestantischen Bau- und Ausstattungsgedanken geprägt und zudem stärker auf den Patron ausgerichtet.

Nicht zuletzt soll das kirchbaufreudige 19. Jahrhundert Erwähnung finden, dem wir nicht nur einen vollständig historistischen Neubau, die neugotische Kirche von Bretwisch, zu verdanken haben, sondern auch prägende Restaurierungsmaßnahmen in den anderen Gotteshäusern.

Die Ausstattung der hier vorgestellten Dorfkirchen ist über die Jahrhunderte gewachsen und hat im Laufe der Zeit starke Veränderungen erfahren. Die mittelalterlichen Wandmalereien aus dem 14. Jahrhundert in Glewitz zählen zu den bedeutendsten Denkmälern dieser Gattung in Mecklenburg-Vorpommern. Aber auch in Medrow und Rakow finden sich Reste der einstigen Ausmalung. Auf die mittelalterlichen Altarretabel (Schnitz- oder Flügelaltäre) bzw. deren Überreste aus Glewitz, Bretwisch und Deyelsdorf wird näher eingegangen, auch wenn sich diese heute nicht mehr in den Kirchen befinden. Seit der Mitte des 19. Jahrhunderts weckten mittelalterliche Bildwerke verstärktes Interesse bei den Kunstkennern. Da den Gemeinden oft die Mittel zur Restaurierung der Altarschreine fehlten, wurden sie des Öfteren verkauft oder als Leihgaben an Museen abgegeben. Der alte Deyelsdorfer Altar steht heute im Chor der Stralsunder St. Marien Kirche, das Bretwischer Retabel im Kulturhistorischen Museum in Stralsund und ein Teil der Glewitzer Skulpturen kann im Stettiner Museum bewundert werden,

Nehringen, Ensemble von Kavalierhaus, St. Andreaskirche und Offiziershaus, Foto TS

die zugehörige Madonna jedoch ist seit Kriegsende verschollen. Mittelalterliche Triumphkreuze blieben in Rakow und Glewitz erhalten. Ein herausragendes Ensemble einer noch nahezu vollständig erhaltenen bilderreichen Barockausstattung begegnet uns in Nehringen. Das ältere Renaissanceretabel wurde dort in die Neugestaltung aus den 1720er Jahren einbezogen. Auch in Medrow, Rakow, Glewitz und Deyelsdorf blieben Ausstattungsstücke aus der Zeit des Barock erhalten. Besonders hervorzuheben sind das monumentale Medrower Kruzifix aus dem

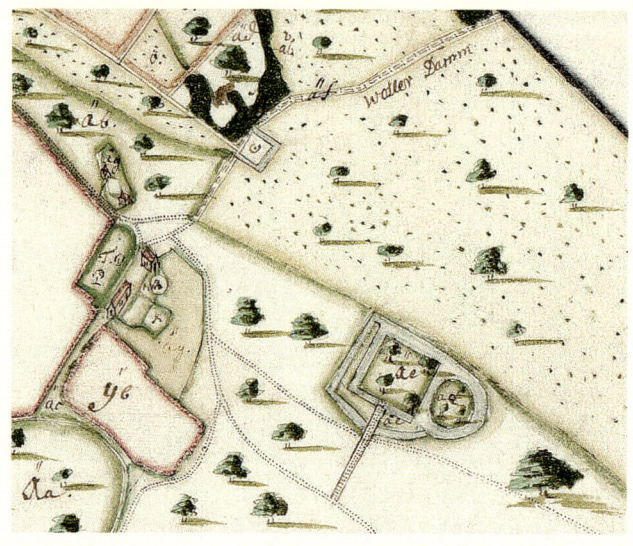

frühen 18. Jahrhundert, die Rakower Taufe sowie Kanzel, Taufengel und Leichenbahren in Glewitz. Es waren meist Stralsunder Bildhauer und Maler, welche diese Stücke schufen. Nicht zuletzt setzten sich die hier ansässigen Patronatsfamilien mit den von ihnen gestifteten Ausstattungsstücken Denkmäler. Im 19. Jahrhundert wurde diese Tradition fortgesetzt. In dieser Zeit wurden beispielsweise das Altarbild, Leuchter und ein gegossenes Kruzifix in Glewitz sowie die farbigen Glasmalereien in Bretwisch, Medrow und Rakow gestiftet. Im 20. Jahrhundert war es weniger die Anschaffung neuer Stücke als vielmehr die Restaurierung der wertvollen überkommenen Ausstattung, der das Augenmerk galt. Hier wurde in den letzten Jahrzehnten sehr viel geleistet. Die Erhaltung der in den 1970er Jahren von Schließung und Verfall bedrohten Nehringer Kirche ist maßgeblich dem Engagement Klaus Bergemanns zu verdanken, der dafür als erster Bürger in Mecklenburg-Vorpommern das Bundesverdienstkreuz erhielt. Die Restaurierungsarbeiten dauern bis heute an und erfordern sehr große finanzielle Aufwendungen, die von den Gemeinden allein nicht aufgebracht werden können. Nur mit Hilfe von Spendern und Stiftern ist es möglich, die gefährdeten Bau- und Kunstwerke fachgerecht instand zu setzen und sie für die Nachwelt zu erhalten.

Neben den Kirchen bestanden in Mittelalter und Früher Neuzeit auch zahlreiche befestigte Herrensitze im Land von Trebel und Ibitz. Kaum ein Ort, der nicht Flurnamen wie *Oller Hoff* oder Reste von Grabenanlagen mit Turmhügeln des 14./15. Jahrhunderts aufweist. Dazu gehören die Burg am Zelpinberg bei Medrow, die Turmhügelburg bei Wolthof oder natürlich der mächtige Fangelturm von Nehringen, der als einziges aufgehendes profanes Bauwerk die Zeiten überstanden hat. Seine au-

Keffenbrink, Herrenhaus, Aufnahme um 1920, Sammlung Alexander von Pachelbel

ßergewöhnliche Größe lässt sich mit der Grenzlage an einem Übergang nach Mecklenburg erklären.

Die Trebelniederung ließ sich hier zu bestimmten Zeiten durch Dämme überqueren, die heutige Brücke entstand erst 1911 und wurde mehrfach umfangreich erneuert. Für kurze Zeit lässt sich aber bereits zu Beginn des 16. Jahrhunderts ein Brückenbauwerk archivalisch nachweisen.

Besonders einschneidend wirkte sich der Dreißigjährige Krieg durch seine Folgen auf die vorgestellte Landschaft aus. Im Westfälischen Frieden von 1648 kam Pommern an Schweden, das aber seine Gebiete südlich der Peene infolge des Nordischen Krieges 1674–79 wieder an den Großen Kurfürsten verlor. Die Gegend um Loitz war besonders umkämpft, wodurch auch die Medrower Kirche zerstört wurde. Zwar blieb das übrige Land Teil des Heiligen Römischen Reichs Deutscher Nation, doch blieb die Verwaltung das ganze 18. Jahrhundert hindurch schwedisch. Erst mit dem Wiener Kongress kam auch Neuvorpommern 1815 mit Rü-

gen an Preußen und gehörte von da an bis 1945 zur Provinz Pommern. Nach dem 2. Weltkrieg orientierten sich die neuen Verwaltungsgrenzen nicht mehr an der historischen Lage, sondern sollten die jahrhundertalte Trennung zwischen Mecklenburg und Pommern überwinden helfen. Die Zusammenlegung der mecklenburgischen Stadt Ribnitz mit der pommerschen Stadt Damgarten zur Kreisstadt Ribnitz-Damgarten erfolgte 1950. Auch die letzten

Medrow, Herrenhaus, Aufnahme 1944, Sammlung Wolfgang von Witzleben

Langenfelde, Herrenhaus, historische Rötelzeichnung, Sammlung Doris von Hagenow

Langenfelde, Herrenhaus, Foto DW

Kreisgebietsreformen von 1994 und 2011 behielten die flussübergreifenden Territorien bei.

Eine Kontinuität durch den Wandel der Epochen mit wechselnden Herrschaften, Kriegen, Seuchen, aber auch technischen und sozialen Entwicklungen stellen die Kirchen her. Sie haben die Jahrhunderte überdauert und sind sprechende Zeugnisse der Menschen. Sowohl die den Lebenslauf begleitenden Feste wurden und werden in der Kirche begangen – Taufe, Konfirmation, Hochzeit und Beerdigung – als auch die den Jahreskreis unterteilenden Feste – Weihnachten, Ostern und Pfingsten – bis hin zum Wochenrhythmus der Sonntagsgottesdienste. So verbindet sich die Kirche mit den Lebensläufen derer, die in ihrem Zuständigkeitsbereich leben – also dem Kirchdorf allein oder zusammen mit wenigen umliegenden Dörfern.

Während diese Identifikation und Zugehörigkeit zur Kirche sich in alter Zeit auf nahezu alle Bewohner bezog, hat sich mit der Säkularisierung (Verweltlichung) eine Veränderung im Bewusstsein der Menschen vollzogen, die sich in der Zeit des Sozialismus noch beschleunigte – von den ca. 2 500 Einwohnern im Bereich des Pfarramtes sind gegenwärtig nur noch etwa 600 Mitglieder der Kirche. Nicht mehr jeder verbindet wichtige Stationen seines Lebens mit der Kirche. Und dennoch wird die Kirche im Dorf immer noch als dasjenige Gebäude wahrgenommen, welches nicht nur aufgrund von Alter, Größe und kunsthistorischer Bedeutung beim Betrachter Ehrfurcht und Respekt hervorruft, sondern auch wegen seiner Ausstrahlung als Raum, in dem durch die Jahrhunderte Glauben gelebt wurde und gelebt wird.

Deyelsdorf, Herrenhaus um 1880, Foto DW

GLEWITZ

DIE GESCHICHTE DES ORTES UND DER KIRCHE

Tilo Schöfbeck; mit Beiträgen zur Architekturmalerei von Sandra Hauff

Wie der Ortsname schon nahelegt, befindet sich Glewitz in einer alten slawischen Siedlungskammer. Urkundlich erst 1293 als Chlewitz (slaw. Stallort) erwähnt, gehen seine Wurzeln zumindest in das frühe 13. Jahrhundert zurück. Flurnamen wie Radewiese (von ‚roden') und die Ortslage am Rande einer Niederung lassen auf gezielten Ausbau und Erweiterung einer älteren Siedlung schließen, die möglicherweise schon im 12. Jahrhundert im Zuge der slawischen Binnenkolonisation entstanden ist. Um einen älteren Hauptort scheint es sich aber nicht gehandelt zu haben, sonst wäre die Glewitzer Pfarre nicht zu Anfang nur Tochterkirche von Tribsees gewesen, dem zentralen Burgort der Landschaft. Im Jahre 1300 war Glewitz dann soweit konsolidiert, dass es vom Schweriner Bischof in die Selbständigkeit entlassen werden konnte.

Der Ort gehörte mit Nehringen, Medrow, halb Bretwisch und dem früheren Kirchdorf Dorow zu den Grenzpfarren des Bistums Schwerin. Zu seiner Frühgeschichte weiß man leider wenig, obwohl die herausragende Kirche von einem Wohlstand zeugt, der

Luftbild der Glewitzer Kirche mit angrenzendem Pfarrgrundstück (links), Foto RK

zahlreichen Orten des damaligen Fürstentums Rügen zu großen Gotteshäusern verholfen hat. Die Sage berichtet: *Der berüchtigte Raubritter Baggus Speckin wollte im Alter seine Schandtaten sühnen. Er ließ drei Eulen fliegen, um dort, wo sie sich niederließen, Kirchen zu gründen. Die Eulen ließen sich in Baggendorf, Vorland und Glewitz nieder.*

Nun ist durch Wandmalereien im Chor eindeutig die Familie von Zepelin als lokale Patronatsherrschaft ausgewiesen, deren Herkunft im Umfeld der Bischofsburg Bützow zu suchen ist. Das namensgebende Dorf Zepelin befindet sich nur wenige Kilometer entfernt von dieser Stadt, von der sich wiederum ein anderer Zweig derselben Familie ableitet. Das Stiftsland Bützow, Tafelgut der

Bischöfe, bestand bei seiner Gründung im ausgehenden 12. Jahrhundert aus bislang kaum besiedelten Grenzwaldgebieten, die im Zuge der Deutschen Ostsiedlung gewinnbringend urbar gemacht wurden. Neuer lokaler Adel bildete sich heraus, brachte es zu Wohlstand und sandte die nächste Generation weiter nach Osten, wo es sukzessive weiteres Land zu besiedeln galt. So treten zahlreiche mecklenburgische Familien in der zweiten Hälfte des 13. Jahrhunderts als Siedlungsunternehmer in Vorpommern auf.

Die schwedische Matrikelkarte zeigt noch in der Zeit um 1700 einen Geländesporn nördlich des Dorfes mit dem Flurnamen *Oller Hoff*, der mit großer Wahrscheinlichkeit einen aufgegebe-

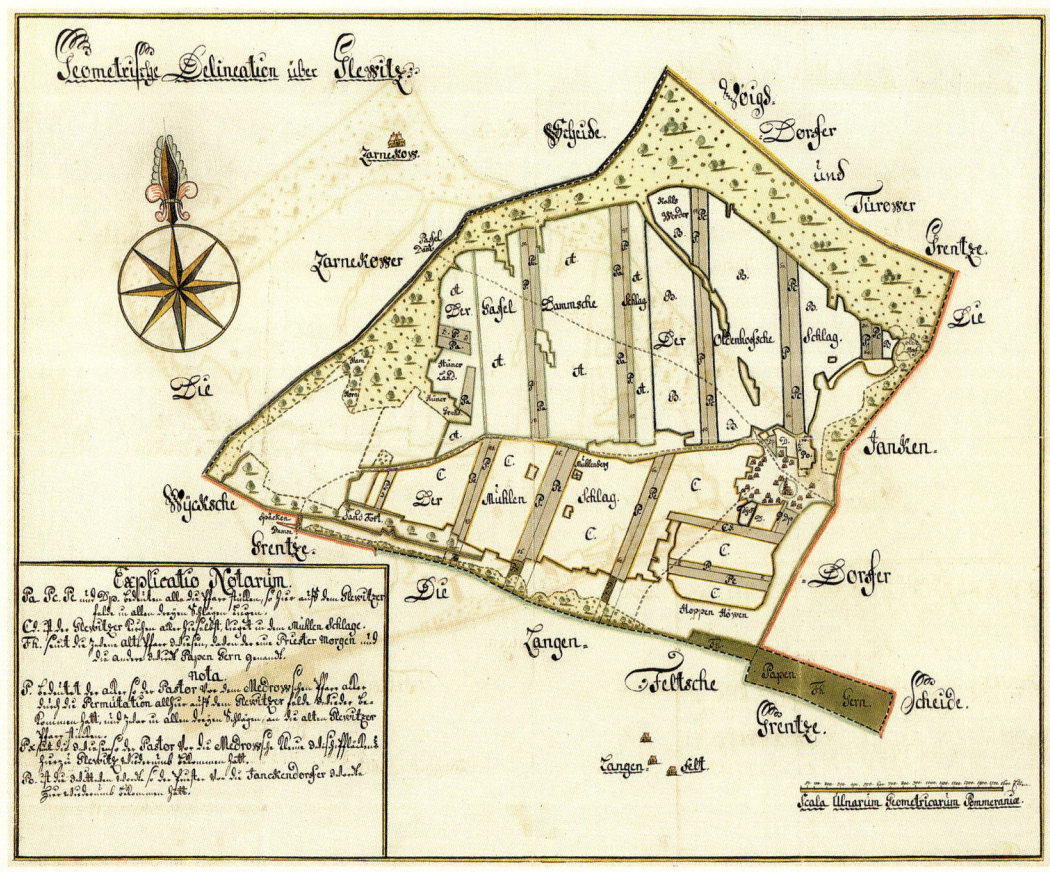

nen Adelssitz bezeichnet. Das angrenzende Flurstück trägt zudem den sprechenden Namen: *Der Oldenhofsche Schlag*. Vielleicht saßen hier die frühen Glewitzer Kirchenpatrone?

Die Matrikelkarten berichten noch mehr über die frühere Landschaft, etwa die geringe Bewaldung oder, dass das Dorf ehemals in Form eines weiten Angers die Kirche umschloss.

Über die Pfarrgeschichte nach dem Dreißigjährigen Krieg hat sich durch die Glewitzer Kirchenmatrikeln von 1683 und 1725, das Memorabilienbuch von 1822 und die Kirchenchronik ab 1866 eine ungewöhnlich reiche Überlieferung erhalten. Die Nachrichten sind so vielfältig, dass hier nur ein kleiner Eindruck gegeben werden kann.

Ansicht der Glewitzer Kirche im Dorf, historische Aufnahme von Christian Beerbohm um 1880, Stadtarchiv Stralsund, Signatur HF-0945

Nachrichten aus der Matrikel von 1683

Der Kirchhoff ist sehr unfertig, und beschwehret sich Pastor gahr hoch, das das Vieh darauf lauffe, und den Gottesacker zerwühle. Wobeij Ihm dan angestellet worden, die Einwohner von der Cantzel zu vermahnen, Ihr Vieh inne und von dem Kirchhofe zu halten, oder, das es von den Vorstehern und Küster gepfändet, nicht ehe, dan gegen erlegung des Pfandgeldes wieder heraus gegeben werden solte, in entstehung deßen aber, das es der Kirchen zum besten Verkauft werde, gewärtig zu sein.
Dem Küster wirtt Verwilliget, das graß auf dem Kirchhofe jhärlich zu seinem nutzen ein zuwerben, wie woll der Kirchhoff mitt Dorn sehr bewachsen ist.
Im übrigen sollen von den Kirchspielsleuten ein jeglicher sein antheil in Befriedigung fertig haltten, die Pforten und Thore die Vorstehern fest machenlaßen, damitt das Vieh nichtt hinauf lauffen möge.

Baugestalt der Kirche

Unter den ländlichen Kirchen des ehemaligen ‚Festlandrügen' gehört Glewitz zweifellos zu den bedeutendsten. Insbesondere der für seine Zeit hochmoderne gotische Polygonalchor steht in einer Reihe mit seinen ‚Geschwistern' in Groß Mohrdorf, Saal oder Starkow. In der Urkunde über die Patronatsverleihung an das nahegelegene Kloster Neuenkamp wird 1293 bereits ein fertiger Kirchbau erwähnt – hier kann es sich nur um den Chor handeln, der sowohl stilistisch als auch bautechnisch in den 1280er Jahren entstanden sein dürfte. Lokales Vorbild für all die genannten Landkirchen dürfte der Chor von St. Katharinen in Stralsund gewesen sein, der bereits um 1282 fertiggestellt war und eine hervorragende Bauqualität besitzt. Er gehört neben Chorin zweifellos zu den frühesten einschiffigen Polygonalchören in Norddeutschland und

entstand zu Zeiten wirtschaftlicher Prosperität, als der erblühende Wohlstand auch ‚Kunstschaffende' aus fernen Landschaften angezogen haben muss. Anders kann man das plötzliche Auftreten der ‚hochgotischen Moderne' und die Vielschichtigkeit der Formensprachen um die Wende zum 14. Jahrhundert nicht erklären.

Wie andere Kirchen auch entstand die Glewitzer Kirche abschnittsweise entsprechend der Leistungskraft der Gemeinde bzw. des Patrons. Die einzelnen Bauphasen lassen sich am Außenbau anhand von Baunähten ablesen, wie man im Osten des Langhauses unschwer erkennen kann. Dieses entstand etwa um 1360/70, wie man von den dendrochronologisch datierten Vergleichsbauten (Hanshagen Schiff 1366d, Kasnevitz Schiff 1365d) schließen kann. Weitere fünfzig Jahre gingen ins Land, bevor ein Turm ähnlich dem heutigen errichtet wurde. Zuerst baute man ein

Gesamtansicht von Norden, Foto RK

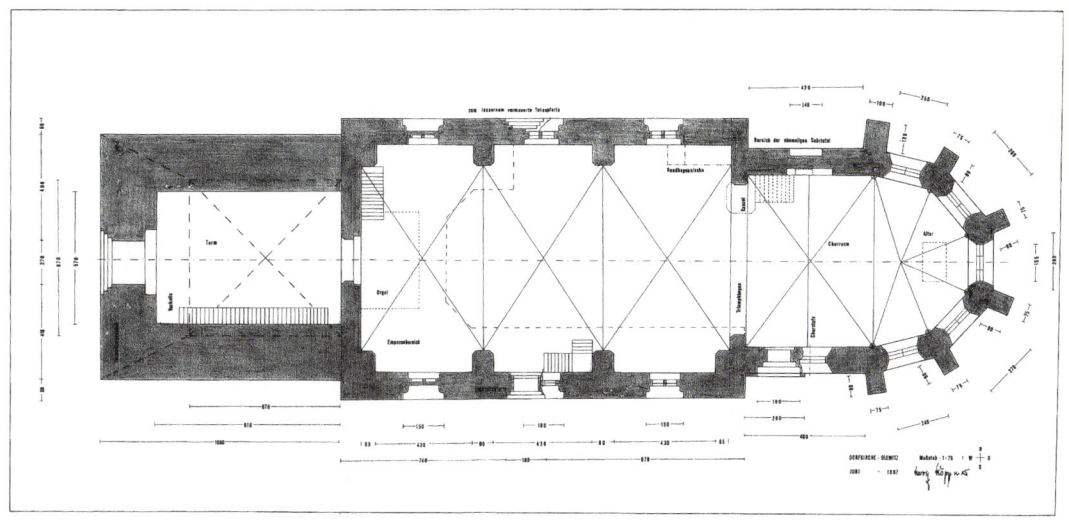

massives Turmuntergeschoss, auf dem man anschließend einen holzverschalten Ständerbau aufrichten konnte (so auch ursprünglich in Rakow). Die Dendrodatierung eines erhaltenen mittelalterlichen Bauteiles im Glewitzer Turm lässt eine ungefähre Entstehung um 1410 vermuten.

Die knapp 32 Meter lange Glewitzer Kirche besteht aus dem hoch aufragenden einjochigen Chor mit 5/8-Schluss und einem etwas niedrigeren Kirchenschiff von drei Jochen aus Backstein. Das in seiner Form ungewöhnlich längsrechteckige Untergeschoss des Turmes ist dagegen aus Feldstein errichtet, der Turmschaft schließlich aus einer verbretterten quadratischen Holzkonstruktion mit flachem Pyramidendach.

Der Chor

Der strenge, wohlproportionierte Chor erhebt sich über einem sauber profilierten Feldsteinsockel. Im Süden empfängt die ehemalige Priesterpforte den Besucher, ein zweifach tief gestuftes Spitzbogenportal mit frühgotischer Profilierung in einer Wandvorlage, begleitet

von zwei spitzwinklig geschlossenen Bildnischen. Andernorts haben sich in einigen Fällen Bildnisse oder Reliefs von Heiligen erhalten. Zwischen den schlanken Chorfenstern mit ihren schrägen Gewänden ragen gestufte Strebepfeiler empor. Bis auf das Scheitelfenster mit drei Lanzetten handelt es sich um zweibahnige Lichtöffnungen mit

Grundriss der Glewitzer Kirche, Zeichnung: Harry Höppner 1997

Innenansicht, Blick vom Kirchenschiff in den Chor, Foto RK

(unten) Stralsund, Klosterkirche St. Katharinen, Choransicht, Foto Deutsches Meeresmuseum

(ganz unten) Chorin, Klosterkirche, Choransicht, Foto Manu (wikimedia commons)

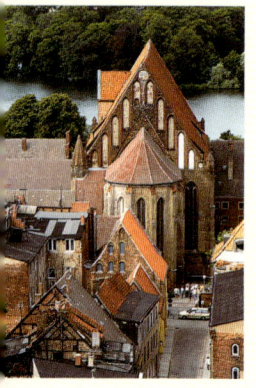

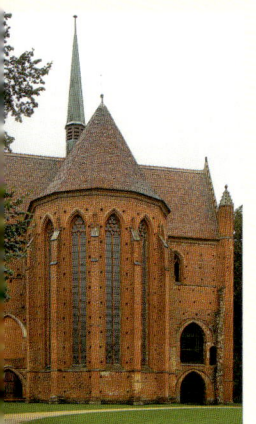

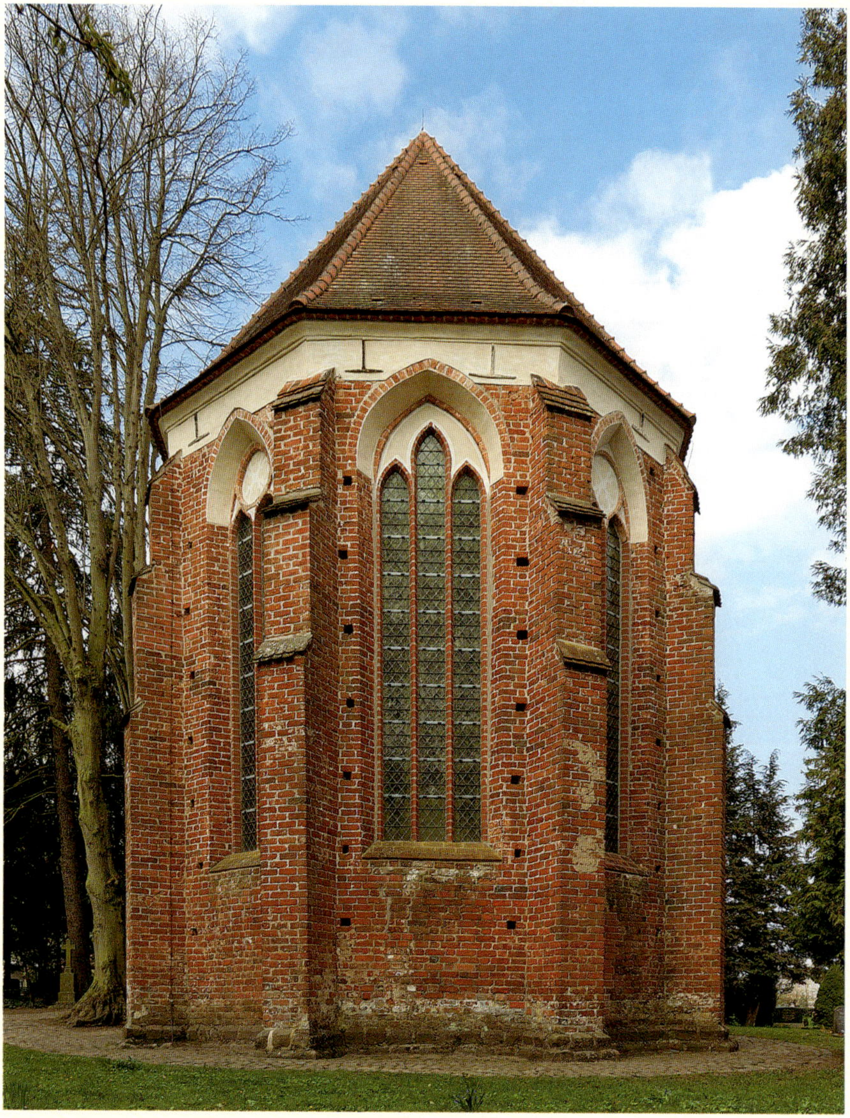

Glewitz, Chor, Ansicht des Polygons von Osten, Foto RK

eingeschriebenem großen Okulus (Kreisfenster). Den oberen Abschluss bildet das profilierte und verputzte Kranzgesims. Das Dach ist im Mittelalter sicher steiler gewesen und trug eine Mönch-Nonne-Deckung (Reste sind auf dem Polygon um 1900 auf historischen Fotografien nachgewiesen), die heutige Form mit der Eindeckung aus Biberschwänzen geht auf Umbauten der Barockzeit, vermutlich im Zuge der Wiederherstellung des Chorgewölbejoches von 1719, zurück.

Auf der Nordseite fehlt heute die 1873 abgerissene und nachmittelalterlich als Grablege genutzte ehemalige Sakristei, die in jedem Fall eingewölbt war. Während der Zugang nur auf der Chorinnenseite erkennbar ist, bedarf die zugemauerte Öffnung im Giebeldreieck des

Der Glewitzer Chor mit Putz, Aufnahme um 1900, LAKD Schwerin

Chorsüdportal (‚Priesterpforte'), Foto DW

Zeichnung der Glewitzer Kirche von Julius Bodien aus dem Memorabilienbuch von 1822, Pfarrarchiv Glewitz

Dachanschlages einer besonderen Erklärung – es handelt sich um den notwendigen Zugang in den Dachraum. Am südöstlichen Chorpolygon wiederum erkennt man außen die Spuren eines nachträglichen Pultdaches zwischen zwei Strebepfeilern. Hier befand sich ein spätgotisches Andachtsbild, wie es sich vielerorts durch Putzreste nachweisen lässt – die Bilder selbst sind leider längst vergangen, und die Putzreste verschwinden in atemberaubender Geschwindigkeit. Geblieben ist die eingeritzte mittelalterliche Sonnenuhr am südöstlichen Chorstrebepfeiler, eine abweichende Vertikaluhr mit Loch für den Schattenstab, wie sie ähnlich auch im unweit gelegenen Drechow zu finden ist.

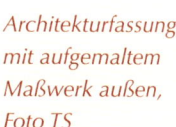

Reste der mittelalterlichen Sonnenuhr am südöstlichen Chorpfeiler, Foto RK

Architekturfassung mit aufgemaltem Maßwerk außen, Foto TS

Von großer Bedeutung ist die nach restauratorischem Befund teilweise rekonstruierte Architekturfassung, also die Betonung und Ergänzung des baulichen Erscheinungsbildes mit Hilfe von aufgemalten Dekorationen. Diese Praxis war weit verbreitet, ist aber nur noch in seltenen Fällen nachzuweisen. In Glewitz betrifft es die aufgemalten hochgotischen Fenstermaßwerke im Außenbereich und im Innenraum des Chores, dessen Oberflächen eine ungefähre Vorstellung des modischen Zeitgeschmacks um 1290 geben. Im nahegelegenen Kunstzentrum Stralsund trifft man diese höfische Formensprache auch am monumentalen Standbild der Anna Selbdritt in der Nikolaikirche an, einem der bedeutendsten Kunstwerke seiner Zeit. Was heute fehlt, weil es sich restauratorisch leider nicht mehr nachweisen ließ, ist ein außen umlaufender Fries unterm Kranzgesims, etwa ein aufgeputzter und aufgemalter Dreipassfries, wie unlängst in Niepars nachgewiesen.

Der kreuzgewölbte Chor des späten 13. Jahrhunderts war im Inneren geprägt durch eine komplette Backsteinsichtigkeit der aufgehenden Wand, die mit weiß gemaltem Fugenstrich ausgeführt wurde und allein unterbrochen war durch die rhythmisierten blaugrauen Wanddienste. Diese stellen die optische Verbindung von Wand und Gewölbe dar und unterstreichen zugleich die hochgotische Raumstruktur des für seine Zeit modernen Chores. Die weiteren baulichen Elemente des Chorpolygons (Rippen, Schildbögen, Gurtbögen, Fensterumrahmungen) mit ihrem alternierenden Dreifarbensystem sind seit dem Ende des 13. Jahrhunderts unverändert auf uns überkommen. Die Farbwechsel von Rot und Blaugrau sowie Weiß werden unterstützt von Begleitstrichen und imitierten Baufugen. In die Scheitel der Gewölbekappen wurde je ein roter Strich eingemalt, der vom Schlussstein zur Schildbogenspitze führt.

Heute trägt der sich über den gesamten Kirchenraum erstreckende Wandbereich unterhalb der Fenster die freigelegten Reste eines nachträglichen, spätgotischen Margarethenzyklus, zudem die Darstellung zahlreicher anderer Heiliger sowie einen Passionsfries. Verschieden große Nischen dienten der Verwahrung der Eucharistie (Abendmahl), einer Lichtquelle oder auf der Südseite als Ort für die Sedilien (Priestersitze), wo sich der Klerus während der Messe in einem eigenen Gestühl niederlassen konnte. Die großen Wandflächen darüber erscheinen backsteinsichtig, wobei auch hier das Bild mit dem Pinsel (aufgemalte Fugenstruktur) veredelt wurde, während tragende Glieder (Wanddienste) und Gewölbe zurückhaltend farbig gestaltet wurden. Diese Unterteilung verleiht der Wölbung einen baldachinartigen Charakter. Beim Raumabschluss selbst handelt es sich um ein feingliedriges Kreuzrippengewölbe und dürfte auch hier im Poly-

Maßwerkbefund an einem der inneren Chorfenster während der Freilegung, Foto RK

gon zu den ältesten Vertretern im Norden gehören. Das Chorjoch selbst war 1717 eingestürzt und zwei Jahre darauf erneuert worden.

Nicht zu vergessen sind die erhaltenen Wappen auf der Nordseite, die ähnlich wie in anderen Kirchen des Fürstentums Rügen selbstbewusst die Stifter, hier die einheimische Familie von Zepelin, präsentieren.

Sakramentsnische mit Gittertür und Sediliennischen in der südlichen Chorwand (teilweise verdeckt), Foto RK

Architekturmalerei

Besondere Beachtung verdient die unikale Architekturmalerei eines großen gotischen Blendfensters an der nördlichen Innenwand des Chores, die in Kalkfreskotechnik ausgeführt wurde. Über drei Lanzettbahnen, die mit Kapitellzone und Spitzbögen mit einfachen Maßwerkzwickeln ausgestattet sind, erheben sich drei gestaffelte zwölfteilige Maßwerkrosetten gleicher Form und Größe. Aufgrund der filigranen Formensprache und Reduzierung auf einen blaugrauen Farbton wirkt die im Original erhaltene präzise Malerei zeichenhaft leicht. Interessanterweise haben sich die Vorzeichnungen der Grundformen von Maßwerkrosetten, Arkadenbögen und Zwickelformen als geometrisch konstruierte Einritzungen erhalten, die auf dem frischen Kalkputz vorgenommen wurden. In diesem Zusammenhang gehören auch die aufgemalten Maßwerkimitationen der gotischen Chorfenster im Innen- und Außenbereich. Die filigranen gotischen Formen mit Vierpässen, Wirteln usw. hatten die Funktion, echtes Maßwerk zu imitieren. Während die Maßwerkritzungen im In-

(links) Maßwerkmalerei im Blindfenster über der früheren Sakristei, Foto TS

(rechts) Inschrift auf dem erneuerten Chorgewölbe, Foto TS

nenbereich individuell verschieden gestaltet waren, ist im Außenbereich die letzte durch Zirkelritzungen erkennbare Gestaltung des Nordfensters auf alle übrigen übertragen worden. Chorblendfenster und Maßwerkritzungen werden in die Erbauungszeit des Chores datiert. Im Anspruch imitieren diese aufgemalten Fenster und Maßwerkrosetten eine in Frankreich entstandene Kathedralarchitektur, wie sie in einer Dorfkirche dieser Größenordnung baulich nicht umsetzbar war.

Gemalte Architektur dieser Zeit existiert als Blendmalerei eines Triforiums im Doberaner Münster, aber auch in der Dorfkirche von Saal nahe Stralsund. Das Motiv der gestaffelten Rosetten konnte bisher nur in Form von gebautem Maßwerk im Außenbereich gefunden werden, beispielsweise in den etwa gleichzeitigen Maßwerkformen des Klosters Chorin.

In die Ostkappe des 1719 erneuerten und nun vollkommen in Weiß gehaltenen barocken Gewölbejochs zwischen Chorpolygon und Triumphbogen wurde ein von Lorbeergirlanden umrahmtes Gedenkmedaillon mit bekrönender Taube eingefügt. Die Inschrift schildert die damaligen Umstände.

Langhaus

Die Entstehung des Kirchenschiffes ist im dritten Viertel des 14. Jahrhunderts zu suchen, dafür sprechen u. a. Wandaufbau, Portalgestaltung und Raumkonzept. Im Gegensatz zum feingliedrigen Chor erscheint das Langhaus blockartig und lagert auf einem schlichten Feldsteinsockel. Die Portale sowie die einfachen Spitzbogenfenster sitzen in glatten Wandflächen. Dafür wirkt der Innenraum durch die einwärts gezogenen Strebepfeiler umso bewegter. In typisch spätgotischer Manier treten Flächigkeit und klare Baukörper in den Vordergrund, betont durch die reduzierte Farbfassung. Andere Formsteine als Fase, Rundstab und ein schlichtes Rippenprofil sind nicht anzutreffen. Die Gewölbe wachsen aus blockartigen Konsolen auf den Strebepfeilern heraus. Wandarkaden staffeln den Raum rhythmisch in die Tiefe.

Eine Besonderheit bildet die bauzeitlich entstandene Nische im Nordosten des Langhauses, die durch ihren Schreincharakter sowie im Hinblick auf die retabelhafte Wandmalerei durchaus der Verehrung eines wundertätigen Gegenstandes, vielleicht eines Kenotaphs (Scheingrab), gedient haben könnte. In einer kleinen vermauerten Wandnische, ähnlich einem Sepulcrum (Reliquienversteck) in einem Altarblock, in dem Reliquien aufbewahrt wurden, fanden sich bei der jüngsten Restaurierung eine Tonscherbe und ein geschmiedeter Nagel. Farblich heben sich die rotbemalten Fensterumrandungen und die ebenfalls rotfarbenen Kreuzrippen, Schild- und Gurtbögen mit ihrem weißen Fugenstrich und den roten Begleitstrichen vom schlichten Weiß der Wände und der Gewölbe des Langhauses ab. Die rippenbegleitende Krabbenmalerei entspricht im mittleren und westlichen Joch dem üblichen dreiblattförmigen Krabbentypus. In den Gewölbescheiteln befin-

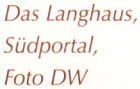

Das Langhaus, Südportal, Foto DW

Südwand des Langhauses mit nach innen gezogenen Strebepfeilern, Foto TS

den sich Kreuzblumen. Die Krabben des östlichen Langhausjoches hingegen weisen hinsichtlich ihrer Ausprägung eine ungewöhnliche Vielfalt auf.

Besonders an der Ostrippe lassen sich fünf verschiedene, teilweise botanisch benennbare Blattmotive unterscheiden (Ahornblätter und Lilienformen). Zudem wurden diese Krabben nicht wie eigentlich üblich vom Kirchenmaler mit der freien Hand gemalt, sondern teilweise mit Schablonen in den feuchten Kalk geritzt. Die Stelle, an der die Krabbenschablonen vor etwa 600 Jahren von den mittelalterlichen Malern ausprobiert wurden, kann man übrigens auch heute noch finden: ungefähr in Augenhöhe hinter dem Altar an der

Chorwand. Dem mittelalterlichen Betrachter boten sich die Krabben in einer restauratorisch nachgewiesenen leuchtenden Vielfarbigkeit, die sich über die Jahrhunderte in die heute sichtbaren dunklen Farbtöne umwandelte.

Das Dachwerk über dem Langhaus ist nicht mehr im Original erhalten. Nach den Ergebnissen der dendrochronologischen Untersuchungen wurde das Holz in den Wintern 1745/46 und 1747/48 geschlagen, also vermutlich um das Jahr 1748 oder kurz darauf verzimmert.

Archäologische Grabungsbefunde

Im Zuge der Sanierung 1997/98 wurde der Fußboden im Langhaus teilweise aufgenommen und bis in eine Tiefe von ca. 30 cm archäologisch untersucht. Dabei kamen zahlreiche Funde zum Vorschein, darunter über 200 Münzen aus vielen Jahrhunderten und Bruchstücke mittelalterlicher Glasfenster. Die Münzen spiegeln die Zeitläufe wieder – mittelalterliche und frühneuzeitliche Prägungen der umgebenden Hansestädte und Herrschaften, Geld aus Schwedisch-Pommern, vorwiegend aus Norddeutschland, aus Preußen, Mitteldeutschland und Dänemark bis hin zu Aluminiummünzen der DDR. Das ist ein typisches Fundbild in einer Dorfkirche, in der über Jahrhunderte an Altären kleine Opferstöcke standen, Klingelbeutel umgingen und Kollektenteller eingesammelt wurden. Gelegentlich fiel ein Geldstück herunter und verschwand in dem anfangs noch ungepflasterten Kirchenboden und später in den Ritzen zwischen den Steinen. Bemerkenswert aber ist die zeitliche Konzentration der ältesten Münzen in die Jahre um 1370/80. Das könnte die Entstehungszeit von Kirchenschiff und Wandmalerei in etwa diesem Zeitraum präzisieren.

Im Chorraum wurde nicht gegraben, dort liegen noch die Mettlacher Fliesen von 1873 in ihrer ursprünglichen Verlegung. Mettlach im Saarland ist der Stammsitz der traditionsreichen Keramikfirma Villeroy & Boch.

Glasmalerei

Die archäologischen Grabungen brachten auch einige Bruchstücke bemalten Fensterglases zutage. Das Besondere daran: Es handelte sich um Grisaille-Malerei, eine hochgotische Modeform, mit der die Fenster mittels Schwarzlot (geschmolzenem und gefärbtem Bleiglas) grafisch-ornamental gestaltet wurden.

Der Berliner Glasmalerei-Fachmann Markus Mock schreibt dazu: „In dieser Zeit wurde des Öfteren eine Malschicht, die sogenannte Halbtonlage, nicht nur auf der Innenseite, sondern auch auf der Außenseite aufgetragen. Das stark verwässerte Schwarzlot wurde hierzu etwa mit dickem Pinsel auf der Außenseite fixiert, um dem Glas durch die Brechung des Lichts eine bestimmte ‚Weichheit' zu verleihen oder um Konturen auf der Innenseite zu begleiten und zu betonen. Die dicken Hauptkonturen sind dagegen, wie in Glewitz, nach wie vor auf der geschützten Innenseite zu finden. Da die Lasuren auf der Außenseite generell allen möglichen Wettereinflüssen ausgesetzt waren, sind sie heute oftmals nicht mehr erhalten."

Die Zeichnung zeigt in Glewitz Blattmotive (vielleicht Eichenlaub), fein und kunstfertig aufgetragen. Ihre Qualität erinnert an Glasfunde aus der Klosterkirche Chorin, große erhaltene Beispiele finden sich in den (ebenfalls zisterziensischen) Klosterkirchen von Haina, Altenberg und Schulpforta. Die Ordensvorschriften der Zisterzienser verboten die Verwendung farbigen Glases und ließen lediglich einfache geometrische, ornamentale oder florale Gestaltung zu. Alle Merkmale weisen darauf hin, dass es sich um Fragmente aus der Zeit unmittelbar nach Fertigstellung

Hohlpfennige der Zeit um 1380 aus dem Fußboden des Langhauses, Foto RK

des Chores, also noch aus den späten 1280er Jahren handeln dürfte. Die gute Erhaltung der Malschicht könnte die Folge einer relativ frühen Zerstörung der Fenster sein, vielleicht schon im Zusammenhang mit den Rügischen Erbfolgekriegen (mehrere Kämpfe ab 1326 bis zum Stralsunder Frieden von 1354). Dass sich der Schutt im heutigen Langhausbereich fand, mag mit internen Umlagerungen in der Kirche zu tun haben, denn diese Art von Glasmalerei war zur spätgotischen Entstehungszeit des Schiffs in der zweiten Hälfte des 14. Jahrhunderts nicht mehr in Mode. Die Qualität der Glasfunde aber unterstreicht den hohen Anspruch der Stifter, der sich auch schon in der ambitionierten Chorgestaltung manifestiert. Die

(links) Vergleich: Altenberg im Bergischen Land, Fenster der Klosterkirche mit Grisaillemalereien um 1280, Foto TS

(rechts) Fragmente von Grisaillefenstern aus der Zeit um 1290, Foto RK

wenigen Scherben geben einen Einblick in die ehemals reiche Ausstattung der Kirche, von der sich jedoch nichts weiter aus dieser Frühzeit erhalten hat.

Historische Ansicht vom Kirchturm mit Vorhalle und Verschalung um 1880 (Ausschnitt), Aufnahme von Christian Beerbohm um 1880, Stadtarchiv Stralsund, Signatur HF-0945

Der Turm

Das Langhaus schloss ursprünglich mit einem schlichten Blendengiebel gegen Westen ab und besaß auch keine angelegte Wartezahnung für einen geplanten Turm. Der heutige Turmunterbau aus Feldstein ist in einer späteren Bauperiode angefügt worden. Ungewöhnli-

cherweise besitzt er einen längsgerichteten, leicht rechteckigen Grundriss – üblicherweise sind Turmgrundrisse quadratisch oder in anderen Landschaften auch quergestellt. Ein Grund dafür ist nicht ersichtlich, eine Wölbung war nicht vorgesehen.

Für die Zeit typisch ist dagegen das massive, hohe Sockelgeschoss, welches einen hölzernen Turmschaft trug. Der Ständerbau mit Turmhelm, welcher möglicherweise als Interimslösung gedacht war, hat die Zeiten bis in das 19. Jahrhundert überdauert. Im Jahre 1861 fiel er dann aber einem Blitzschlag zum Opfer.

Auf der Zeichnung aus den 1820er Jahren (siehe S. 21) ist der Aufbau noch vorhanden und zeigt große Ähnlichkeiten zum Turm im nahegelegenen Kirch Baggendorf. Auf dem geböschten und verbretterten Turmschaft setzte ein achteckiger Spitzhelm auf, dessen überstehende Traufkanten sicher wie in Kirch Baggendorf auf Kopfbändern abgefangen waren. Ein zweitverwendeter Balken dieser Konstruktion im Turm ließ sich dendrochronologisch in die Jahre um 1410 +/-10 datieren. Damit passt seine Entstehung auch zur Errichtung des benachbarten Rakower Kirchturms (1422d), der dem gleichen Modell folgte, dessen Helm jedoch nicht mehr der originale ist.

Die geböschten hölzernen Ständertürme waren als Kirch- bzw. Glockentürme im Mittelalter weit verbreitet, finden sich aber auch heute noch vielerorts. Sie werden in ihrem tatsächlichen Alter fast immer unterschätzt. Die Besonderheit des Glewitzer Turmmodells ist die Möglichkeit, im Verhältnis zum Langhaus größere Turmhöhen zu erzielen. Dies scheint aber eher in Rakow gelungen zu sein. Der heutige hölzerne Turmaufsatz war ursprünglich außen mit hölzernen neugotischen Maßwerkfriesen dekoriert und von einem Knickpyramidenhelm von 1873 bekrönt.

Im Eintrage des Memorabilienbuches von 1861 berichtet Pastor Friedrich Wilhelm Petri über den Blitzschlag.
(Die vielen Brüche im Text sind wahrscheinlich auf eine fortgeschrittene Erkrankung des Pastors zurückzuführen.)

Im Juli kehrte ich von meiner Reise, die ich mit meiner Frau nach dem Harz zurück. Ich war unwohl u. konnte den Sonntag den Juli nicht predigen, da schlug der Blitz, Nachmittag zwischen 2 u 3 Uhr in unsern Kirchthurm zu Glewitz, der obere Theil wurde theil herunter geschlagen u. mußte das Stehngebliebene später abgetragen werden. Es war, Gott sei Dank, ein kalter Schlag, er zündete nicht, auch wurden Glocken u. Orgel nicht beschädigt, die Mauer der Kirche bekam einen Rieß, der für das Gebäude selbst jedoch nicht nachtheilig ist. Wäre ich nicht krank gewesen, so würde ich ohnselber Katechismusunterricht in der Kirche gehabt haben u. ich dankte Gott, daß er mich u. alle diese Kinder davor bewahrt hat, bei dieser Katastrophe in so unmittelbarer Nähe zu sein, wenn auch vielleicht niemand ernstlichen Schaden genommen hatte.

1984 war die Turmspitze durch Bauschäden in der Holzkonstruktion so instabil geworden, dass sie bei Sturm schwankte. Wegen des nicht beschaffbaren Baumaterials wurde der Turm bei den damaligen Bauarbeiten seiner über neun Meter höheren Spitze beraubt. Ebenso wurden beide den hölzernen Turmschaft gliedernden Maßwerkfriese und die Schallluken der unteren Ebene nicht mehr erneuert.

Dagegen sind die beiden ursprünglichen Einschuböffnungen im inneren Seitengewände des Turmportals erst in neuerer Zeit wieder freigelegt worden. Sie sind Teil der mittelalterlichen Portalverriegelung, indem dort ein Balken eingeschoben werden konnte. Schlösser kamen in dieser frühen Zeit wegen des hohen technischen Aufwandes nur an der Priesterpforte zum Einsatz, alle anderen Pforten wurden von innen verriegelt.

Kirchturm von Nordwesten mit den Abbruchspuren der Turmvorhalle, Foto TS

Die Wandmalereien der Glewitzer Kirche

Sandra Hauff

Einleitung

Die Wandmalereien der Glewitzer Kirche sind geschaffen für den zweiten Blick. Weder durch überwältigende Farbfülle noch durch monumentale Größenordnungen drängen sie sich dem flüchtigen Betrachter auf. Vor allem derjenige, der sich den vielen miniaturhaft kleinteiligen Figuren in Geduld zu nähern vermag, wird die reiche Welt der Glewitzer Malereien kennenlernen.

Restaurierungsgeschichte

Der Zustand des Kirchengebäudes war bis 1995 zunehmend geprägt durch langfristig die Bausubstanz schwächende Faktoren: Feuchtigkeitseintrag im unteren Bereich der Mauern sowie Mauerrisse, ein reparaturbedürftiges Dach und unzureichende Belüftungsmöglichkeiten. Innen ließ ein düsterer, kellerhafter Kirchenraum mit teilweise zugesetzten Fenstern und sehr hoher Luftfeuchtigkeit nicht einmal ansatzweise erahnen, dass sich unter diesem maroden Gewand eine der bedeutsamsten hochmittelalterlichen Wandmalereien Mecklenburg-Vorpommerns verbergen würde. Umso größer war das Erstaunen, als eine 1995 vom Stralsunder Restaurator Reinhard Labs vorgenommene restauratorische Voruntersuchung eine Fülle an Befunden zutage brachte, die angesichts der offensichtlichen Gefährdung des Bildträgers ‚Kirchenwand‘ umso dringender einer eingehenden Untersuchung und Sicherung bedurften. Jahre der Restaurierung folgten und mit ihnen die zahlreichen Wiederentdeckungen der vor über 600

Die Raumfassung aus dem Jahre 1873 überdauerte unverändert die Zeit bis zum Beginn der Restaurierung im Jahre 1995, (links) historische Aufnahme um 1900, Pfarrarchiv Glewitz, (rechts) Aufnahme 1994, Foto RK

Jahren gemalten Wandbilder. Nicht immer waren Kontext und Interpretation verständlich. Erst nach und nach fügte sich das Puzzle der vielen Teilbilder zuerst visuell und später auch inhaltlich zum großen Ganzen zusammen. Seit dem Abschluss der Arbeiten im Jahr 2000 präsentiert sich die Glewitzer Kirche wieder in ihrem neuen alten Gewand.

Wandmalerei

Die im Rahmen der Restaurierungsmaßnahmen freigelegten Wandmalereien sind sehr vielfältiger Natur, was sowohl Thematik als auch Erhaltungszustand betrifft.

Die Wandmalereien befinden sich auf der zuerst aufgebrachten Kalkschicht. Sie zählen nicht zur Freskomalerei, sondern sind in der im mittelalterlichen Norddeutschland verbreiteten Kalkfresko- und Kalkseccotechnik ausgeführt (ital. fresco – frisch, secco – trocken). Dabei wurden die Farben entweder auf einem frischen Kalkanstrich angelegt (diese Farben gingen mit der Kalkschicht eine freskale Bindung ein und sind sehr haltbar) oder auf den bereits durchgetrockneten Kalkanstrich aufgebracht (diese besitzen nur eine oberflächliche Bindung und pudern leicht ab).

Die Malereien werden durch den gemalten Zahnschnitt, ein architekturimitierendes Motiv, welches über Eck gestellte Backsteine darstellt, von der übrigen Wandfläche abgegrenzt und ordnend hervorgehoben.

Die innere Ordnung der Malereien lässt sich theologisch wohl nur über die Sakramentsnische als innerstes Zentrum erklären. Dort wurde die geweihte Hostie aufbewahrt – dort war Christus nach mittelalterlichem Verständnis tatsächlich anwesend.

Von hier beginnt die Malerei mit der Anbetung der Heiligen Drei Könige und wird mit der Margarethenlegende fortgesetzt. Dazwischen werden verschiedene Heilige und Legenden dargestellt. Mit dem großen Passionsfries läuft die

Malerei wieder auf die Sakramentsnische zu.

Im Kirchenschiff sind in rhythmisierten Abständen auf den Wandpfeilern und den Flächen dazwischen die Apostel dargestellt, die so sinnbildlich die Kirche und ihre Gemeinde tragen.

Die Anbetung der Heiligen Drei Könige (Chorpolygon, Südostwand)

Diese inhaltlich zentrale Szene steht am Anfang der Wandmalereien. Es handelt sich um die Anbetung der Heiligen Drei Könige. Maria sitzt mit dem Christuskind auf einem wimpergbesetzten Thron – hinter ihnen der sechszackige Stern von Bethlehem. Ein König hat seine Krone abgenommen und kniet vor ihnen, um die Füße des Kindes zu küssen und seine Gabe darzubringen, während die beiden anderen Könige, im Hintergrund wartend, auf den Stern hinweisen.

Der Margarethenfries mit der Legende der Heiligen Margarethe

Der die gesamte Südseite des Kirchenraumes dominierende Fries erzählt die Geschichte der Heiligen Margarethe von Antiochien, der die Kirche wohl einst geweiht wurde.

Die Margarethenlegende gehört zu den spannendsten Erzählungen, die die hoch- und spätmittelalterliche Ikonografie zu bieten hat. Bereits im 10. Jahrhundert wurde sie in der Buchmalerei thematisiert, und auch in der sakralen Teppichstickerei des 14. und 15. Jahrhunderts fand die Legende weite Verbreitung. Die sich hieraus ergebenden Rückschlüsse auf ihre hohe Popularität werden zudem unterstützt durch das Wissen um die schriftliche Verbreitung der Legende besonders im Hoch- und Spätmittelalter, und zwar in den sogenannten Margarethenbüchlein. Die erhaltenen lateinischen und mittelniederdeutschen Versionen dieser Literatur erwiesen sich letztendlich auch als Schlüssel zum inhaltlichen Verständnis der Glewitzer Margarethenlegende. In Glewitz hatten sich hinsichtlich der Deutung vieler Szenen und Szenenzusammenhänge gravierende Schwierigkeiten ergeben, die auf dem besonders im Langhaus teilweise stark gestörten Erhaltungszustand der Wandmalereien beruhten. Erst der Bezug zur Margarethenliteratur (u. a. das ,Büchelin der Heiligen Margarêta', datiert 1. Hälfte 14. Jahrhundert, STEJSKAL 1880) ermöglichte eine lückenfüllende Interpretation des Bilderfrieses und erbrachte die Erkenntnis, dass die Glewitzer Margarethenlegende als eine umfassende und detailgetreue Illustration eben dieser Margarethenbüchlein begriffen und als solche auch ,gelesen' werden kann.

Über die historische Margarethe (lat. Perle) ist nur bekannt, dass sie zur Zeit der Verfolgungen unter dem römischen Kaiser Diokletian in der kleinasiatischen Stadt Antiochia (südl. Türkei) gelebt haben soll, wo sie um 305 als Märtyrerin hingerichtet wurde. Für den westkirchlichen Bereich ist ihre Verehrung ab dem 7. Jahrhundert nachgewiesen, und der Jahrestag ihres Martyriums am 20. Juli wurde zu einem entscheidenden Datum im bäuerlichen Jahreslauf (Beginn der Ernte, Erledigung der Pacht- und Getreidezinsen). Auch Bauernregeln wie z. B. ,Regen am Margarethentag, sagt dem Hunger guten Tag!' belegen die volkstümliche Bedeutung dieses Tages.

Da sich der vordergründig mit der Heiligen in Verbindung gebrachte Themenkreis auf die Fruchtbarkeit bezog, war sie für die Bauern eine der zentralen, das Alltagsleben bestimmenden Heiligen.

Auch weil sie selbst heil dem Bauch eines Drachen entstieg, galt Margarethe als Schutzheilige der Schwangeren, Gebärenden, Wöchnerinnen und Ammen, genauso aber auch der Jungfrauen und bei Unfruchtbarkeit. Außerdem wurde sie bei Wunden und Gesichtskrankheiten sowie in der Sterbestunde angerufen.

Margarethe wird häufig mit einem oder mehreren sich aus ihrer Legende ableitenden Attributen dargestellt: Drache, Krone, Kreuz, Palmenzweig, Folterkamm, Fackel. Sie gehört zu den Vierzehn Nothelfern, zu den Heiligen Drei Frauen sowie den Quattuor Virgines Capitales (das sind: Die vier vorzüglichen Jungfrauen).

Szenenabfolge der Margarethenlegende auf der Südwand der Glewitzer Kirche (Chor obere Bildzeile: Szene 1–6, Chor untere Bildzeile: Szene 7–18, Kirchenschiff einzeilig: Szene 19–31)

1 Margarethe mit ihrer Mutter
2 Margarethe wird an die Amme übergeben
3 Margarethe wird von der Amme zum Christentum bekehrt
4 Knechte des römischen Präfekten Olybrius entdecken die Hirtin Margarethe mit ihren Tieren und Gesellinnen
5 Knechte berichten Olybrius von Margarethe
6 Margarethe wird zu Olybrius gebracht, und er verliebt sich in sie – erstes Gespräch
7 Olybrius nimmt Margarethe mit
8 Margarethe kniet im Kerker und betet
9 Olybrius reitet mit seinem Gefolge zu seinen Göttern/Götzen
10 Olybrius und seine Knechte beten kniend ihre Götter/Götzen an
11 Margarethe wird Olybrius vorgeführt – zweites Gespräch
12 Geißelung mit Ruten
13 Speisung im Kerker durch die Amme und den Legendenschreiber Theotimus
14 Margarethe beschwört den Drachen Rufus im Gebet
15 Der Drache verschlingt Margarethe
16 Margarethes Kampf mit dem Drachen
17 Margarethes Sieg über den Drachen
18 Margarethe wirft den Teufel nieder
19 Margarethe setzt ihren Fuß auf den Teufel
20 Margarethe mit Knechten, der Teufel verschwindet im Erdloch
21 Margarethe wird Olybrius vorgeführt – drittes Gespräch
22 Folterung mit Fackeln
23 Wassermarter
24 Taufgebet der Margarethe und Taufe der Fünftausend
25 Hinrichtung der Fünftausend und Aufnahme ihrer Seelen in den Himmel
26 Bittgebet der Margarethe vor ihrer Enthauptung
27 Erdbeben und Spruch der Taube
28 Margarethe spricht mit ihrem Henker Malchus, den sie als christlichen Bruder erkennt
29 Margarethe und Malchus beten
30 Enthauptung der Margarethe durch Malchus und Aufnahme ihrer Seele in den Himmel
31 Aufbahrung der Margarethe und Verehrung durch Betende und Hilfesuchende

Die Glewitzer Malereien zur Margarethenlegende lesen sich wie eine Bildergeschichte:

Die heilige Margarethe, die in Antiochia lebt (Sz. 1), wird als kleines Mädchen von ihrer heidnischen Mutter an eine Amme übergeben (Sz. 2), die sie heimlich im christlichen Glauben unterweist (Sz. 3). Nachdem Margarethe zu einer jungen Frau herangewachsen ist, wird sie eines Tages gemeinsam mit ihren Gespielinnen beim Schafehüten von zwei Knechten des Präfekten Olybrius entdeckt (Sz. 4). Die Knechte berichten ihrem Herrn Olybrius von der großen Schönheit der jungen Frau (Sz. 5) und bringen sie auf sein Geheiß zu ihm (Sz. 6). Während ihrer ersten Begegnung verliebt sich Olybrius in Margarethe und wirbt um sie. Als sie ihm daraufhin mitteilt, dass sie Christin sei, verlangt Olybrius, dass sie dem christlichen Glauben abschwören müsse. Margarethe lehnt dies entschieden ab. Olybrius aber nimmt sie dennoch mit sich in die Stadt Antiochia (Sz. 7) und sperrt sie in einen dunklen Kerker ein (Sz. 8). Dort bittet Margarethe Gott in einem langen Gebet, ihr ihren Widersacher zu zeigen. In der Zwischenzeit reitet Olybrius mit seinem Gefolge zu einem Götzentempel (Sz. 9), wo er auf Knien seine heidnischen Götter anbetet, welche als kleine gehörnte Teufelchen erscheinen (Sz. 10). Danach lässt er Margarethe ein zweites Mal zu sich bringen (Sz. 11) und wiederholt seine Forderungen, sie möge seine Frau werden und dem christlichen Glauben entsagen. Als Margarethe wieder verneint, lässt Olybrius sie halbnackt an einem Gestänge aufhängen und ihr mit Ruten ‚das Fleisch vom Leibe' schlagen (Sz. 12). Entsetzt über die Verletzungen des schönen Mädchens rufen viele Zuschauer ihr zu, sie möge doch ihre Meinung ändern! Margarethe aber bleibt standhaft, und so lässt Olybrius sie wieder in den Kerker werfen, wo ihre Amme und der Schreiber ihrer Legende, Theotimus, ihr Speis und Trank bringen (Sz. 13). Im Kerker betet Margarethe erneut zu Gott, er möge ihr ihren Feind zeigen.

Plötzlich erscheint ihr ein abscheulicher Drache namens Rufus (Sz. 14):

Margarethenfries, (obere Zeile) Margarethe wird von ihrer Mutter an eine Amme übergeben; (untere Zeile) Gebet der Margarethe im Kerker, Foto RK

*Margarethenfries,
(obere Zeile links)
Margarethe wird
von ihrer Amme im
christlichen Glau-
ben unterrichtet,
(obere Zeile
rechts)
Die Knechte des
Olybrius entde-
cken Margarethe;
(untere Zeile)
Olybrius mit Ge-
folge betet seine
Götter an, Foto RK*

*Margarethenfries,
(links) Zweites
Gespräch zwischen
Olybrius und Mar-
garethe,
(rechts) Margarethe
wird mit Ruten ge-
geißelt, Foto RK*

*Margarethenfries,
Margarethes
Kampf mit dem
Drachen, Foto RK*

Auszug aus dem ‚Büchelin der Heiligen Margarêta' (STEJSKAL 1880, Zeile 283–296)

Do sach si hin und her,
do sach si in dem kerkener
uz einem finstern winkel gen
den tufel unde vor ir sten.
her was angestlichen gar
und von unde manger leie var.
die har waren silberin,
der bart was im guldin,
die zene waren iserin,
die ougen waren kupferin;
uz siner nasen ginc ein rouch
und ein mechtic fuwer ouch,
dar von ein grozez licht entschein;
ir fröude die was harte klein.

Da sah sie hin und her,
da sah sie in dem Kerker
von einem finsteren Winkel her
den Teufel vor ihr stehn.
Er war angsterregend gar
und von mancherlei Farbe,
die Haare waren silber,
sein Bart war golden,
die Zähne waren eisern,
die Augen waren kupfern;
aus seiner Nase ging ein Rauch
und ein mächtig Feuer auch,
davon ein großes Licht ausging;
ihre Freude war ziemlich klein.

Margarethenfries,
Hinrichtung der
Fünftausend,
Foto RK

Und Rufus verschlingt sie mit Haut und Haar (Sz. 15). Margarethe schlägt im Bauch des Drachen mit der Hand ein Kreuzeszeichen (Sz. 16), wovon Rufus auseinanderbirst und stirbt, während Margarethe dem Leib des Drachen als Siegerin entsteigt (Sz. 17). Doch schon begegnet ihr im dunklen Kerker der nächste Gegner, es ist der Teufel in der Gestalt eines schönen Mannes, der sie schmeichlerisch umwirbt und in seine Dienste locken will. Margarethe aber durchschaut den Teufel, wirft ihn zu Boden (Sz. 18) und setzt den Fuß auf ihn (Sz. 19). Der Teufel verschwindet in einem Loch im Kerkerboden, während die Knechte kommen (Sz. 20), um Margarethe erneut zu Olybrius zu bringen (Sz. 21). Nachdem dieser wiederum seine Forderungen gestellt und Margarethe sich aufs Neue verwehrt hat, folgen die nächsten grausamen Martern. Margarethe wird an einem Gestänge mit brennenden Fackeln gefoltert (Sz. 22). Gleich darauf sieht man die Knechte Wasser holen und es zum Kochen bringen, denn als nächstes soll Margarethe in ein Fass mit kochendem Wasser geworfen werden (Sz. 23). Hier geschieht ein Wunder, denn das Wasser wird ihr zum Taufwasser, und Margarethe entsteigt dem brodelnden Nass vollkommen unbeschadet. Ihre Gestalt hat sich erneuert, und getauft ist sie nun schöner denn je. Der Heilige Geist erscheint in der Gestalt einer Taube und spricht mit ihr. Die Fünftausend, die diesem Ereignis beiwohnen, sind davon so beeindruckt, dass sie davonstürzen, um sich ebenfalls taufen zu lassen (Sz. 24). Doch dann müssen diese Fünftausend sterben. Einer nach dem anderen werden sie von den Henkern des Olybrius geköpft und ihre Seelen von Engeln in den Himmel emporgehoben (Sz. 25). Daraufhin richtet Margarethe ein langes und umfassendes Gebet an Gott (Sz. 26). Auch ihr Märtyrertod steht unmittelbar bevor, und im Namen aller Gläubigen bittet sie Gott um seinen Beistand für all jene, die an ihn glauben und auch ihr vertrauen. Gott erhört sie, und als Zeichen erschüttert ein mächtiges Erdbeben die Erde. Der Heilige Geist, welcher von einer mit einem Kreuz gezeichneten Taube symbolisiert wird, spricht wieder zu ihr. Margarethe und die sie Umgebenden stürzen zu Boden und verharren in Anbetung (Sz. 27). Dann wird Margarethe ihrem Henker namens Malchus vorgeführt. Er erhebt sein Schwert, doch dann hält er mit einem Mal inne und sagt, er könne Margarethe nicht töten, denn er sähe die Engel um sie stehen. Margarethe erkennt in Malchus einen Bruder, der durch ihr Beispiel vorbereitet ist für den christlichen Glauben. Sie spricht mit ihm und bittet ihn, sie doch zu enthaupten, denn dann werden sie beide schon am selben Abend im Paradies sein (Sz. 28) (Bezugnahme auf die Kreuzigung Jesu und den reuigen Schächer). Nach einem gemeinsamen Gebet (Sz. 29) tut Malchus, worum Margarethe ihn gebeten hat. Er enthauptet sie (Sz. 30) und fällt danach selbst tot um. Ein Engel mit weit gespannten Flügeln hebt Margarethes Seele im grünen Kleid in den Himmel empor (ebenf. Sz. 30). Nun wird Margarethes Körper aufgebahrt. Krüppel, Lahme und Kranke eilen herbei, um Margarethe anzubeten, und an ihrem Sarg ereignen sich viele wundersame Heilungen (Sz. 31).

Wer das Margarethenbüchlein las, der war gefeit gegen Unheil und durfte des Beistands der Heiligen Margarethe gewiss sein. Und das galt – und gilt? – sicherlich auch für das Lesen der Margarethengeschichte an den Wänden der Glewitzer Kirche.

Die Apostel

Die gegenüber den Friesen vergleichs-
weise monumental wirkenden Apostel-
darstellungen verteilen sich in rhythmi-
sierender Weise auf den Wandpfeilern
und den dazwischenliegenden Wand-
abschnitten des Langhauses. Das Zahn-
schnittmotiv fungiert hier als nach oben
und unten begrenzender Rahmen.
Die Aufreihung beginnt am südlichen
Triumphbogen, durchläuft das Kirchenschiff und endet am nördlichen Triumphbogen.

Apostel Petrus,
Foto RK

1 Simon Petrus mit seiner charakteris-
   tischen Haartonsur und dem Him-
   melsschlüssel
2 Paulus mit dem Schwert
3 Andreas mit vollem lockigem Bart
   und dem Andreaskreuz
4 Jakobus der Ältere in der Tracht des
   Pilgers mit Pilgerhut und Muschel,
   kurzem Rock, Pilgertasche und Pil-
   gerstab
5 der jugendliche Evangelist Johannes
   mit Evangelienbuch und einem
   Abendmahlskelch, über dem eine
   Hostie schwebt
6 Jakobus der Jüngere mit Bart, Evangelienbuch und Walkerstange
7 Judas Thaddäus mit Evangelienbuch
   und Keule (die Hand mit der Keule
   wurde vom Kirchenmaler in einer
   ersten Fassung gezeichnet und dann
   verworfen, die Vorzeichnung ist
   noch heute zu sehen)
8 Thomas mit kurzem Vollbart und
   Winkelmaß (wegen der Patronatsloge ist nur der Kopf- und Schulterbe-
   reich zu sehen)
9 Bartholomäus mit einer Stange, über
   der seine eigene Haut hängt, der
   Kopf dieser Haut mit seinen Ge-
   sichtszügen
10 Evangelist Matthäus mit Evangelienbuch, Schreibfeder und Geldbeutel,
   vom Schwert durchbohrt
11 Philippus mit gegabeltem Vollbart
   trägt in der einen Hand ein Doppel-
   kreuz, auf das er mit der anderen
   Hand zeigt

Die Glewitzer Kirche zeigt uns neben
dem spätberufenen Apostel Paulus lediglich 10 Jünger Jesu. Einen weiteren Jünger
verbirgt sie hinter der Kanzelrückwand
am Triumphbogen gegenüber Petrus. Am
unwahrscheinlichsten ist wohl Judas, der
Jesus verraten hat. So bleiben als Darstel-
lungsmöglichkeit noch der nachberufene
Jünger Matthias und, am wahrschein-
lichsten, der Jünger Simon Kananäus, der
auch Simon Zelotes genannt wird.

(links) Apostel Matthäus, Foto RK

(rechts) Apostel Philippus, Foto RK

Weitere Heilige

Georg (Westseite des südlichen Triumphbogenpfeilers)
Dass auch der Heilige Georg Eingang in diese Kirche fand, verwundert nicht, denn wie Margarethe kämpfte auch er gegen einen Drachen. Oft wurden die beiden Heiligen gemeinsam dargestellt, und beide zählen zur Gruppen der Megalomartyr (große Heilige), welche unzählige Martyrien zu erleiden hatten. Zu erkennen sind die Beine des Ritters vor dem Bauch des Pferdes, das den Drachen niedertrampelt.

Christophorus (Langhaus, nördlicher Bereich der Westwand)
Der teilweise von der Orgelempore überdeckte Christophorus ist wie üblich überlebensgroß dargestellt mit Fischen zu seinen Füßen (Hecht, Flunder, Aal, Barsch, Krebs). Er blickt zum Christuskind empor, das auf seiner Schulter thront und die Hand zum Segensgestus erhoben hat. Im späten Mittelalter zählte Christophorus, einer der Vierzehn Nothelfer, zu den am häufigsten dargestellten Heiligen – hieß es doch über ihn, dass derjenige, der sein Abbild sah, zumindest noch am selbigen Tag keines plötzlichen Todes sterben würde. Aus diesem Grund wurde Christophorus – damit man ihn ja nicht übersehen konnte – sowohl in den Innenräumen als auch an den Außenwänden der Kirchen in überlebensgroßen, mitunter riesigen Formaten dargestellt. Auch der Glewitzer Christophorus hob sich einst durch seine Größe aus der Menge der übrigen Heiligen heraus. Wer die Kirche durch das Westportal verließ, dessen Blick fiel unweigerlich auf ihn, bevor er infolge

der Reformation übermalt wurde. Auch nach seiner Freilegung führt er ein Schattendasein, da er teilweise von der inzwischen eingebauten Orgelempore verdeckt wird.

Die Glewitzer Darstellung legt eine unmittelbare Verwandtschaft zum Christophorus in der Kirche von Schlatkow in Ostvorpommern nahe.

Dorothea (Langhaus, nördlicher Bereich der Westwand)

Die neben ihrem Nimbus mit einem Blütenkranz geschmückte Dorothea

(rechts) Glewitz, Christophorus, Foto RK

(unten) Vergleich: Schlatkow, Christopherus, Foto RK

trägt einen mit Früchten gefüllten Korb und einen großen blühenden Zweig. Weil sich an dieser Stelle der Aufstieg zur Orgelempore befand, legten die Mäntel der Kirchenbesucher über die Jahrhunderte hinweg die Heilige unbemerkt frei, wovon der heutige ‚verwischte‘ Eindruck der Heiligen zeugt.

Martin von Tours (Nordwand des Langhauses, Wandpfeiler zwischen Mittel- und Ostjoch)

Der Heilige Martin von Tours sitzt im Habitus des Bischofs auf seinem Pferd und zerteilt seinen Mantel mit dem Schwert. Der Mantel zeigt als Andeutung des reichen Innenfutters weiße tulpenkelchförmige Blütensymbole. Vor Martin hockt ein durch seine Kriechhilfen als Krüppel ausgewiesener Bettler mit Gabelbart, einer bezeichnenderweise für Christus typischen Barttracht.

Die ‚Legende von den Drei Lebenden und den Drei Toten‘ (Nordwand des Langhauses, Ostjoch)

Eine Sonderstellung nimmt die als Memento mori (vom lateinischen: ‚Memento moriendum esse‘, heißt: ‚Sei eingedenk, dass du sterben musst!‘) zu verstehende ‚Legende von den Drei Lebenden und den Drei Toten‘ im Ostjoch der Langhausnordwand ein. Die Darstellung dieser Legende ist äußerst selten anzutreffen. Drei Könige begegnen während eines Jagdausfluges drei Leichnamen. Es sind bereits skelettierte Tote, die sich ebenfalls als einstige Könige ausgeben. Eine recht grausige Begegnung, und es kommt noch schlimmer, denn die Toten erteilen den Lebenden eine moralisierende Belehrung gegen ein Leben in Sünde und gegen die ewige Verdammnis. Sie geben als Kernaussage der Szene folgende Warnung weiter: Quod fuimus, estis. Quod sumus, eristis. – Was wir waren, das seid ihr. Was wir sind, das werdet ihr.

In Glewitz sehen wir im rechten Bereich der um die Ecke herumgeführten Szene die drei Lebenden Könige mit Kronen und in reichen Gewändern, zusammen mit ihren Pferden, Jagdfalken und Jagdhunden. Ihre Überraschung zeigt sich vor allem in der Körperhaltung des linken lebenden Königs, der erschrocken zu Boden sinkt und zu beten beginnt. Die drei toten Könige wirken neben den kleineren lebenden Königen mächtig und bedrohlich. Um ihre Beine winden sich Schlangen, und in ihren Bäuchen nisten Kröten und Gewürm. Indem sie ihre Warnung weitergeben, führen sie die skelettierten Hände in sprechenden Gebärden und wenden den Lebenden ihre einstigen Gesichter zu.

Die Geschichte gehört zu den Vorläufern der Totentanzdarstellungen, die vor allem im 15. und 16. Jahrhundert weite Verbreitung fanden. Sie basiert auf einem Gedicht des 13. Jahrhunderts, das

Martin von Tours, Foto RK

Legende von den Drei Lebenden und den Drei Toten, Foto RK

einer Legende aus dem arabischen Raum entlehnt wurde und über Verbildlichungen in der französischen und italienischen Buchmalerei in den Raum nördlich der Alpen gelangte. Direkte Vergleichsbeispiele finden sich als Wandmalerei in der Wismarer Heilig-Geist-Kirche sowie als Gewölbemalereien in den Kirchen von Skibby und Bregninge in Dänemark.

Die Wandmalereien in der sogenannten Heiliggrabnische

Melchisedek, Verkündigung, Antonius der Große und weitere

An exponierter Stelle – in einer Wandnische, deren einstige Funktion sich mit einem etwaigen Standort für eine Altarmensa oder ein Heiliges Grab interpretieren lässt – gibt es ein Ensemble von

(links) Antonius, (rechts) Agatha bzw. Apollonia, Foto RK

Martyrium des Erasmus, Foto RK

Wandmalereien, das in seiner Grundstruktur retabelhafte Züge aufweist. Unter gemalten Arkadenbögen haben sich vor dem Hintergrund floraler Ornamentik von ursprünglich fünf Heiligendarstellungen nur drei erhalten. Von links nach rechts: Antonius mit Kreuz, Glöckchen und einem Teufelchen zu seinen Füßen, Agatha oder Apollonia mit einer Zange sowie eine Figur vor einer Turmarchitektur (König David mit Harfe [?] oder die Hl. Barbara). Die Zone der Heiligen wird nach oben hin mit einem Zahnschnitt begrenzt.

Im darüber befindlichen Korbbogenfeld ist links eine Bischofskrönung zu sehen. Der alttestamentliche König Melchisedek wird in der Bibel als Priester des höchsten Gottes bezeichnet. Er segnete den Urvater Abraham und war der erste, der Brot und Wein als Opfergabe verwendete. Durch dieses Altaropfer wurde er zum typologischen Gegenbild Christi. Aus einer Wolke schweben Engel mit weit geöffneten Flügeln herab, um den an seiner Bischofsmütze erkennbaren Hohepriester Melchisedek mit einer Krone zu bekrönen. Die anderen zu erwartenden spezifischen Attribute Hostie und Kelch haben sich nicht erhalten.

Rechts daneben befindet sich die Darstellung einer Verkündigung. Der Erzengel Gabriel kniet im linken Bildteil mit einem Schriftband in den Händen vor Maria, die sich ihm zuwendet, eine Taube über dem Scheitel. Er verkündigt ihr, dass sie schwanger sein wird mit Gottes Sohn.

Die Erasmuslegende

Nur wenige Fragmente zeugen noch davon, dass sich die Erasmuslegende als unterhalb der Passionsgeschichte befindlicher Bildstreifen ursprünglich über die gesamte Nordwand des Chores erstreckte. Zwei Szenen konnten in gutem Erhaltungszustand freigelegt werden. Im linken Bereich des nordöstlichen Chorpolygons wird das Martyrium des Heiligen Erasmus gezeigt. Es handelt sich um eine für diesen Heiligen typische Folterungsmethode, bei der in drastischer Bildsprache dem gefesselten Erasmus bei (der Überlieferung nach) lebendigem Leibe mit einer Winde das Gedärm aus dem Leib gezogen wird. Das Drehkreuz der Winde sowie der straff gespannte Darm sind gut zu erkennen. Die rechts davon befindliche Szene zeigt den aufgebahrten Leichnam des Heiligen auf einem mit gotischen Vierpässen verzierten Sarkophag. Aus einer Himmelswolke fährt ein Engel mit weit gespannten Flügeln herab, um die sich ihm entgegenstreckende Seele des Erasmus in Empfang zu nehmen.

Aufgrund der Art seines Martyriums galt der Heilige Erasmus, der zu den Vierzehn Nothelfern zählt, als Schutzheiliger der Seiler, Weber und Seefahrer. Wie auch Margarethe half Erasmus bei Geburten. Er wurde angerufen bei Krankheiten der Haustiere, aber auch bei Leibschmerzen, Krämpfen, Koliken, Unterleibsbeschwerden und Magenkrankheiten.

Der Passionsfries

Beginnend am Triumphbogen der nördlichen Chorwand wird der Altarraum umzogen von einem einzonigen, miniaturhaft feinlinigen Fries, dessen erhaltene Szenen in hoher erzählerischer und künstlerischer Qualität die Leidensgeschichte Jesu zum Inhalt haben. Gleich das erste Drittel dieser Wandmalereien jedoch ist im Verlaufe der Jahrhunderte durch die Schädigungen der Wand als Bildträger in Mitleidenschaft gezogen worden und kann deshalb nur in Teilen bzw. nicht zweifelsfrei gedeutet werden.

Der Fries beginnt unmittelbar neben der Kanzel mit der Abendmahlsszene. Die von Nimben umfangenen Köpfe der Jünger staffeln sich mit räumlicher Überdeckung in verschiedenen Ebenen und umgeben Christus, der mittig in der obersten Ebene erscheint. Hier, wie auch im gesamten Passionsfries ist Christus durch den Kreuznimbus (Heiligenschein mit einem Kreuz), das mittig gescheitelte lange Haupthaar und einen Gabelbart gekennzeichnet. Ihm zur Linken hebt sich Jakobus der Ältere mit dem klar identifizierbaren Pilgerhut aus der Menge der Jünger hervor. Jesus und die Jüngergruppe umstehen einen Tisch, vor dem der kaum erkennbare Judas kniet.

Mit dem Bild des betenden Jesus auf dem Ölberg im Garten Gethsemane beginnt ein kaum lesbarer Abschnitt in der Malerei. Der Judaskuss und die Gefangennahme Jesu sind als Einzelbilder oder als Bildkomposition standardisierte Bestandteile eines Passionsfrieses und als solche wohl auch in Glewitz vorhanden gewesen, heute hier aber nicht mehr erhalten. Vom Verhör Jesu vor dem Hohepriester Kaiphas sind nur dessen Sitz und die Fragmente einer Figurengruppe zu sehen.

Die Szene der Verleugnung des Petrus dagegen ist gut erkennbar. Petrus wärmt sich an einer Herdstelle, über welcher ein Kessel hängt, die Hände am Feuer. Ihm gegenüber steht eine Magd, die ihn

als Jünger Jesu erkennt und anspricht. Über dem Kopf der Magd sitzt ein Hahn auf einer Stange. Er ist der Hinweis auf die Erfüllung der Prophezeiung Jesu, wonach Petrus ihn, noch bevor der Hahn kräht, drei Mal verleugnen würde.

Es folgen drei figurenreiche Verhörszenen, in denen lediglich Jesus im schlichten Gewand mit gebundenen Händen zu identifizieren ist. Zwei der Szenen verbinden sich wohl mit Pilatus und eine mit Herodes. Allerdings geben sie in der Deutung und Zuordnung Rätsel auf, da Pilatus und Herodes lediglich als stilisierte Herrscherfiguren mit übereinandergeschlagenen Beinen dargestellt werden, sich aber nur unzureichend unterscheiden. Während im ersten und dritten Bild die Herrscher im Redegestus gezeigt werden, findet sich in der mittleren Szene eine Handwaschung, die sich ungewöhnlicherweise später im Fries wiederholt.

Die folgenden Szenenfragmente erweisen sich bei näherer Betrachtung als Geißelung und Verspottung Jesu. Zur Schlüsselsymbolik der Geißelung gehört eine Säule, die von den nackten Armen des gebundenen Jesus umschlungen wird. Zwei flankierende Folterknechte peitschen ihn aus. In der Verspottung wird der frontal abgebildete Jesus von Soldaten umringt und geschlagen.

Nun folgt die zweite Handwaschung. Pilatus hat zwar auf dem Thron wieder

seine Richterhaltung eingenommen, wendet seinen Oberkörper jedoch nach hinten, um sich seine Hände biblisch-sprichwörtlich in Unschuld zu waschen. Das zu diesem Vorgang gehörige Aquamanile (Wassergefäß) wird von einem Diener gehalten, über dessen Schultern ein Handtuch mit Fransen hängt.

Mit der Kreuztragung beginnt der sehr gut erhaltene und damit in seinem Detailreichtum erlebbare Teil des Passionsfrieses. Christus hat ein Seil um die Hüften geschlungen und wird von den Soldaten fortgezerrt. Das Kreuz auf seiner Schulter hilft ihm der Bauer Simon von Kyrene tragen.

Die Kreuzannagelung wird in handwerklich verständiger Manier gezeigt mit drei Schergen, die Christus mit Bohrer, Hammer und Seil am Kreuz befestigen. Die mehrfigurige Kreuzigungsszene ist leider im Bereich der Christuskreuzigung durch einen Wandriss gestört. Christus am Kreuz ist umgeben von den beiden ebenfalls gekreuzigten Schächern, deren Seelen von einem Engel bzw. dem Teufel geholt werden; von Maria, die als Schmerzensmutter mit einem Schwert im Herzen dargestellt ist; von Johannes, dem Lieblingsjünger und von Longinus, der ihm die Seitenwunde zufügt. Gleich im Anschluss würfeln vier Schergen um das in einem Stück gewebte Gewand Jesu.

Bei der Kreuzabnahme sieht man, wie Christus, mit großen Zangen vom Kreuz gelöst, in eine Gruppe von Personen herabgleitet, unter ihnen Maria und Johannes. In der Beweinungsszene liegt Christus still in den Armen seiner Mutter, die ihr Gesicht an seines schmiegt. Neben ihnen kniet Johannes. Die nachfolgende Szene zeigt die Grablege Christi. Er wird von mehreren Personen, darunter Maria Magdalena und Johannes, in einen Sarkophag gebettet, während seine Mutter Maria als Geste der

Klage die Hände über ihren Kopf erhoben hat. In der Auferstehungsszene entsteigt Christus triumphierend mit Segensgestus und Siegesfahne dem Sarkophag, vor dem die Wächter zusammengesunken liegen.

Christus wendet sich nun der sogenannten Vorhölle zu, einem stilisierten Drachen mit weit aufgerissenem Schlund,

Passionsfries, Christus in der Vorhölle, Foto RK

Passionsfries, Christi Himmelfahrt, Foto RK

um die Verdammten zu befreien. Am hinteren Ende des Drachens befindet sich eine kleine Fensteröffnung, welche im Stile eines Kirchenfensters gehalten ist und kleine Monster und Teufelchen zeigt. In der Himmelfahrtsszene wird Christus aus dem Kreise seiner Jünger heraus in den durch eine mäandernde Wolke symbolisierten Himmel aufgenommen. Nur seine Fußabdrücke bleiben zurück. Die Pfingstszene zeigt die Ausgießung des Heiligen Geistes als Strahlenbündel, welches sich aus einer Wolke heraus auf die Köpfe der Jüngergruppe ergießt. In ihrer Mitte ist Maria durch eine kleine Taube über ihrem Scheitel hervorgehoben.

(oben) Glewitz, Engel der Sakramentsnische, Foto RK

(unten) Vergleich: Schlatkow, Foto RK

Die Engel der Sakramentsnische

Zwei Engel mit langen Gewändern und weitgefächerten Flügeln flankieren die einst vollständig von floralen Ornamenten umrankte Sakramentsnische. Der linke Engel hält ein nicht mehr erhaltenes, an einer Kette schwingendes Weihrauchgefäß, während der rechte Engel eine brennende Zwirbelkerze trägt.
Eine weitere Darstellung zweier Engelfiguren zu beiden Seiten einer Sakramentsnische, die an die Glewitzer Engel erinnert, hat sich an der Ostwand des Chores in der Dorfkirche von Schlatkow in Vorpommern erhalten.

Die Zepelinschen Wappen

Eine weitere Besonderheit bilden die fünf Wappen der Familie von Zepelin an der Nordwand des Chores, von denen vier im Quadrat angeordnet wurden und das fünfte mittig darüber. Jedes Wappen zeigt im rotschwarz umrandeten Wappenfeld auf hellem Untergrund einen mit roten Konturen versehenen grauschwarzen Eselskopf. Die beiden unteren Wappen weisen die Rudimente einer Inschrift auf. Auf einem lässt sich der Name ‚henneke‘ erahnen. Von diesem wird berichtet, dass er am 29. September 1369 Mitgelobter (Mitunterzeichner) war, als die Brüder, Knappen Henneke und Heinrich von Zepelin, als Vormünder der Söhne des Questeke Hasse dessen alten Hof im Dorfe Bockhorst (bei Güstrow) an das Nonnenkloster in Ribnitz verkauften.
Ein weiteres Zepelinsches Wappen primitiverer Ausprägung wurde wohl im 15. Jahrhundert in die Gewölbekappe des östlichen Langhausjochs eingefügt. Die Familie von Zepelin war seit dem 14. Jahrhundert in Glewitz ansässig. Dem Loitzer Bederegister von 1347 ist zu entnehmen, dass ein Bolte Zcepelin

in Glewitz abgabenpflichtig war. Die Darstellung der Wappen im Chorraum der Kirche deutet darauf hin, dass die Zepelins einst als Patrone der Kirche eine bedeutsame Funktion im Zusammenhang mit zumindest der zweiten Bauphase des Kirchenbaus und seiner Ausmalung innegehabt haben mögen.

Die Weihekreuze

Wie in vielen anderen Kirchen sind auch in Glewitz einfach gestaltete Weihekreuze mit roten Kreuzarmen auf hellem Untergrund erhalten geblieben, die sich vornehmlich im Rund des Chores auf Höhe der Sohlbänke finden. Von den wohl ursprünglich zwölf Weihekreuzen sind nur noch acht vorhanden.

Die Inschrift im Gewölbezwickel

Am südlichen Gewölbezwickel des Übergangs vom zweiten zum dritten Kirchenschiffjoch hat sich eine, nur bei genauem Hinsehen erkennbare, gotische Minuskelinschrift (Inschrift mit kleinen Buchstaben) erhalten. Dort konnte der die Kirche betretende Gläubige den lateinischen Gebetsruf *domine ihesu* (Herr Jesus) lesen.

Die Darstellungen im Gewölbe

In der östlichen Gewölbekappe des Langhauses finden sich zwei figürliche Darstellungen simpler Formensprache, die nicht dem übrigen Kontext zuzuordnen und wohl erst im 15. Jahrhundert entstanden sind. Die kniende Maria und Christus als Weltenherrscher sind einander gegenübergestellt. Der fürbittenden Maria ist das niederdeutsche *Help* und Christus das bezeichnende *Deus* zugeordnet.

Zepelinsche Wappen, Foto RK

Zur kunstgeschichtlichen Einordnung

Die Glewitzer Wandmalereien werden in die Zeit um 1370/80 datiert. In ihnen spiegeln sich sowohl die Stilmerkmale der böhmischen Kunst, bekannt als ‚Internationaler Stil‘, wieder (vgl. Altarretabel von Pechüle, um 1360/70; ‚Böhmischer Altar‘ im Brandenburger Dom, 1375) als auch der Einfluss der Kunst Meister Bertrams (Retabel der Hamburger Petrikirche, um 1380; untere Figurenreihe des Doberaner Hochaltares von um 1300, nachträglich durch die Werkstatt Meister Bertrams hinzugefügt im dritten Viertel des 14. Jahrhunderts). Als unmittelbare Vergleichsbeispiele der Glewitzer Wandmalereien fanden sich bisher einzig die Darstellungen der Heiligen Christophorus und Andreas sowie zweier die Sakramentsnische flankierender Engel in der Kirche von Schlatkow in Vorpommern, deren Bildsprache in einem Werkstattzusammenhang mit Glewitz stehen könnte. Es kann mit aller Vorsicht davon ausgegangen werden, dass der oder die Glewitzer Kirchenmaler zumindest die Werke Meister Bertrams und seiner Werkstatt kannten und sich daran orientierten. Während der Passionszyklus und vor allem die Apostelfiguren sich an die Bertramsche Figurensprache anlehnen, entstand der Margarethenzyklus nach anderen, uns bisher unbekannten Vorgaben, die wohl eher in den Medien der Buchmalerei und der sakralen Teppichstickerei zu suchen sind. Hier zeigt sich, dass im Alltag des mittelalterlichen Kirchenmalers auf der Grundlage von

Musterbüchern gearbeitet wurde, deren jeweilige ikonografische Themenbereiche auf unterschiedliche formale Vorbilder zurückzuführen sind. Ein eindeutiger Hinweis auf die Verwendung eines Musterbuches in Glewitz ergibt sich im Vergleich der Szenen 11 und 21 der Margarethenlegende (Gespräche zwischen Margarethe und Olybrius).

Das heutige Erscheinungsbild der Glewitzer Wandmalerei in seiner feingliedrigen Linearität täuscht übrigens darüber hinweg, dass die Friese und Figuren einst bunt waren. Neben dem Eisenoxid der Umrisslinien haben sich größere oder kleinere Spuren von Böhmischer Erde (grün), Malachit (türkis, vor allem bei der Darstellung von Margarethe verwendet), Ruß (schwarz) und ungebranntem Eisenoxid (gelb) erhalten. Besonders die Darstellung des Apostels Matthäus mit seiner sehr gut erhaltenen Gewandstruktur ist ein schönes Beispiel für die qualitativ hochwertige Farbgebung und bildplastische Modellierung, die für die Glewitzer Wandmalereien in ihrer Entstehungszeit maßgeblich waren.

DIE AUSSTATTUNG DER KIRCHE IN GLEWITZ

Detlef Witt

Das 1869 gemalte neugotische Altarbild von Gustav von Boddien

B ereits 1837 hatte laut Memorabilienbuch ein nicht genannter Stifter der Kirche einhundert Taler zur Anschaffung eines neuen Altarbildes vermacht, vermutlich wurde dieses Geld jedoch 1844 mit zur Anschaffung der Orgel verwandt. Das jetzige Altarbild stammt erst von 1869. Unten rechts ist es von dem Schweriner Oberforstmeister Gus-

tav von Boddien (1814–1870) signiert und datiert. Anlass der Schenkung des Gemäldes war der Tod der Schwiegermutter Boddiens, Baronin von Maltzahn, geborene Freiin Schoultz von Ascheraden. Sein Bruder Hugo von Boddien, der Gutsbesitzer auf Zarnekow war, vermachte der Glewitzer Kirche aus demselben traurigen Anlass ein bronzenes Kruzifix.

Der Gemeindekirchenrat sandte dem Stifter des Altarbildes im Februar 1870

Neugotisches Altarretabel von 1873 mit dem Christusbild Gustav von Boddiens von 1869, Foto DW

ein im Memorabilienbuch überliefertes Dankschreiben.

Das Gemälde zeigt den auferstandenen Christus nach der sehr populären und oft kopierten Statue des dänischen Bildhauers Bertel Thorvaldsen (1770–1844) (siehe auch Artikel zum Altar in Deyelsdorf, S. 155 ff.). Das Bild Boddiens steht in seiner spitzbogigen äußeren Form und der an mittelalterliche Vorbilder angelehnten Farbigkeit mit einem gemusterten Goldgrund im Gegensatz zur klassizistischen Figurenauffassung Thorvaldsens. Christus steht mit leicht gesenktem Haupt frontal zum Betrachter und breitet die Arme aus. Der Körper wird von einer blauen Toga mit einer schmalen goldenen Borte am Saum verhüllt, die in antiker Manier über die linke Schulter gelegt ist und rechts die Brust mit der Seitenwunde frei lässt. Die Wundmale kennzeichnen Christus als Auferstandenen, wobei die Wunden auf wunderbare Weise geheilt zu sein scheinen und kaum noch sichtbar sind. Das Bild steht in einem 1873 von dem Grimmener Tischlermeister Fink geschaffenen neugotischen hölzernen Altaraufsatz mit durchbrochenen Maßwerkfüllungen und zwei seitlichen Fialtürmchen. Den Spitzbogen des Rahmens krönt eine Weinlaubranke mit dem Spruch *FRIEDE SEI MIT EUCH*. Die Sockelzone ist ebenfalls mit Weinlaub in durchbrochener Schnitzarbeit gefüllt.

Ob bis zu dieser Zeit noch der mittelalterliche Marienaltar, dessen Skulpturen dann 1908 von Pastor Lindow auf dem Kirchenboden aufgefunden wurden, auf der 1873 abgebrochenen großen alten Altarmensa (Altartisch) stand, geht aus den Aufzeichnungen im Memorabilienbuch leider nicht hervor. Das weitere Schicksal dieser Figuren, die von herausragender bildhauerischer Qualität sind, soll im Folgenden beschrieben werden.

Die Figuren des mittelalterlichen Marienaltars aus Glewitz

Von den Figuren eines mittelalterlichen Schnitzaltars, die Pastor Lindow 1908 entdeckte, als Kinder damit spielten,

Figuren aus dem Glewitzer Altarschrein, historische Aufnahme, die Skulpturen kamen 1934 als Leihgabe ins Stettiner Museum, die Madonna ist seit Kriegsende verschollen, historische Aufnahme, LAKD Schwerin

befindet sich heute nur noch eine in Glewitz. Andere sind im Stettiner Nationalmuseum ausgestellt, die Marienfigur aber und einige Torsi (Bruchstücke) und Köpfe weiterer Skulpturen sind seit dem Kriegsende verschollen. Der Kunsthistoriker Otto Schmitt zählte die Figuren des Glewitzer Marienaltars in einem Aufsatz zur Kunst im Kreis Grimmen 1931 zu den bedeutendsten Bildhauerarbeiten in ganz Pommern. Spätestens bei der großen Innenrenovierung der Kirche im Jahre 1844 oder bei der Aufstellung des jetzigen Altars 1869/73 war der mittelalterliche Altaraufsatz entfernt worden. Da aber im Memorabilienbuch eine Inschrift betreffs einer Renovierung der Kirche im Jahre 1686 am Altarblatt – also dem Altarbild – erwähnt wird, könnte der Altaraufsatz bereits in dieser Zeit entfernt oder umgestaltet worden sein. Die Reste – Schnitzfiguren und einige Ornamentteile – kamen zusammen mit dem mittelalterlichen Triumphkreuz auf den Kirchenboden, bis sie 1908 von Pastor Lindow, der vorher Hauslehrer bei Kuno Graf zu Rantzau, dem Schwiegersohn Otto von Bismarcks war, wiederentdeckt wurden. Lindow erkannte ihren künstlerischen Wert und schätzte das Alter der Figuren richtig auf damals etwa 500 Jahre. Die weitere Geschichte der Figuren liest sich wie ein Krimi. Der Pastor benachrichtigte das Konsistorium in Stettin von seinem Fund und wandte sich auch an die zuständige Denkmalbehörde. Der Stettiner Bildhauer Axel Ehlert machte 1909 eine Kostenschätzung für die Wiederaufstellung der am besten erhaltenen Skulpturen in der Kirche. Neben der ca. einen Meter hohen Marienfigur waren fünf kleinere, 50 bis 60 cm hohe Figuren relativ gut erhalten und trugen auch noch ihre ursprüngliche farbige Bemalung und Versilberung. Einige andere Figuren waren vom Wurm bereits so stark zerstört, dass ihre Wiederherstellung nach Ehlerts Ansicht

nicht lohnte. Diese Torsi holte der mit Lindow bekannte Demminer Studienrat Paul Thielscher im Herbst 1922 in das neugegründete Kreisheimatmuseum nach Demmin. Die Maria und die fünf besser erhaltenen Figuren wurden in der Kirche an der Nordwand aufgestellt. 1926 besichtigte Fritz Adler, der Direktor des Stralsunder Provinzialmuseums für Neuvorpommern und Rügen, die Figuren in Glewitz und nahm auch zwei Köpfe von Figuren im Arbeitszimmer des Pastors in Augenschein. Adler datierte die Figuren auf *um 1400* und schlug vor, sie im Museum zu konservieren und für die Überlassung ans Museum das Triumphkreuz vor Ort zu restaurieren. Dazu kam es jedoch nicht. 1932 machte dann der Stettiner Denkmalpfleger Franz Balke einen erneuten Vorstoß und empfahl die sofortige Überführung in die Stettiner Sammlung. In seinem Reisebericht vom 6. Dezember 1932 heißt es: *Die 6 Figuren müssen unbedingt sofort unter laufende Kontrolle gestellt werden. Da es zudem Stücke von hohem Rang und entwicklungsgeschichtlicher Bedeutung sind, die an Ort und Stelle völlig ohne Wirkung sind, empfehle ich ausnahmsweise dringend, die Stücke in die Kirchliche Abteilung des Stettiner Provinzial*

Fragmente der Glewitzer Figuren im Demminer Museum: (v. l. n. r.) Ritterheiliger (Wenzel?), heiliger Bischof (Adalbert?), Katharina, Georg (bzw. niederdeutsch Jürgen), historische Aufnahme

(links) Heiliger König (Sigismund?) aus dem Glewitzer Altar, um 1400, z. Z. Szczecin, Muzeum Narodowe, Foto RK

(rechts) St. Veit aus dem Glewitzer Altar, um 1400, z. Z. Szczecin, Muzeum Narodowe, Foto RK

Jakobus d. Ä. aus dem Glewitzer Altar, um 1400, z. Z. Szczecin, Muzeum Narodowe, Foto RK

Museums zu geben. Als Gegenleistung sollte, wie auch schon 1926 von Adler vorgeschlagen, das mittelalterliche Triumphkreuz auf Kosten des Museums restauriert werden. Das Stettiner Konsistorium sprach sich bereits im Mai 1933 gegen eine dauerhafte Überlassung der Glewitzer Skulpturen ans Museum aus. Stattdessen wurde eine Leihgabe auf 10 Jahre vereinbart. Am 12. Mai 1933 wurden die Stücke in Glewitz von Balke für den Transport nach Stettin verpackt. Da noch keine Genehmigung des Konsistoriums vorlag, konnten die Figuren jedoch nicht gleich abgeschickt werden. In einem Schreiben des Kanzleiinspektors des Konsistoriums vom 15. Juli 1933 wird der Eigentumsvorbehalt der Kirchengemeinde bei der leihweisen Überlassung der Figuren ans Museum betont. In Glewitz versuchte man offenbar, die Sache weiter hinauszuzögern und schrieb nach einer Mah-

nung, dass der Transport der Kisten zur Bahn erst nach der Ernte möglich sei. Am 23. April 1934 erging nochmals die Bitte an Kantor Eder, die Altarfiguren nach Stettin abzusenden. Eder wurde auch aufgefordert, nach weiteren Bruch-stücken zu forschen, die laut einer Nachricht des Kunstgeschichtlichen Se-minars in Greifswald 1931 noch im Pfarrhaus vorhanden gewesen waren. Aufgezählt werden der Kopf eines En-gels, der Kopf eines bärtigen Bischofs, der Kopf einer weiblichen Heiligen mit Krone, ein Körperfragment einer Barba-ra, eine vollständig erhaltene Margare-tha und Stücke der Bekrönung mit gro-ßen und kleinen Krabben im Wechsel. Nachforschungen ergaben, dass eine Kiste mit den fehlenden Figuren aus ei-ner Abseite des Pfarrhauses nach dem Wegzug des Mieters verschwunden war. Am 6. Juli 1934 wurde schließlich vom Museum mitgeteilt, dass das Glewitzer

Triumphkreuz fertig restauriert sei. Die Originalfassung war von Restaurator Lichtfuß freigelegt und fehlende Teile ergänzt worden, wofür das Museum 50 RM als Gegenleistung für die Leih-gaben bezahlte. In einer Gemeindekir-chenratssitzung unter Leitung von Pastor Fischer aus Wotenik und des Patrons von Witzleben wurde am 21. Januar 1935 der Beschluss gefasst, die sechs Figuren (die Madonna, vier ,Apostel' und ein heiliger König) und drei Köpfe von Figuren (die Rede ist von einer weiblichen Heiligen, einem Bischof und einem heiligen Diakon) mit Wir-kung vom 1. Januar 1935 dem Provin-zialmuseum für 10 Jahre als Leihgabe zu überlassen. Am 1. März 1935 erfolg-te die entsprechende kirchenaufsichtli-che Genehmigung.

Die Kriegs- und Nachkriegsereignisse verhinderten bis heute trotz einiger Bemühungen die Rückführung der

Glewitzer Madonna, ehemals im Stettiner Museum, seit Kriegsende verschollen, historische Aufnahme, LAKD Schwerin

Leihgaben an die Kirchengemeinde. Glücklicherweise überstanden fünf der Figuren im Museum die Wirren der Kriegs- und Nachkriegszeit und sind im Nationalmuseum Stettin (Szczecin) in der Sammlung mittelalterlicher Kunst zu bewundern. Die Madonna und die drei Köpfe sind jedoch seit Kriegsende verschollen. Auch von den stark beschädigten Figuren, die ins Demminer Heimatmuseum gekommen waren, fehlen heute drei. Nach Glewitz zurückgekehrt ist nach einer Odyssee über das Greifswalder Victor-Schultze-Institut für Christliche Archäologie und die Kirche in Wusterhusen nur die Figur der heiligen Katharina, die an dem Schwertknauf in ihrer Hand zu identifizieren ist. Ob der bei einer Restaurierung angesetzte Kopf der ursprünglich zugehörige ist, scheint nicht ganz sicher. Verschollen sind die Torsi eines heiligen Bischofs, des heiligen Georg auf dem Drachen und eines weiteren Ritterheiligen. Obwohl diese Figuren stark zerstört waren, wären die Bruchstücke für die Deutung des ursprünglichen Altarprogramms heute sehr wertvoll. In den Schriftstücken wird deutlich, dass man bei der Bestimmung der einzelnen Figuren stets unsicher war, bzw. willkürlich die für die Region gängigsten Deutungen wie heiliger Bischof = Nikolaus, heiliger König = Olav und heiliger Diakon = Laurentius nahm, ohne Beweise für diese Behauptungen anführen zu können. Der Restaurator Ehlert deutete den König gar als Gottvater.

Die Figur des bärtigen Königs mit Krone und Hermelinkragen ist im Stettiner Museum erhalten. In der Linken hält er den Reichsapfel, das Attribut der rechten Hand ist verloren. Überdauert hat weiterhin die Figur eines bartlosen jugendlichen Mannes mit langem Gewand und großem Schulterkragen mit gewelltem Saum – ähnlich dem des Königs, jedoch hier mit einem floralen Rankenmotiv bemalt – sowie einer großen Kugel in der Rechten. Die linke Hand, die ein weiteres Attribut gehalten haben könnte, ist beschädigt. Diese Figur wurde offenbar als heiliger Diakon interpretiert, obwohl der jugendliche Heilige keine Tonsur trägt und auch der Kragen nicht zu einem Diakonsgewand gehört. Wir haben es hier mit der Schlüsselfigur zur Interpretation des ikonografischen Programms des verlorenen Altarretabels zu tun. Sicher identifizieren lässt sich anhand einer Muschel als Attribut in seiner Hand nur der Apostel Jakobus der Ältere. Bei den beiden anderen bärtigen Männern handelt es sich augenscheinlich um weitere Apostel, worauf auch das Buch in der Hand des einen deutet.

Wahrscheinlich war der Glewitzer Altarschrein als sogenannter ‚Viereraltar' gegliedert. Die Madonna auf der Mondsichel im Mittelschrein war seitlich von je zwei kleineren Figuren übereinander in extra Gefachen umgeben. Wenn es stimmt, dass außer Katharina 1931 auch noch Barbara und Margaretha vorhanden waren, fehlt nur noch Dorothea zu den ‚virgines capitales', den vier Hauptjungfrauen, die um die Marienfigur gestanden haben könnten.

Bei dem oben angesprochenen, fälschlich als ‚Diakon' gedeuteten bartlosen jugendlichen Heiligen handelt es sich nach Tracht und Attribut um Veit (Vitus), den Sohn eines sizilianischen Senators, der viele Wunder vollbracht haben soll und unter Kaiser Diokletian das Martyrium erlitt. Der Prager Veitsdom ist ihm geweiht. Einen Vergleich bietet das Bildprogramm eines 1385 datierten Gemälderetabels aus Mühlhausen am Neckar in der Staatsgalerie Stuttgart. Auch dort trägt Veit einen Kragen und eine Kugel. Bischof Otto von Bamberg soll bei der Bekehrung der Pommern Erfolg durch ein mit einem Hahn geschmücktes Veitsreliquiar gehabt haben. Ausgehend von der Figur Veits könnte man den heiligen König als Sigismund, den heiligen Bischof als Adalbert und den zweiten heiligen Ritter als Wenzel deuten. Dann wären hier die böhmischen Nationalheiligen versammelt, wie sie häufig zusammen in Bildprogrammen erscheinen – so z. B. auf den Außenflügeln des ‚Böhmischen Altars‘ im Brandenburger Dom. Auch ein stilistisches Indiz spricht für einen Zusammenhang des Glewitzer Altars mit Böhmen. Schon Johannes Voss machte 1982 in einem Aufsatz auf die Nähe der Glewitzer Madonna zur Schönen Madonna in der Bartholomäuskirche in Pilsen aufmerksam, die um 1385 datiert wird, und der Kunsthistoriker Jiri Fait wies auf die erhaltene Mondsichelkonsole der hochverehrten Prager Madonna im Veitsdom hin, die nicht erhalten ist, aber häufig kopiert wurde. Das große

Mondgesicht weist Parallelen zur Glewitzer Madonna auf, bei der es sich um eine Kopie des nicht erhaltenen Prager Bildes handeln könnte. Auch den Kragen des Königs finden wir in dieser Form bei den Přemyslidengräbern Peter Parlers im Prager Veitsdom. Neben der Pilsener Madonna eignet sich auch die Krumauer Madonna im Kunsthistorischen Museum Wien zum Vergleich. Es bleibt die Frage, wie böhmische Einflüsse um 1400 nach Pommern gelangten. Stilistisch wurden die Glewitzer Figuren in der Kunstgeschichte von Schmitt und daran anknüpfend von Thielscher um 1425 datiert. Da sie jedoch der böhmischen Hochkunst der Zeit um 1380/90 bzw. dem internationalen Stil um 1400 nahestehen, ist, wie schon der damalige Direktor des Stralsunder Museums Fritz Adler vermutete, eine frühere Entstehung naheliegender. Leider ist der Altarschrein nicht erhalten, der eine dendrochronologische Präzisierung erlauben würde. Elisabeth von Pommern (um 1347–1393), Tochter Herzog Bogislaws V., war die vierte Gemahlin Kaiser Karls IV. Ihr Sohn Sigismund (1368–1437) war deutscher König und Kaiser. Es gab also in dieser Zeit eine starke dynastische Verbindung Pommerns zu Böhmen.

Die Glewitzer Figuren unterscheiden sich in ihrem raumgreifenden Schwung und dem Volumen der Gewandfalten deutlich von der einheimischen Kunstproduktion in den Hansestädten der Ostseeküste. Am ehesten bietet die Schöne Madonna in der ehemaligen Klosterkirche von Neuenkamp in Franzburg einen Vergleich. Diese vertritt zwar einen anderen Madonnentyp und dürfte auch später entstanden sein, aber die stilistischen Merkmale weisen auch hier auf einen Import aus einer stärker von Böhmen beeinflussten Kunstlandschaft hin, vielleicht aus Schlesien oder dem Ordensland. Leider ist die ursprüngliche Fassung der Franzburger Madonna nicht erhalten, so dass wichtige Anhaltspunkte für kunsttechnologische Vergleiche fehlen. Außerdem ist offen, wann diese Madonna nach Franzburg gelangte. Die Figuren aus Glewitz gehören zweifellos zu den besten und interessantesten Kunstwerken der Zeit um 1400 in Pommern.

Das Eisengusskruzifix und der Altarleuchter

Das heute rechts neben dem Altar stehende große Gusskruzifix stand früher auf der Altarmensa vor dem Gemälde mit der Christusdarstellung. Vermutlich ist das Kruzifix etwas älter als das neugotische Retabel und wurde vielleicht schon anlässlich der Kirchenrenovierung 1844 angeschafft. Das gleiche Kruzifix ist – dort sicherlich nachträglich – am Rakower Altarretabel von 1806 befestigt. Es handelt sich wie bei den beiden eisernen Altarleuchtern um Katalogware einer Kunstgießerei. Ein solches Kruzifix – dort vergoldet – findet sich auch in Brohm. Leuchter nach demselben Gussmodell wie in Glewitz finden sich zum Beispiel in Sagard auf Rügen (1829 datiert), in Golchen, Ivenack und Woldegk. (Für Hinweise auf die mecklenburgischen Stücke danke ich Michael Voss, Rostocker-Wulfshagen, herzlich.) Christus ist mit vier Nägeln am Kreuz befestigt, d. h., die Füße sind parallel nebeneinander ans Kreuz geschlagen, auf ein Stützbrett für die Füße wurde verzichtet. Das Haupt des Gekreuzigten ist zur linken Schulter gesunken, der weich und schönlinig modellierte Körper trägt keine Zeichen des Todeskampfes, sondern wirkt vielmehr entspannt-ergeben. Durch eine aufgetragene grüne Farbe wird die Patina eines Bronzegusses imitiert. Auf wen das Modell für den wohl um die Mitte des 19. Jahrhunderts entstandenen, an Werke der Nazarener erinnernden qualitätvollen

Guss zurückgeht, konnte bisher noch nicht ermittelt werden. Gleich ist das Kruzifix in der 1883 geweihten Kirche von Greifswald-Wieck, ähnlich die auf dem Altar der Barther St. Marienkirche und in der Zingster Peter-Pauls-Kirche, gegossen um 1860 bei Moritz Geiß in Berlin, oder das 1854 in Lauchhammer gegossene Kruzifix von Ernst Rietschel (1804–1876) im Schweriner Dom. Gestiftet wurden Kruzifix und Leuchter augenscheinlich von der 1876 an ihrem 82. Geburtstag verstorbenen Henriette Baronin Schoultz von Ascheraden (geb. von Maltzahn) auf Zarnekow (CHRONIK GLEWITZ 1867, nach Auszügen aus der Leichenpredigt 1876).

Die Kanzel von 1786

Laut einer Inschrift im Inneren des Kanzelkorbes wurde der ‚Predigtstuhl' 1786 von Pastor Albrecht Ernst Battus (1722–1796) und seiner Frau Barbara Maria (1724–1798), geborene Ruch geschenkt. Battus hatte das Amt 1758 von seinem Vorgänger Vollrat Friedrich Ruch übernommen, dessen älteste Tochter er 1764 heiratete. Die großen Grabplatten des Ehepaares liegen auf dem Kirchhof südlich der Kirche.

Ausgeführt wurde die Arbeit von dem Stralsunder Bildhauer Christoph Nathanael Freese (1759–1836), der auch den Glewitzer Taufengel und den Altar in der Rakower Kirche schuf. Während sein Vater Jakob Freese (gestorben 1778) das Zeitalter des Rokoko in der Stralsunder Bildhauerei vertrat (vgl. etwa den Skulpturenschmuck des Bibliothekssaales der Greifswalder Universität (jetzt Aula) und die Kanzel der Bergener Marienkirche), zeichnet sich das Werk des Sohnes durch beruhigte Formen des Klassizismus aus. Der eckige Kanzelkorb ist nur sparsam mit bildhauerischem Dekor versehen. Perlstäbe, Kanneluren und Lorbeergehänge schmücken

Kanzel von Christoph Nathanael Freese, 1786, gestiftet vom Pastorenehepaar Battus, Foto DW

den Aufbau. Der Schalldeckel wird von der Figur des auf einem Säulenstumpf mit den Gesetzestafeln stehenden Jesusknaben mit dem Kreuzesstab und einem Buch in den Händen bekrönt. Auf der aufgeschlagenen Buch-

seite steht *Verbum Dei manet in aeternum* (Das Wort Gottes bleibt in Ewigkeit). Zwei Jahre früher, 1784, hatte Christoph Nathanael Freese die ähnliche Kanzel in der Dorfkirche von Gustow auf Rügen geschaffen. Auch

Bergpredigt, Gemälde des Stralsunder Malers Pollet an der Kanzel, 1786, Foto DW

Samariterin am Brunnen, Gemälde des Stralsunder Malers Pollet an der Kanzel, 1786, Foto DW

in Gustow wird der Schalldeckel von der Figur des Jesusknaben bekrönt. Oben auf dem Schalldeckel der Glewitzer Kanzel befinden sich Inschriften, welche die ausführenden Künstler nennen. Dort steht: *[...] und verfertiget* *von den Bildhauer N. Freese aus Stralsund 1786* sowie *Pollet als Mahler aus Stralsund.* Aus der Inschrift geht nicht hervor, ob es sich um Gabriel Pollet oder um dessen Sohn Abraham Nikolaus Pollet handelte. Möglicherweise haben aber auch beide wie beim Hochaltarretabel in der Stralsunder St. Jakobikirche mit Nathanael Freese zusammengearbeitet. Dort schufen sie die Fassung und Vergoldung, während die Tafelbilder des Stralsunder Altars von keinem geringeren als Johann Heinrich Tischbein (1722–1789), dem Direktor der Akademie in Kassel stammen. Der Stralsunder Altar wurde ebenfalls 1786 in Auftrag gegeben, am 3. Dezember 1789 wurde er geweiht. Demnach könnten theoretisch auch beide Pollets in Glewitz tätig gewesen sein.

Die Gemälde der Glewitzer Kanzel zeigen die Bergpredigt, das Gebet am Ölberg und Jesus mit der Samariterin am Brunnen (Joh 4, 1–30). Unter letzterem Gemälde, das auf Leinwand aufgenagelt ist, befindet sich ein zweites mit einem Altar mit dem Opferlamm und dem Buch mit den sieben Siegeln, darüber ist ein Bild zur Samariterin am Brunnen in anderer Komposition skizziert.

Der Taufengel von 1788

Der von Christoph Nathanael Freese geschnitzte hölzerne Tauf- und Pultengel wurde laut einer nicht erhaltenen Inschrift auf dem Pult 1788 vom damaligen Küster Joachim Christoph Cornell gestiftet. Er diente bis zur Anschaffung einer neuen Taufe anlässlich der großen Renovierung der Kirche 1873 als Taufe und noch weitere zwei Jahre als Pultengel, bevor er außer Dienst gestellt wurde und später schließlich ins Demminer Museum gelangte. 1875 heißt es in den Aufzeichnungen: *Dem hölzernen und grell gemalten großen Taufengel, der einst die Taufschale hielt, aber durch Wurmfraß die eine haltende Hand verloren hatte, war ein Brett aufgelegt, das dem Küster als Lesepult diente. Obgleich solche alten Kirchenstücke wie dieser vom Küster Cornel 1788 gestiftete Taufengel gewiss mit Pietät betrachtet werden müssen, so ist sein Zustand doch kein würdiger mehr; und nachdem ein Taufstein angeschafft worden, musste nun auch ein neues Lesepult folgen, das von dem als Künstler in seinem Fach bekannten Meister Frick in Grimmen für 22 M geliefert wird, und der Kirche zur Zierde gereicht.* Nach der Auflösung der Demminer Sammlung christlicher Kunst kam der Engel 1977 zurück nach Glewitz, wo dann leider die bis dahin noch erhaltenen Reste der Farbfassung der Skulptur völlig entfernt wurden. Die Freilegung des bloßen Holzes entsprach dem Zeitgeschmack, war aber aus denkmalpflegerischer Sicht zweifelhaft, weil es den Verlust von Originalsubstanz bedeutete und den Charakter der spätbarocken Skulptur veränderte. 2009 erhielt der Engel durch Reinhard Labs aus Jeeser eine neue, sich an Barockfassungen orientierende Weißfassung (Hautpartien poliert) mit sparsamen vergoldeten Absetzungen des Lorbeerkranzes sowie der Bänder

Altar mit Opferlamm, Gemälde unter dem Bild der Samariterin am Brunnen, Pollet 1786, Foto RK

Taufengel, Christian Nathanael Freese, 1788, gestiftet von Küster Cornell, Foto RK

Triumphkreuz, um 1510, Foto RK

chen Holzskulpturen des Glewitzer Altars, an denen man im Museum sehr interessiert war, für geplante zehn Jahre als Leihgabe.

Das Triumphkruzifix dürfte annähernd 100 Jahre später als die Figuren des Altarretabels entstanden sein. Die Knitterfalten des Lendentuchs deuten auf eine Entstehungszeit des Gekreuzigten in der Zeit um 1500 bzw. Anfang des 16. Jahrhunderts. Die Ausformung der Kreuzenden mit den Symbolwesen der vier Evangelisten (unten der Engel für Matthäus, rechts der Stier für Lukas, links der Löwe für Markus und oben der Johannesadler) kommt denen des wohl etwas älteren Horster Kruzifixes nahe, das ebenfalls ehemals eine Naturhaarperücke trug, die dem Gekreuzigten ein veristisches (natürliches, wirklichkeitsnahes) Aussehen gab. Ein Werkstattzusammenhang scheint jedoch nicht zu bestehen, das Horster Stück ist insgesamt gröber gearbeitet. Solche ,Perückenkruzifixe' gab es in Vorpommern um 1500 öfter, neben den genannten gibt es Beispiele in Anklam (die Triumphkruzifixe aus St. Marien und St. Nikolai), aus Garz auf Rügen im Kulturhistorischen Museum Stralsund, in Weitenhagen bei Greifswald, in Lassan und in Lüskow. Jedoch ist bei keinem dieser Kruzifixe die Perücke erhalten, lediglich die Kahlköpfigkeit und Befestigungsspuren deuten auf diese Eigenart mittelalterlicher Fassungskunst. Verwendet wurde für die Perücken wohl zumeist schwarzes Rosshaar. Erst kürzlich wurden für den Glewitzer Gekreuzigten von der Greifswalder Maskenbildnerin Zuzana Vlasáková eine neue Perücke angefertigt und vom Stralsunder Restaurator Reinhard Labs die Dornenkrone ergänzt. So ist der ursprüngliche Anblick wieder erlebbar, ohne in die Substanz eingegriffen zu haben – die neuen Zutaten lassen sich jederzeit problemlos wieder entfernen. Der Gekreuzigte in

und des Perlstabes am Fuß. Auf dem Pult steht der Spruch aus dem Taufbefehl Jesu: *Siehe, ich bin bei euch alle Tage bis an das Ende der Welt.* (Mt. 28, 20)

Die Zinnschale aus der Zeit um 1790, die er heute zur Taufe in den Händen hält, wurde im Jahr der Restaurierung beim Internetportal ,ebay' als Barbierschale angeboten und ersteigert.

Das mittelalterliche Kruzifix

Vermutlich stand das jetzt in einer Blendnische an der Chornordwand angebrachte Kruzifix früher als Triumphkreuz auf einem Balken am Übergang vom Kirchenschiff zum Chor. Das erst zu Beginn des 20. Jahrhunderts wieder auf dem Dachboden der Kirche aufgefundene Kruzifix war 1934 in der Werkstatt des Stettiner Provinzialmuseums restauriert worden. Das Museum trug die Kosten der Wiederherstellung und übernahm dafür die oben erwähnten mittelalterli-

Glewitz weist eine fragmentarisch erhaltene alte Fassung auf. Drastisch wurden die Blutrinnsale aus den Wunden gezeigt, die von den Händen fast bis zu den Schultern und zu den Knien laufen. Das Haupt des Gekreuzigten ist nach vorn gesunken, sein Gesicht ist vom Leiden am Kreuz gezeichnet. Hinter dem Kopf ist das Kreuz, das an den Seiten mit rot und grün im Wechsel gefassten durchbrochenen Blättern besetzt ist, zu einer nimbusartigen Scheibe erweitert. Die braune Bemalung des Kreuzes mit einer schwarzen, die Maserung nachahmenden Struktur geht vielleicht auf eine barocke Renovierung zurück.

Das Glewitzer Kruzifix ist von guter bildhauerischer Qualität. Leider kann es beim gegenwärtigen Forschungsstand zur mittelalterlichen Holzskulptur in Vorpommern noch keiner Werkstatt zugeordnet werden. Dabei ist jedoch auch zu berücksichtigen, dass nur ein Bruchteil des einstigen Skulpturenbestandes in den Dorf- und Stadtkirchen erhalten blieb. In den umliegenden Städten Tribsees, Loitz, Grimmen, Demmin und Greifswald hat kein mittelalterliches Triumphkreuz die Zeiten überdauert, das zum Vergleich herangezogen werden könnte. Umso wertvoller ist für uns diese Arbeit eines unbekannten mittelalterlichen Bildhauers.

Barocke Kassettenfelder mit biblischen Szenen

Auf der nördlichen Empore waren im westlichen Bereich barocke Kassettenfelder mit fünf Tafelbildern und Bibelsprüchen sekundär verbaut worden. Unten und oben wurden die Felder beschnitten, so dass der untere Teil der breiten achteckigen, roten, mit dunkelrot umrandeten schwarzen Wolken bemalten Bilderrahmen und ein Teil

Triumphkreuz, um 1510, Detail, Perücke und Dornenkrone 2011 ergänzt, Foto RK

der über den Bildern stehenden Inschriften fehlt. Das linke Bild wurde auch linksseitig beschnitten. Zu sehen ist der in einer hügligen Landschaft mit einem großen Baum auf einem Stuhl sitzende lehrende Christus und vor ihm offenbar die demütig liegende Gestalt eines Zuhörers (das Bild ist an dieser Stelle beschädigt). Die Inschrift über dem Bild nennt die betreffende Stelle des Bibeltextes: *Luc: VIII. 13.* Diese Textstelle beschreibt das Gleichnis vom Sämann: *Es ging ein Sämann aus, zu säen seinen Samen. Und indem er säte, [...] fiel einiges auf den Fels; und als es aufging, verdorrte es, weil es keine Feuchtigkeit hatte. [...] Die aber auf dem Fels sind die: wenn sie es hören, nehmen sie das Wort mit Freuden an. Doch sie haben keine Wurzel; eine Zeitlang glauben sie, und zu der Zeit der Anfechtung fallen sie ab.* (Lk 8,5 f.13)

Das zweite Bild zeigt die Predigt Jesu in Galiläa und seinen Aufruf zur Buße nach dem Evangelium des Markus: *Nachdem aber Johannes gefangen gesetzt war, kam Jesus nach Galiläa und predigte das Evangelium Gottes und sprach: Die Zeit ist erfüllt, und das Reich Gottes ist herbeigekommen. Tut Buße und glaubt an das Evangelium!*

Jüngstes Gericht (Detail), Brüstungsfeld, 1. Hälfte 18. Jahrhundert, Foto RK

(Mk 1,14 f.) Im Bild steht Jesus auf der Kanzel in einem Kirchenraum. Das von seinem Mund ausgehende Wort trifft in Form eines Strahls auf den vor ihm stehenden Zuhörer.

Auch das dritte Bild zeigt Jesus im Tempel. Es ist der Moment, in dem er einen Schriftgelehrten auf dessen Frage: *Meister, was muss ich tun, dass ich das ewige Leben ererbe?* (Lk 10,25), auf das Gesetz Mose verweist und dann auf die Frage nach dem Nächsten die Geschichte vom barmherzigen Samariter erzählt. Vor dem Altarblock, auf dem Opfertiere – zwei Tauben und ein schwer zu definierendes weißes, hundeähnliches Säugetier mit einem langen Schwanz (sollte ein Lamm gemeint sein?) – liegen, steht ein Mann barfuß in langem, gegürteten Rock mit einem großen Geldbeutel in der Rechten und den Gesetzestafeln in der Linken. Ein kugel- bzw. kreisförmiger Gegenstand unter seinem linken Fuß ist schwer zu

deuten. Rechts im Bild steht gestikulierend Jesus, am Strahlennimbus um sein Haupt erkennbar.

Das letzte Bild in der Reihe zeigt das Jüngste Gericht, wie der Prophet Jesaja es prophezeit hat: *Wehe aber den Gottlosen, sie haben es schlecht! Denn es wird ihnen vergolten werden, wie sie es verdienen.* (Jes 3,11) Aus einer Wolke am Himmel kommen die strafenden Arme Gottes mit Flammenschwert und Rutenbündel. Darunter breitet sich ein Feuerwall am Himmel aus. Auf der Erde treiben Teufel zwischen den Menschen ihr Unwesen. Einer spielt zum Tanz auf, ein anderer schenkt ein, ein nächster zerrt einen Menschen ins Fegefeuer. Eine weitere Tafel zeigt die Vergebung der Sünden durch Jesus nach Mt 9,2: *Und siehe, da brachten sie zu ihm einen Gelähmten, der lag auf einem Bett. Als nun Jesus ihren Glauben sah, sprach er zu dem Gelähmten: Sei getrost, mein Sohn, deine Sünden sind*

Dir vergeben. Zum Beweis heilt er anschließend den Gelähmten. Die Szene spielt sich in einer Landschaft ab. Jesus vergibt die Sünde, indem er die Hand auf den Kopf des vor ihm knienden ‚Rotz und Wasser heulenden' Sünders auflegt.

Die moralisierenden Bilder haben mit der Einhaltung der Gesetze, Buße, Strafe und Vergebung zu tun. Möglicherweise handelt es sich um Teile der Brüstung einer älteren Empore bzw. eines ‚Chores', wie die Emporen in barocken Quellen genannt werden. Stilistisch sind die naiven Malereien wohl in der ersten Hälfte des 18. Jahrhunderts anzusiedeln.

Vergebung der Sünden, Brüstungsfeld, 1. Hälfte 18. Jahrhundert, Foto RK

‚Zwei Brüder sind's gewesen ...' – Erinnerung an eine Tragödie beim Duell

Sühnetuch, gestiftet 1899 von Frau von Putzier, Foto RK

Hoch an der Südwand über dem ehemaligen Zarnekower Patronatsgestühl erinnert ein 1899 von Frau von Putzier gestiftetes schwarzes Samttuch mit einer Silberstickerei an zwei bei einem Duell um eine Frau gefallene Brüder. Auf dem Tuch sind zwei Infanteriedegen aus dem 18. Jahrhundert befestigt (Hinweis von Kai Kornow, Pommersches Landesmuseum). Die Putziers hatten das Gut Zarnekow 1876 von den Puttkammers übernommen. Die Stickerei zeigt neben zwei von einem Pfeil durchbohrten entflammten Herzen spiegelbildlich zwei jugendliche Ritter in der Tracht des 16. Jahrhunderts auf Eichengeäst stehend und darüber die Inschrift: *Vergieb uns unsere Schuld.* Das Tuch ersetzt wahrscheinlich ein älteres, vergangenes Denkmal an dieser Stelle, zu dem die beiden Degen gehörten. Folgendes Gedicht Gustav von Boddiens ist zu diesem wohl einmaligen Denkmal erhalten, wobei allerdings keine Namen genannt werden:

Die Kirche zu Glewitz

In einer alten Kirche im frommen Pommernland,
Da kreuzen sich zwei Schwerter an weiß getünchter Wand.
Das Eisen ist verrostet, war nicht von gutem Schliff.
Ein schwarzer Flor umhüllet die Klingen, und den Griff.
Darunter standen Worte, die längst verloschen sind,
Doch blieb davon die Mähre von Kind zu Kindeskind.
Zwei Brüder sind,s gewesen, die führten harten Streit!
Sie freiten um dieselbe unselig schöne Maid.
Die wollte sich ergeben nur einem Helden gut,
Der sich im Kampf errungen mit seines Gegners Blut.
Da trafen sich die Beiden und holten tapfer aus,
Ein Jeder, um zu führen die Liebste in sein Haus.
Es waren starke Recken, aus deutscher Zeit,
Hei! wie die Schwerter klangen am harten Eisenkleid.
Und wie die Augen blitzen, bei jedem Hieb und Stoß.
Umsonst aus mancher Wunde das rothe Herzblut floß.
Sie kämpften wie zwei Löwen in heißer Wüste Sand,
Sie lagen wie zwei Hirsche am Boden wuth entbrannt.
Jetzt muß es sich entscheiden fürwahr ein schlechter Scherz-
Sie stießen sich die Klingen zu gleicher Zeit ins Herz.
Das ist die blut'ge Kunde von jenem Brüderpaar.
Umsonst hat sich die Dirne zerrauft das gold'ne Haar.
Zu Zeichen und zur Sühne der grausig schwarzen That
Man in der alten Kirche das Maal verzeichnet hat.

G. von Boddien

Die Renaissancebrüstung vom Bonowschen Stuhl von 1610 und das Allianzwappen Melchior von Bonows und Elisabeths von Schwerin

Erst jüngst restauriert wurden die Brüstungsfelder mit reicher Beschlagwerkornamentik, die vermutlich einmal zum Gestühl bzw. zur Patronatsempore der Familie von Bonow gehörten. Eingeschnitten sind die Namen *Ussel Bonow* und *Soffia Bonow* sowie das Datum *Anno 1610*. Als man im 19. Jahrhundert alte Einbauten abriss, blieben die Brüstungsfelder als Abdeckung des Blasebalgs der Orgel erhalten. Die von Kahldensche Matrikel von 1631 nennt *Mel-cher Bonow Sohn, jetzo Curd Claus auf Woltehofe.* Es ist wohl jener Curdt Bonow, Amtshauptmann zu Franzburg und Hofmarschall des Herzogs Bogislaws XIV., der 1636 als letzter Bonow auf Thurow starb. Die Güter, zu denen Wolthof und Düvier gehörten, gingen an Erasmus Küssow. Die Familie war also in der ersten Hälfte des 17. Jahrhunderts in der Gegend begütert und stiftete offenbar Ausstattungen in der Glewitzer Kirche.

Aus der Sammlung des Demminer Museums kam das jetzt an der Südwand angebrachte Ornamentstück mit dem geschnitzten Allianzwappen Melchior von Bonows und seiner Gemahlin Elisabeth von Schwerin zurück nach Gle-

witz. Elisabeth von Schwerin war die Tochter Claus von Schwerins aus der Grellenberger Linie und Barbaras von der Osten und wird 1649 urkundlich genannt. Ob das Relief einmal zu einem Patronatsstuhl, einem Epitaph oder einem anderen Ausstattungsstück gehörte, lässt sich heute schwerlich entscheiden.

Die Gefallenengedenktafeln an der Empore

Der Beschluss zur Aufstellung einer Gedenktafel für die Gefallenen des 1. Weltkrieges wurde am 26. Mai 1915 gefasst. Zu diesem Zeitpunkt waren bereits sieben Gemeindemitglieder gefallen. Im Juni 1915 waren von den rund 1 000

Gemeindemitgliedern 110 an der Front. Von der Kirchengemeinde wurden die im Feld Stehenden mit Erbauungsbüchern versorgt. Die von Pastor Lindow geführte Kirchenchronik wirft ein bezeichnendes Licht auf die Kriegspropaganda der Zeit, bei deren Verbreitung auch die Kirche eine unrühmliche Rolle spielte. *Die Stimmung hebt sich,* schrieb Lindow nach der Eroberung Lüttichs. *Im Osten hat Hindenburg den herrlichen Sieg von Tannenberg errungen, der ihn unter die größten Feldherren aller Zeiten versetzt hat.* Gleichzeitig war am 23. August 1914 mit dem in einem Feldlazarett verstorbenen 26-jährigen Bäcker Arthur Hentze aus Grammendorf der erste Gefallene in der Gemeinde zu

beklagen. In der Heimat sollte die Hausfrau *durch Sparsamkeit und genaue Verteilung der Lebensmittel zum Siege mithelfen. ... Wir müssen genesen von allem Weichlichen u. Krankhaften, das sich in langer Friedenszeit entwickelt hat, und zur spartanischen Einfachheit zurückkehren,* schrieb der Pastor, dessen ältester Sohn, der Theologiestudent Ulrich Lindow, später ebenfalls im Krieg sein Leben ließ. Der Zwanzigjährige fiel am 11. Mai 1918 bei Villers-Bretonneux, östlich von Amiens im Département Somme.

Am 27. Juni 1920 wurden die Gedenktafeln an der 1844 errichteten Empore anlässlich einer Kirchenvisitation eingeweiht. Angefertigt wurden die Tafeln durch den Kirchenmaler Gustav Hoffmann, der damals noch in Stargard ansässig war und bereits für die Kirche in Rolofshagen ähnliche Tafeln geliefert hatte. Am 12. Februar 1920 lag ein Kostenanschlag Hoffmanns für 21 Tafeln in Höhe von 3 375 Mark vor, am 15. März des Jahres war der Preis bereits auf 6 000 Mark gestiegen. Wegen der Inflation musste Hoffmann den Preis für die Tafeln während der sich hinziehenden Verhandlungen mit der Gemeinde fast verdoppeln und sich weitere Preissteigerungen vorbehalten. Im Juni führte Hoffmann mit einem Gehilfen die Malerarbeiten in Glewitz aus. In der aus heutiger Sicht makaber klingenden, aber dem damaligen Denken entsprechenden Inschrift an der Orgelempore heißt es: *Zum Gedächtnis unserer Helden, die im großen Kriege 1914–1918 für Kaiser und Reich, Haus und Heimat in deutscher Treue ihr Leben hingaben.* Zu den Tafeln, die neben Namen, Dienstgrad und Einheit auch den Herkunfts- und Sterbeort der Gefallenen, deren Alter und manchmal auch ihren Beruf – Briefträger, Landwirt, Lehrer, Gärtner, Bäcker, Schäfermeister, Student – verzeichnen, gehörten ursprünglich darunter aufgehängte Kränze.

Historische Innenansicht nach Westen, an der Orgelempore die Kränze für die Gefallenen, Aufnahme, LAKD Schwerin

DIE ORGEL UND DIE GLOCKE IN GLEWITZ

Rolf Kneißl

Die Schulzeorgel

Die Glewitzer Orgel wurde 1844 von Johann Friedrich Schulze gebaut. Ihre 435 Pfeifen verteilen sich auf zehn Register in einem Manual und einem Pedal. Sie besitzt viele der für Schulze typischen Besonderheiten. So ist das äußere Bild der Orgel – dunkle Pfeifen in hellem Gehäuse – durch die Zinkpfeifen im stummen (nicht klingenden) Prospekt geprägt. Seine Orgeln gelten allgemein als außerordentlich kraftvoll, frisch, robust und grundtönig.

Der thüringische Orgelbauer Johann Friedrich Schulze lebte von 1793 bis 1858 und führte die Werkstatt in der fünften Generation – zuerst in Milbitz und seit 1856 in Paulinzella. Von seinen über 120 nachweisbaren Orgeln steht ungefähr die Hälfte außerhalb Thüringens. Darunter befinden sich auch große Werke wie das in der Marienkirche zu Treptow an der Rega (1839?), die Domorgel in Bremen (1850), die Große Orgel in der Marienkirche zu Lübeck (1851–54), die Orgel zur Großen Industrieausstellung im Crystal Palace in

Orgelempore mit der Schulzeorgel von 1844 und den Gedenktafeln für die Gefallenen des 1. Weltkrieges, Foto RK

Orgel, Spieltisch und Registerzüge, Foto RK

London (1851), aber auch in Philadelphia/USA (vor 1850).

J. Fr. Schulze arbeitete eng mit dem in Weimar lebenden Orgelbautheoretiker Johann Gottlob Töpfer (1791–1870) zusammen. Schulze führte in seiner Werkstatt eine teilweise Standardisierung und Rationalisierung ein. So konnte er ganze Windladen und Register auf Vorrat bauen und relativ schnell und preiswert auf Nachfragen reagieren. Für den frühen romantischen Orgelbau war er wegweisend und prägend.

Die Glewitzer Orgel wurde im Jahre 2004 durch die Orgelbaufirma Alexander Schuke aus Potsdam restauriert.

Die Glocke

Glewitzer Glocke, um 1375, Foto RK

Die letzte noch vorhandene Glewitzer Glocke zählt zu den ältesten in Vorpommern. Obwohl sie weder inschriftlich noch urkundlich datiert ist, wird sie aufgrund der Form und herausragenden Gussqualität in die zweite Hälfte des 14. Jahrhunderts eingeordnet. Sowohl die Glockenkrone mit ihren sechs besonders schön profilierten Henkeln als auch die Buchstabenform der spiegelbildlich auf dem Glockenhals umlaufenden lateinischen Majuskelinschrift stützt diese für den vorpommerschen Raum ungewöhnlich frühe Datierung. Die Inschrift + *VOX MEA VOX FESTI RECREATIO MUSICA MAESTI* + lässt sich übersetzen mit ‚Meine Stimme ist die Stimme des Festes, Erquickung des Traurigen ist die Musik' (nach Prof. Hans Georg Thümmel).

Die ca. 700 kg schwere Glocke aus Zinnbronze hat einen Durchmesser von 105 cm und klingt auf den Ton g, + 8. 1998/99 wurde die Glocke im Glockenschweißwerk Nördlingen geschweißt und der Klöppel erneuert. Die dazu nötigen Mittel wurden durch eine Spende von Hermann Schlosser aus Bad Homburg bereitgestellt.

Spiegelbildliche Majuskelinschrift auf der Glocke, Foto RK

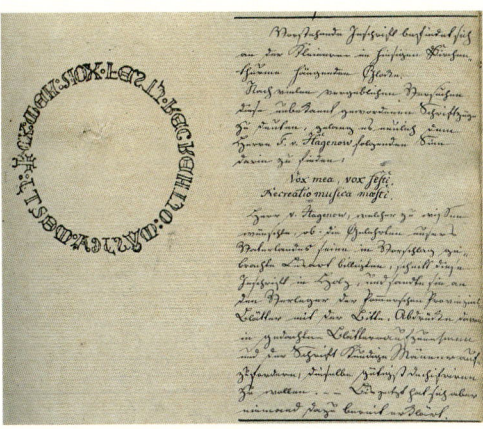

Übertragung der Majuskelinschrift durch Dr. Friedrich von Hagenow, Memorabilienbuch Glewitz 1822

Im Glewitzer Turm hingen ursprünglich 3 Glocken. Über die 1551 gegossene große Glocke, sie wog 21 Zentner und 9 Unzen, wird im Memorabilienbuch berichtet, dass sie Anfang Februar 1816 gesprungen war. In einer handschriftlichen Notiz im Nachlass des Glewitzer Kirchenpatrons Dr. Friedrich von Hagenow in Langenfelde wurde die ehemalige Inschrift überliefert:

Anno • d(omi)ni • m d • li • help • got •
susanna • bin • ick • geheten •
dat • kaspel • to • glewece • het • my • laten • geten •
god • heft • uns • sine • gnade • dorch • synn • wort • vorheten •

egert plossen	[Bildnis	hinrick gotschalk unde
hinrik eler	eines Bischofs]	hinrick sin son
andreas walter	[Bildnis der Maria	mester peter mattes
kasten gnevko	mit dem Kinde]	hinrick wale harmen mederow

1827 wurde diese Glocke, nachdem vergeblich versucht wurde, sie durch Aussägen des 1 1/4 Ellen langen Risses wieder zum Klingen zu bringen, durch den Stralsunder Glockengießer Simon Zach umgegossen.

Zwischen Kanzel und Altar –
Die Anpassung des Kirchenraumes an die veränderten
liturgischen Anforderungen nach der Reformation

Rolf Kneißl

Mit der Einführung der Reformation in Pommern in der Folge des Landtages in Treptow an der Rega im Jahre 1534 veränderten sich im Laufe der folgenden Jahrzehnte auch die liturgischen Anforderungen an die Kirchenräume.

So verkörpern die beiden Kirchen in Deyelsdorf und Nehringen in sich geschlossene Zeugnisse und Grundkonzepte protestantischer Predigtkirchen. Der 1606 fertiggestellte Deyelsdorfer Bau orientiert sich an der von Martin Luther im Jahre 1544 geweihten Torgauer Schlosskapelle. Und die Nehringer Andreaskirche wurde unter dem Schwedischen Generalgouverneur für Rügen und Vorpommern, Johann August Graf von Meyerfeldt zwischen 1723 und 1726 im Sinne einer Hofkirche ausgebaut.

In der Glewitzer Margarethenkirche vollzogen sich die liturgischen Veränderungen dagegen nur langsam, so dass die Entwicklungen sich noch heute ablesen lassen.

Ein grundlegender Kritikpunkt der Reformation bezog sich auf die inzwischen ausufernde nichtbiblische Tradition der Heiligenverehrung und die damit verbundene Rückbesinnung auf die biblische Lehre – ‚sola scriptura' (allein die Schrift). Während die Patrozinien (Weihetitel) der Dorfkirchen sicherlich nur langsam in Vergessenheit gerieten und heute vielerorts als Ausdruck von Geschichtsbewusstsein wiederbelebt werden – in Städten mit mehreren Kirchen blieben sie zur besseren Unterscheidung oft in Gebrauch –, vollzogen sich die durch handwerkliche Eingriffe umsetzbaren Veränderungen schneller und konsequenter. Zunächst wurden wohl die Heiligenlegenden des 14. Jahrhunderts auf den Wänden übertüncht. Luther bezog das Bilderverbot eigentlich nur auf Bilder von Heiligen und anderen nichtbiblischen Bildtraditionen. Unter diesem Gesichtspunkt hätte zumindest der Passionsfries im Chor und die Darstellung der Heiligen Drei Könige, der Verkündigung Mariens oder der Apostel auf den Pfeilern weiter gezeigt werden können. Vermutlich wurde aber zugunsten einer einheitlichen Wandgestaltung alles durch einen Anstrich abgedeckt. Das scheint ein Grundmuster der Zeit gewesen zu sein, da es sich bei fast allen heute sichtbaren mittelalterlichen Wandmalereien in der Region um Freilegungen des 19. und 20. Jahrhunderts handelt. Später wurde etwa alle 50 Jahre ein neuer Anstrich aufgetragen, so dass sich bei der letzten Restaurierung zwischen 1995 und 2000

Erste Freilegungen der Wandmalereien im Jahre 1995 durch den Restaurator Reinhard Labs, Foto RK

im Chor acht und im Kirchenschiff sieben Farbschichten nachweisen ließen. Der letzte Farbanstrich in der Kirche wird in der Chronikeintragung des Jahres 1873 so kommentiert: *Statt des grellen weißen Kalkputzes des Inneren der Kirche ward ein graugrüner kirchlicher Anstrich gewählt.*

Dagegen überdauerten viele mittelalterliche Altaraufsätze die Zeit der Reformation, obwohl auf ihnen ganze Heiligenlegenden oder zumindest Heilige mit ihren Attributen gezeigt wurden. Allerdings hatten diese Altäre im Zentrum zumeist die christologische Darstellung der Madonna mit dem Christusknaben bzw. eine Kreuzigungsdarstellung oder die Darstellung Gottvaters im Zusammenhang mit einer Trinitätsdarstellung, einem Gnadenstuhl oder einer Marienkrönung. Im Übrigen regelt der Artikel 21 der lutherischen Bekenntnisschrift Confessio Augustana (,Augsburger Bekenntnis') aus dem Jahre 1530 den Umgang im ,Dienst der Heiligen': *Vom Heiligendienst wird von den Unseren so gelehrt, daß man der Heiligen gedenken soll, damit wir unseren Glauben stärken, wenn wir sehen, wie ihnen Gnade widerfahren und auch wie ihnen durch den Glauben geholfen worden ist; außerdem soll man sich an ihren guten Werken ein Beispiel nehmen, ein jeder in seinem Beruf, [...] Aus der Hl. Schrift kann man aber nicht beweisen, daß man die Heiligen anrufen oder Hilfe bei ihnen suchen soll. ,Denn es ist nur ein einziger Versöhner und Mittler gesetzt zwischen Gott und den Menschen, Jesus Christus' (1 Tim 2,5).* (EG 1993: Nr. 808, Artikel 21) So wurde der alte, vermutlich böhmische Marienaltar aus der Zeit um 1400, welcher die ersten nachreformatorischen Jahrhunderte trotz Heiligenfiguren wohl unbeschadet überstanden hatte, erst später ersetzt. 1873 wurde der mittelalterliche Altar gegen einen, wie die Chronik schildert, *geschmackvollen hölzernen, fast um die Hälfte kleineren* ausgetauscht. In

dieser späten Zeit spielten allerdings weniger reformatorische als vielmehr pragmatische Gesichtspunkte eine Rolle. Grundlage für die neuen Altäre blieb natürlich die strikte Verwendung nur biblischer Themen, wie es in der Darstellung des auferstandenen Christus im Glewitzer Altarbild von 1869 umgesetzt ist. So ist schon der Altar des Jahres 1598 in Nehringen in seiner ursprünglichen Form beispielhaft für die Zeit nach der Reformation. Er zeigt den klassischen Aufbau: Abendmahl, Kreuzigung, Auferstehung und Himmelfahrt (von unten nach oben). Begleitet wird das Bildprogramm von den beiden Propheten Jesaja und Jeremia sowie den allegorischen Personifizierungen von Glaube und Hoffnung. Anders der Medrower Kanzelaltar von 1763 – er vereinigt die beiden liturgischen Zentren des evangelischen Gottesdienstes, indem die Kanzel in den Altar integriert wird. Mit der Darstellung der Taufe Christi auf dem Kanzelkorb sind hier die Sakramente der Taufe und des Abendmahls mit der Wortverkündigung zu einem alleinigen liturgischen Zentrum konzentriert und verschmolzen. Mancherorts entstanden auch sogenannte Konfessionsbilder, welche die reformatorische Lehre der Confessio Augustana erklärten, als neue Altäre bzw. separate Bilder.

Die katholischen Nebenaltäre andererseits wurden vielerorts reduziert bzw. vollständig entfernt. Es fand die Konzentration auf den Hauptaltar statt. In einer Dorfkirche waren wohl wegen des begrenzten Raumangebotes von Natur aus nur wenige solcher Nebenaltäre vorhanden. In Glewitz befindet sich im Anschluss an den Triumphbogen auf der Nordseite im Kirchenschiff eine bauzeitliche Rundbogennische. Ob sich in dieser Nische ein Heiliges Grab (die plastische Darstellung des in einem Sarg liegenden Christus) befunden hat, lässt sich heute nur noch vermuten. Jedenfalls fand sich bei der Restaurierung in der

Altar Nehringen, Foto RK

Altar Medrow, Foto RK

Altar Glewitz, Foto RK

Wandfläche ein kleiner mittelalterlicher Reliquieneinschluss – eine kleine Tonscherbe und ein kurzer geschmiedeter Nagel, deren Herkunft und Bedeutung uns heute verborgen bleiben. Gegenüber auf der Südseite könnte in vorreformatorischer Zeit ein kleiner Nebenaltar Platz gefunden haben. Da solche Nebenaltäre oft nur Heilige ohne direkten christologischen Bezug zeigten, wurden sie als eine der Reformation widersprechende Aussage empfunden. Die unmittelbare Nähe zur Kanzel, von der die neue reformatorische Lehre verkündigt wurde, machte es fast unumgänglich, diese Altäre zu entfernen. In den nach der Reformation beginnenden Visitationen des 16. Jahrhunderts wurde die Umsetzung der neuen reformatorischen Lehre in den Gemeinden kontrolliert und vorangetrieben. „Die Visitatoren sollten von Altar zu Altar gehend, bei jedem die Einkünfte feststellen. Nach diesem rechtsfixierenden Akt waren alle Nebenaltäre abzubrechen. Die Steine sollten für die Kirchen verwendet, die Bilder dauerhaft ‚mit nageln‘ an den Wänden befestigt werden." (WOLGAST 1997, S. 62) Dabei wurden auch die Altäre auf ihre Aussage hin begutachtet und deren Erhalt bewilligt oder die Entfernung angeordnet.

Zu den grundlegenden Veränderungen der ersten Jahrzehnte nach der Reformation gehörten vor allem die Kanzeln als Ort der Wortverkündigung, welche in die unmittelbare Gemeindenähe gerückt wurden – zumeist an den Übergang von Chor und Kirchenschiff. Hier eröffnete sich ein neues Zentrum des Gottesdienstes, wo der Glauben in Worte gefasst werden sollte, um so auch den ‚vorreformatorischen Irrglauben‘ zu bekämpfen, der allerorten noch in den Köpfen vorherrschte. Oft werden es zunächst einfache Kanzeln gewesen sein, die erst im Lauf der Zeit durch aufwendigere, der neuen Bedeutung der Predigt angemessene ersetzt wurden. So verrät die Inschrift auf der Innenseite des Glewitzer Kanzelkorbes, dass die Kanzel im Jahre 1786 von Pastor Battus und seiner Frau gestiftet wurde. Auch das Glewitzer Bildprogramm lässt sich als reformatorisch bezeichnen. Die Gebote des Mose bilden das Fundament des Lebensvollzuges und sind mahnender Hinweis für den Gläubigen. Aber über allem steht die Zusage des Christusknaben, dass der Einzelne vor Gott nicht aufgrund seiner Werke, sondern aus Glauben gerechtfertigt wird.

Parallel musste die Triumphkreuzgruppe von ihrem ursprünglichen Platz am Übergang vom Chor zum Kirchenschiff weichen. Der im Triumphbogen den Kirchenraum in seiner Breite durchziehende Trägerbalken wurde der Kanzel geopfert.

Die sogenannte Heiliggrabnische, Foto RK

Rekonstruktionsversuch des mittelalterlichen Kirchenraumes – Das Gemeindegestühl und die Kanzel fehlen noch, dafür wird das Kirchenschiff durch einen Nebenaltar rechts und ein Heiliges Grab auf der linken Seite geprägt. Der Übergang vom Kirchenschiff zum Chor ist räumlich durch ein Gitter (Chorschranke) und liturgisch durch die auf einem Balken im Triumphbogen angebrachte Kreuzigungsgruppe abgesperrt. Der Altarraum ist vom gotischen Marienaltar geprägt, rechts sind zwei spitzbogige Wandnischen für die Priestersedilien zu erkennen. Die grünlichen Fenster sind mit floralen Motiven in Grisaillemalerei verziert und lassen trotz der Größe nur wenig Licht einfallen. Auf den Wandflächen laufen die Bildfriese rundum durch den Kirchenraum.   *Zeichnung Sandra Hauff*

Die plastische Kreuzigungsdarstellung – üblicherweise von der trauernden Gottesmutter Maria und dem Apostel Johannes flankiert – befindet sich heute, wie in den meisten protestantischen Dorfkirchen, an der Nordwand des Chores, weil dort durch die vielerorts vorhandenen Sakristeianbauten eine größere fensterlose Fläche zur Verfügung stand.

Außerdem verdanken wir Kirchenbesucher von heute der Reformation das Gestühl unserer Kirchen. Die Reformatoren veränderten den Schwerpunkt der Messen und räumten dem Wort eine zentrale Bedeutung ein. Um der Predigt, die bei manchem Prediger der damaligen Zeit durchaus eine Stunde und länger dauern konnte, leichter und entspannter

folgen zu können, wurden Kirchenbänke aufgestellt. Die Ausrichtung des Gottesdienstes auf die Predigt wird unter anderem daran deutlich, dass die sich auf Höhe der Kanzel, ihr gegenüber, befindenden Kirchenstühle zur Kanzel hin ausgerichtet sind, also quer zum Kirchenschiff stehen. Der einzeln unmittelbar vor dem Kanzelkorb aufgestellte Kirchenstuhl hat eine zusätzliche gegenüberliegende Bank, so dass zur Predigt ein Platzwechsel vorgenommen werden konnte. Außerdem ist die an die westliche Orgelempore anschließende, sich über das gesamte Kirchenschiff erstreckende Südempore klar auf die gegenüberliegende Kanzel ausgerichtet – eine Nordempore fehlt.

Das Gestühl war nach dem Stand der Personen geordnet. Hochgestellte Persönlichkeiten hatten nicht nur besonders gestaltete Gestühlsbrüstungen bzw. geschlossene Logen, wie z. B. die von *Ussel* und *Sophia Bonow* aus dem Jahre *1610.*

Außerdem wurde eine Gestühlsmiete gezahlt, deren Höhe sich nach dem Stand der Person und dem Ort des Kirchenstuhles bemaß. Sie kam dem Erhalt und Ausbau der Kirche zugute. Außerdem wird am Glewitzer Gestühlsplan deutlich, dass der Altarraum nun nicht mehr allein priesterliches Hoheitsgebiet war. Zusätzlich wurden, sofern vorhanden, Chorschranken im Laufe der Zeit entfernt und zumeist durch Altarschranken ersetzt. Ebenfalls erhielten hervorgehobene Persönlichkeiten die Möglichkeit, Epitaphe oder Familienwappen an den Wänden auszustellen und so auf ihren gesellschaftlichen Rang und Stand hinzuweisen. In Glewitz findet sich z. B. ein Allianzwappen vom Anfang des 17. Jahrhunderts von Melchior Bonow und Elisabeth von Schwerin, das vermutlich Teil eines von ihnen gestifteten Ausstattungsstückes war; oder ein Sühnetuch mit zwei Schwertern berichtet von schuldhafter Verstrickung.

Im Zusammenhang der Erweiterung des Gestühls bis in den Altarraum wurden auch die alten übergroßen Taufsteine aus der Erbauungszeit der Kirchen entfernt. Diese Taufsteine waren nach der Reformation zunächst aus dem westlichen Eingangsbereich der Kirche in den Altarraum verbracht worden, um die Taufe im Angesicht der Gemeinde vollziehen zu können. Nun wurden sie zunehmend als den Raum verengend und den Blick auf den Altar versperrend wahrgenommen. Es entstand der Wunsch nach mehr Platz für die Feier des Abendmahls der Gemeinde. Denn gegen die katholische Tradition, bei der das Sehen der durch den Priester in die Höhe gehobenen Hostie mit dem Empfang gleichgesetzt wurde, war dem lutherischen Pfarrer das Zeigen der Hostie (Elevation) untersagt, um die protestantische Gemeinde ausdrücklich dazu anzuhalten, selbst an den Altar zu treten, um Brot und Wein tatsächlich zu empfangen (HEYDEN 1957, Bd. 2, S. 57). So war der Raumgewinn ausdrücklich erwünscht, damit die Gemeinde zum Sakrament des Abendmahles am Altar Platz fand.

Die sperrigen Taufsteine wurden oft durch Taufengel ersetzt, welche vom Gewölbe abgehangen waren und für den Taufakt über einen Mechanismus heruntergelassen werden konnten – so in Nehringen. In Glewitz kam eine Sonderlösung in Form des 1788 vom Küster Cornel gestifteten stehenden Tauf- und Pultengels zum Einsatz, von dem aus auch das Evangelium gelesen werden konnte. Der Grund für die weite Verbreitung von Taufengeln liegt in der Vorstellung vom Schutzengel begründet. Jeder Mensch hat danach einen Schutzengel (Apg 12,15 und Mt 18,10).

Von Luthers besonderem Schutzengelglauben zeugt unter anderem seine Schutzengelpredigt am Michaelistag

In der Glewitzer Matrikel des Jahres 1725 ist die Ordnung des Gestühls überliefert:

Die Kirchengestühle finden sich in folgender Ordnung.
Negst am Altar an der Süderseiten beij der Mauer ist der Küsterstuhl. Danegst an der Beichtstuhl. An den Beichtstuhl ist des Hn v: Walsleben Hofstuhl vor die Männer, und gehet bis an die Thüre, da man eintritt in der Kirchen.
Negst an der Thüre ist des Hn von Walsleben Hofstuhl vor die Frauen. Hinter derselben des Hn von Walsleben Mägdestuhl. Dann folgen 8 Mannsstühle biß an die andere Süderkirchenthüren, [...]
Noch sind von der anderen Süderthüre biß an den Thurm 8 Stühle, [...]
Negst dem Altar Nordwerts ist der Vorsteherstuhl. Danegst der Pastorenstuhl biß an die Cantzel, hinter denselben ist des Pastoris Mädchenstuhl.
Von der Cantzel biß an der Norderkirchthür sind 12 Stühle vor Frauen, [...]
Noch sind von der Norder Thür biß an den Thurm 7. Stühle, [...]
An der Westseite ist ein Chor [Empore], welches dem Hn Graffen von Küssow zugehöret, und zwar nach Woldhoff. Der Fußboden dieses Chors ist gantz löcherig, weßwegen die darunter stehende viel Beschwerde führen, muß daher gebeßert werden, daß die Leute, ohne mit Staub und Speichel beworffen zu werden, darunter stehen können.
An der Süderseiten ist ein Chor, welches auß Kirchen-Mitteln neu erbaut.
Weil aber bis dato kein Patronatstuhl in der Kirchen; So wird altarwerts dieses Chor von einem Pfeiler biß zum andern von der Kirchen dem Hn Patrono überlaßen, welcher dafür die Baukosten schon vergnügen will.
Daß übrige Theil des Chors wird von der Kirchen verheuret [verpachtet], und falß die Leute nicht raum genug haben solten, wird noch ein Chor von der Kirchen gebauet, und dafür die Miethe an der Kirchen gegeben.

Blick in den Chor mit dem barocken Taufengel und dem neogotischen Altar, Foto RK

1531: *Liebes Kind, du hast einen eigenen Engel. Wenn du des morgens und des abends betest, wird derselbe heilige Engel bei dir sein, wird bei deinem Bettlein sitzen, hat ein weißes Röcklein an, wird dein pflegen, dich wiegen und behüten [...]. Wenn der Schutz der lieben Engel nicht wäre, würde kein Kind zu vollkommenem Alter erwachsen, obschon die Eltern allen möglichen Fleiß anwendeten.*

Die Taufengel sind allerdings im Wesentlichen der kurzen Epoche zwischen 1700 und 1800 zuzuordnen und sind der eher protestantisch-sparsame Ausdruck barocker Sinnesfreude.

DER BEICHTSTUHL IN DER NACHREFORMATORISCHEN BEICHTPRAXIS

Rolf Kneißl

Beichtstühle in ihrer historischen Funktion bleiben in evangelischen Kirchen zumeist unerkannt, obwohl sie nach der Reformation zur grundlegenden Ausstattung in lutherischen Kirchen gehörten. Dabei blieb der offene Beichtstuhl aus der vorreformatorischen Zeit zunächst prägend. Da die Beichte zugleich als Bekenntnisakt verstanden wurde, durfte der Beichtende nicht gehört, aber dennoch gesehen werden.

Die heute bekannte katholische Form des geschlossenen Beichtstuhls, in dem ‚Beichtvater‘ und ‚Beichtkind‘ nach außen vor Blicken geschützt und durch ein Gitter voneinander getrennt sind, entstand erst in Folge des Konzils von Trient (1545–63) und wurde schließlich im Rituale Romanum im Jahre 1614 verbindlich festgelegt. Dieser Beichtstuhl sorgte für Anonymität.

In der Glewitzer Kirche hat sich dagegen der offene evangelische Beichtstuhl über die Jahrhunderte erhalten und ist durch eine Signatur der Handwerker datiert. *AO 1683* wurde er durch die *TISCHERE* (Tischler) *PETER TIDMAN* und *CHRISTIAN SUNDMAN* geschaffen. Die Inschriften auf der Brüstung: *KOMT IHR SUNDER ZU MIR EIN SO WIRD GOTT EUCH GNADIG SEIN,* und der Brüstungstür: *GIB MIR MIN SOHN DEIN HERTZ,* weisen ihn als Beichtstuhl aus. Während das mit der Inschrift korrespondierende gemalte Herz auf der Tür den Sitz des Gewissens im Herzen des Gläubigen symbolisiert, sind die das gesamte Gestühl überziehenden, in Bauernmalerei gehaltenen Blumenmotive (Tulpen, Nelken, Pfingstrosen, Lilien usw.) auf der Gestühlsbrüstung in ihrer Deutung noch zu erforschen.

Die Bestätigung für die Zuordnung als Beichtstuhl findet sich schließlich auch in der Gestühlsordnung der Matrikel des Jahres 1725: *Negst am Altar an der Süderseiten beij der Mauer ist der Küsterstuhl. Danegst an der Beichtstuhl. An den Beichtstuhl ist des Hn v: Walsleben Hofstuhl vor die Männer, und gehet bis an die Thüre, da man eintritt in der Kirchen.* Die damalige Beichtpraxis lässt sich in ihrer äußeren Form noch heute am Beichtstuhl ablesen. So saß der ‚Beichtvater‘ auf einem erhöhten Sitz, der den ‚Richterstuhl‘ symbolisierte. Ihm gegenüber kniete das ‚Beichtkind‘ in Gebetshaltung auf der ‚Büßerbank‘, einer hölzernen Kniebank. In einem Katechismusverhör wurde nun der Beichtende zu den 10 Geboten befragt.

Ein entscheidender Unterschied zur katholischen Beichtpraxis bestand in der Ablehnung des Ablasshandels, wonach ein Sünder sich oder seine Angehörigen durch den Kauf von Ablassbriefen einen Platz im Himmel sichern konnte. Der Ablass entsprach also einem Freikauf von der Strafe, der Buße. Dabei waren die Sünden wie in einem Katalog bestimmten Geldbeträgen zugeordnet.

Zwar wurde auch in der lutherischen Beichte Geld gegeben, aber die Glewitzer Matrikel von 1683 stellt dazu fest: *Beichttgeltt stehet einem jeden freij, was und wie viel er geben will.*

Vielmehr wurde die Rechtfertigung vor Gott aus Glauben und nicht durch Werke hervorgehoben. So heißt es in der Pommerschen Kirchenordnung von 1563, dass die Vergebung der Sünden zu erlangen ist *Allein durch den Glauben an Jesum Christum, meinen Heyland, der mich warhafftig, durch sein Creutz und Todt, von meinen Sünden erlöset, mit seinem Himmlischen Vater versöhnet, Gerechtigkeit, den heiligen Geist, und die Seligkeit erworben, und mir das ewige Leben im Evangelio zugesaget hat.* Außerdem war der Beichtstuhl ein Ort, an dem *man die Leute in ihrem Glauben prüfe, verhöre, unterweise, tröste, vermahne, auf dass sie in ihrer Seelen Seligkeit recht verwahret werden, und das Sacrament des Leibes und Blutes JESU CHRISTI nicht von jemand zur ewigen Verdammniss empfangen [...].* (KIRCHENORDNUNG 1690) Die Lossprechung von den Sünden in der Beichte war also die Voraussetzung zur Teilnahme am Abendmahl.

An dieser Stelle setzte auch die Kritik an der vorherrschenden Beichtpraxis an. Die Zulassung zum Abendmahl wurde zusehends öfter auch den Unbußfertigen, die nicht aufrichtig gebeichtet hatten, gewährt. Das Abendmahl empfingen so also auch die Unwürdigen. Ebenso wurde die Zahlung des sogenannten Beichtpfennigs abgelehnt. Im Berliner Beichtstuhlstreit wurde das im ausgehenden 17. Jahrhundert thematisiert. Die Folge war der Verzicht auf die Privatbeichte als unbedingte Voraussetzung zur Abendmahlszulassung. Immer mehr wurde auf eine Gruppenbeichte bzw. auf ein im Gottesdienst gesprochenes allgemeines Beichtbekenntnis ausgewichen. Es dauerte allerdings noch lange Zeit, bis diese Entwicklung auch in Pommern Folgen zeigte.

Beichtstuhl, 1683, Foto RK

Der Glewitzer Chronikeintrag des Jahres 1869 schildert schließlich die Veränderungen im Beichtgeschehen und ist zugleich ein Vorbote des Endes der Ohrenbeichte: *Die Beichte ist in der Gemeinde stets am Sonnabend gehalten worden. Mit Rücksicht auf die weite Entfernung mehrerer Dörfer, die es namentlich bei schlechtem Wetter Frauen und alten Leuten schwer macht, zwei Tage hinter einander nach dem Kirchorte zu gehen, sowie mit Rücksicht auf die landwirtschaftlichen Verhältnisse, welche Knechten und Arbeitern oft am Sonnabend Nachmittag Hindernisse bereiten, wird im Gemeindekirchenrat beschlossen, vor den Festen doppelte Beichte zu halten, Tags zuvor und am frühen Morgen; sonst aber immer vor Anfang des Gottesdienstes, morgens halb 10 Uhr.*

In der Folge verschiebt sich die private Ohrenbeichte immer weiter zu einer allgemeinen Beichte im liturgischen Vollzug des Gottesdienstes, indem die Gemeinde gemeinsam das lutherische Beichtbekenntnis spricht.

So ist es nicht weiter verwunderlich, dass im gezeichneten Gestühlsplan des Pastors Ziemßen aus dem Jahre 1885 der ehemalige Beichtstuhl nur noch als Sitz des Pastors aufgeführt wird. Das Bewusstsein für eine evangelische Beichtpraxis geht in diesen Jahrzehnten immer weiter verloren, so dass heute kaum noch jemand weiß, dass Beichtstühle in evangelischen Kirchen zur Grundausstattung gehörten.

Außer dem Glewitzer Beichtstuhl haben sich noch in Deyelsdorf und Nehringen die Beichtstühle erhalten. In Medrow wird in der Matrikel von 1725 ein Beichtstuhl erwähnt.

Übrigens befand sich neben dem Glewitzer Beichtstuhl der Küsterstuhl. Wenigstens einer der Küster hat in mancher gottesdienstlichen Mußestunde mit seinem Messer zahlreiche Graffiti in seine Gestühlswand eingeritzt.

Blick in den Beichtstuhl mit der ‚Büßerbank' für das ‚Beichtkind' und dem ‚Richtersitz' für den ‚Beichtvater', Foto RK

Graffiti eines Küsters am Küsterstuhl, Foto RK

Die Leichenbahren – Zeugnis barocker Begräbniskultur

Rolf Kneißl

Äußerer Ausdruck barocker Begräbniskultur sind drei Leichenbahren in der Glewitzer Kirche, von denen eine heute wieder zum Aufbahren genutzt wird. Sie beeindrucken vor allem durch ihre Größe. Die große Erwachsenenleichenbahre ist 3,35 m lang und 77 cm breit. Die inschriftliche Datierung dieser Bahre für das Jahr 1752 lässt sich auch für die beiden anderen annehmen. Dabei zeugt eine Kinderbahre von der damals hohen Sterblichkeitsrate bei Kindern. So sind z. B. zwischen 1781 und 1791 von den insgesamt 191 Beerdigungen immerhin 84 Kinderbegräbnisse. Dabei verteilt sich das Alter der verstorbenen Kinder relativ gleichmäßig über alle Altersgruppen zwischen 0 und 14 Jahren. Eine besondere Häufung der Kindersterblichkeit gab es allerdings im Jahre 1782, als 6 verstorbenen Erwachsenen 19 Kinder gegenüberstanden, von denen 10 an den Blattern gestorben waren, wie uns das Sterberegister berichtet.

Barocke Kinderbahre, Foto RK

Ein Synonym für die Kindersterblichkeit sind auch die Grabplatten über der Gruft der Familie von Hagenow. Neben der Grabplatte des 1802 in den Reichsadelsstand erhobenen Friedrich Carl von Hagenow (1758–1812) befinden sich die Grabplatten für vier Töchter, die im Alter von 9 Monaten bzw. 4, 5 und 19 Jahren verstorben sind. Von den neun Kindern überlebten nur vier den Vater, darunter der bekannte Naturwissenschaftler und Altertumsforscher Dr. Friedrich Karl von Hagenow (1797–1865) und der Jurist und spätere Landrat von Grimmen, Paul Gustav von Hagenow (1813–1876), der auch Mitglied der Frankfurter Nationalversammlung war.

Die Kinderbahre ist auf beiden Seiten mit einer Inschrift versehen:

SELIG·IST·DIE·SELE·
DIE·IN·IHRER·HöLE

DICH·O·IESU·LIEBT·
DU·WIRST·SIE·UMARMEN

Von den beiden Bahren für Erwachsene ist nur eine inschriftlich bezeichnet und datiert:

SELIG·SIND·DIE·TODTEN·
DIE·INDEN·HERRN·STER·BEN·
APO·14·V13

DAS·SIE·RUHEN·VON·IHRER·ARBEIT·
APO 14 V 13·1752 +
(‚APO' steht für Apostelgeschichte)

Der Tod wurde als Teil des Lebens erfahren und angenommen. Das führte zu ähnlichen Schlussfolgerungen, wie sie unsere Zeit heute zieht, nur, dass jetzt das Verdrängen des Todes die Motivation ist: Nämlich, dass Begräbnisse ohne Predigt stattfanden und stattfinden. So wird in der Pommerschen Kirchenordnung von 1563 gefordert: *Dagegen sollen die heimlichen, unchristlichen Begräbnissen, da die Bauern ihre Todten stillschweigend begraben, abgeschafft werden, und ernstlich verboten seyn,*

auch durch die Consistoria mit Straffe verfolget werden [...] und in der Glewitzer Matrikel aus dem Jahre 1725 wird die Praxis bestätigt: *Es sollen keine Leichen hinführo ohne Ceremonien begraben werden.*
Die starken Gebrauchsspuren der Leichenbahren zeugen von der damaligen Bestattungspraxis, wie sie in der Kirchenordnung von 1563 geschildert wird:
Wo Schulen sind, fodern die Freunde die gantze oder halbe Schule, nach eines jeden Gelegenheit, und gehen die Schüler vor der Leichen her, darnach der Pastor, Capellan, Prediger, Küster. [...] Auff Dörffern, darin Kirchen sind, fänget man an zu singen vor dem Hause, nach

Grabplatten der Patronatsfamilie von Hagenow, Foto RK

Sarg aus der Nehringer Gruft, Foto Sammlung Klaus Bergemann

Gelegenheit, wie es gebräuchlich ist, oder die Freunde, mit denen so da folgen, bringen die Leiche an den Kirchhoff, da singen Pastor, Capellan und Küster, bey der Leiche, oder vor der Leiche her, einen oder zween Psalmen; auß der Ursachen hat man an vielen Orten die Leiche von Alters umb die Kirche getragen, biß daß der Psalm zu Ende gesungen ist. Darnach, dieweil die Leiche, von etlichen dazu geordnet, in die Erde geleget und bescharret wird, sol der Pastor, Prediger und Küster, mit den Freunden des Verstorbenen, und allen, die nachfolgen, in die Kirche gehen, und stellen sich ehrbarlich in die Gestüle. Wen sie bey einander sind, und das Glocken-Geläut auffhöret, tritt der Pastor oder Capellan vor den Altar, oder auff den Predigtstul, thut, auff begehren der Freunde, die sich mit ihm vertragen mögen eine Trostpredigt, [...].

Auch mag heute verwundern, was damals durchaus gängige Praxis war – nämlich, dass Verstorbene in der Kirche beerdigt werden konnten. Für die Patrone und Pastoren ist das wohl allgemein bekannt, aber auch alle anderen Gemeindeglieder konnten dort beigesetzt werden, wie die Glewitzer Matrikel von 1725 berichtet:

Wann jemand in der Kirchen seine Leiche wolte beerdigen laßen, und des falß, wie billig mit dem Hn Patrono müste conferiret werden, so ist derjenige schuldig, nicht allein nach der Hn Patroni und Pastoris Belieben dafür die Gebühr zu erlegen, sondern auch des Hn Patroni Einwilligung auf seine Kosten zu verschaffen. An Begräbnißen sind in der Kirchen 2. Vor dem altar, welche an die von Walsleben gehören.

Auch haben die Pastores freijheit für sich und die ihrigen eine Ruhestätte mit Consens des Hn Patroni zu nehmen. Pastor bittet, daß in fali casu [meint: im Fall des Falles] ihm möge Vergönnet seijn, ohne vorher alß dann den Consens zu suchen, seine Leichen dahin zu begraben, wozunegst seine Vorfahren die ihrige begraben laßen, auch er selbst 3. von seinen Kindern beerdiget habe, und zwar gleich gegen den Predig-Stuhl über welches ihm dann von Seiten Sr Hochgräfl-Excellence gebethenermaßen accordiret [ausgehandelt] ist. Der H. Patronus reserviret Sich vor seine Bediente, daß dieselbe entweder in der Kirchen oder auf dem Kirchhoffe können begraben werden. Da alß dann nach ihrem Vermögen die Kirche bedacht, oder nach ihrem

Grabplatte der Patronatsfamilie von Meyerfeldt über der Gruft im Altarraum der Nehringer Kirche, Foto RK

Unvermögen, ein freijes Begräbniß erstattet werden soll.
Wann sie des Vermögens sind, daß die Erde kann bezahlet werden, so wird vor eine alte Leiche 1 fl [Gulden] und vor eine Leiche unter 12 Jahren gegeben 12 sl [Schilling].

Während es im Mittelalter darum ging, in der Nähe von Reliquien begraben zu werden, um sich so der Fürsprache der jeweiligen Heiligen zu versichern, wurde nun die Nähe des Altares gesucht. Der Gläubige war von der ständigen Gegenwart Gottes im Altarsakrament (meint das Abendmahl) überzeugt. Im Bewusstsein der eigenen Fehlbarkeit war die Furcht groß, dass der Teufel sich nach dem Tod trotz vorheriger Beichte und Absolution der Seele bemächtigen könnte, und man fühlte sich auf einem Boden, auf dem der Satan keine Macht hatte, sicherer. Dabei war der Altarraum, wie die Glewitzer Matrikel zeigt, den Familien des Patrons und des Pastors vorbehalten – die Patronatsfamilie war zumeist in einer gemauerten Gruft mit einer großen Abdeckplatte (wie z. B. in Nehringen und Deyelsdorf erhalten) und die Pastorenfamilie manchmal im einfacheren Grab mit einer Grabplatte bestattet. Alle anderen konnten sich je nach Stand und finanziellen Möglichkeiten im Kirchenboden des Kirchenschiffes begraben lassen, wie dies für den Organisten Daniel Schiller in Nehringen überliefert ist, der am 25. Februar 1761 *in der Kirche mitten im Gang unter der Orgel beerdiget* wurde. Das Kirchenschiff als Begräbnisplatz wurde dann auch bis zum letzten Winkel ausgenutzt, wie die zahlreichen Knochenfunde bei der Flächengrabung 1997/98 im Glewitzer Kirchenschiff zeigen.
Erst 1778 erließ der schwedische Generalgouverneur für Schwedisch-Pommern eine Verordnung, welche neue Bestattungen in Kirchen untersagte. Da vielerorts diese Verordnung nicht eingehalten wurde, kam es wohl erst unter

der französischen Militärverwaltung 1807–09 bzw. mit der Einführung des Preußischen Rechts im Jahre 1815 zur tatsächlichen Umsetzung dieses Verbots. (WENGHÖFER 2009) In diesen Jahren entstanden auch gehäuft externe Grabgewölbe. So wurde in Glewitz die Sakristei in ein Erbbegräbnis der freiherrlichen Familie Schuoltz von Ascheraden umgewidmet und 1877 wegen Baufälligkeit abgerissen. In Medrow entstand 1781 auf der Nordseite der Kirche ein Anbau für das Erbbegräbnis des Pächters Thilo, welches 1885 wieder abgerissen wurde. Freistehende Mausoleen, wie sie auf vielen Kirchhöfen die Zeiten überdauert haben, finden sich nicht in unserer Gemeinde.
Wer finanziell nicht zu einem Begräbnis in der Kirche in der Lage war, wurde auf dem Kirchhof beigesetzt. Im Grab – als ‚ewige Wohnung‘ des Verstorbenen verstanden – wurde dann die irdische Siedlungsgemeinschaft der Dörfer des Pfarrsprengels im Totenreich auf dem Friedhof fortgesetzt. (ANGENENDT 2005, S. 677) Der Rakower Friedhofsplan aus der Matrikel von 1623 zeigt, wie die verschiedenen Dörfer des Kirchspiels sich auch auf dem Kirchhof in einzelnen Abteilungen wieder zusammenfinden.
Eine Besonderheit stellen vereinzelte Pest- und Cholerafriedhöfe dar. Über einen solchen heute noch erkennbaren Cholerafriedhof berichtet die Glewitzer Chronik: *In dem Kriegs- und Cholerajahr 1866 brach auch in dieser Gemeinde die Cholera aus, gewann aber nur in dem durch seine feuchte Lage vorbereiteten Zarnekow größere Verbreitung. Hier starben in wenigen Wochen von einer Personenzahl von 130 fast 1/6, nämlich 20, so daß ein eigener Ortsfriedhof auf der Zarnekow'ner Feldmark angelegt werden mußte. Die Leute waren vor Furcht und Entsetzen wie gelähmt: zu ihrer Ermuhtigung trug wesentlich das Vorbild des lahmen Schneiders Hopp*

Darstellung eines Totengräbers in einer Kirche.
In: Hendrick van Vliet (ca. 1611/12–1675), Das Innere der Nieuwe Kerk in Delft mit dem Grab Wilhelm des Schweigers, 1665, Ausschnitt, Repro, Sammlung RK

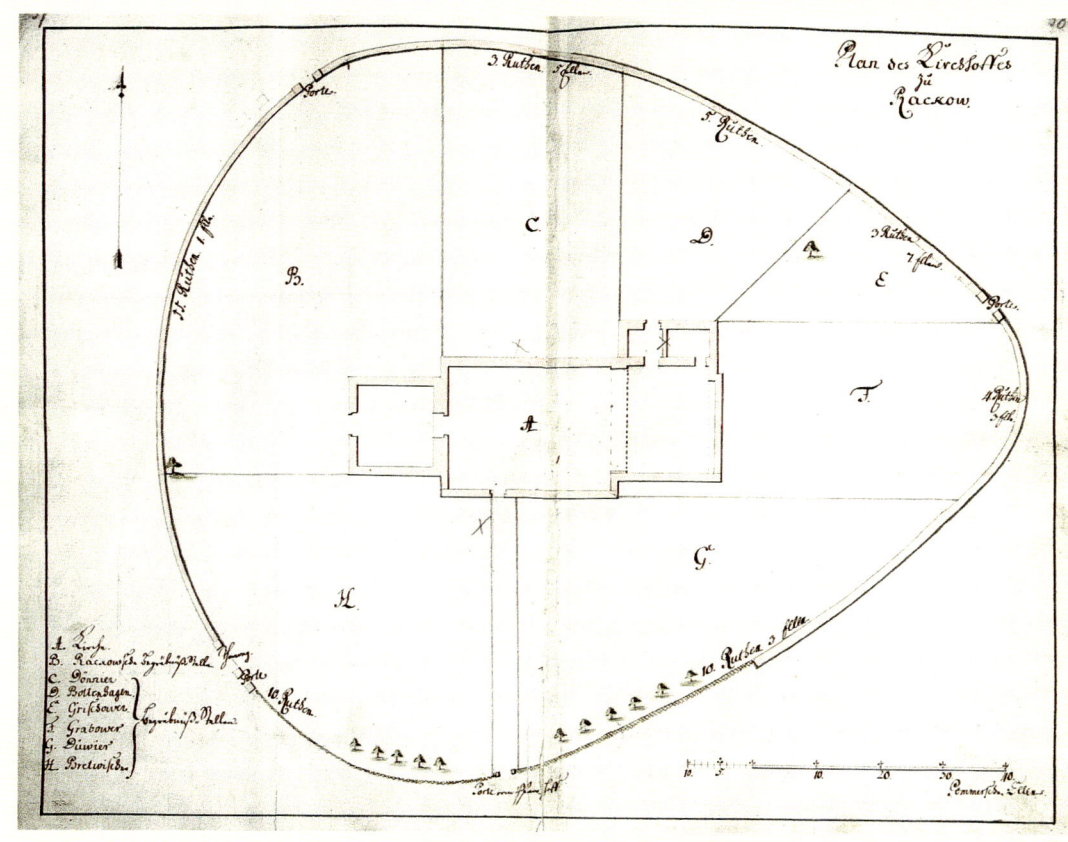

Plan des Kirchhofes
Rakow mit separa-
ten Begräbnisabtei-
lungen: in der
Kirche (A), für das
Kirchdorf Rakow (B)
sowie die ein-
gepfarrten Dörfer
Dönnie (C),
Boltenhagen (D),
Grischow (E),
Grabow (F),
Düvier (G),
Bretwisch (H),
Matrikel Rakow
1748

bei, der zu den Kranken ging und die
Todten bestatten half.

Ausschlaggebend für die Anlage solcher
Seuchenfriedhöfe war zum einen das
Problem, dass durch die Vielzahl der
Krankheitsfälle im betroffenen Dorf
kaum noch jemand in der Lage war, die
Toten zur Beerdigung ins Kirchdorf zu
bringen. Zum anderen wurde eine mög-
liche Übertragung der Krankheit von
Dorf zu Dorf minimiert. Auch jeglicher
andere Austausch zwischen den Dörfern
kam fast vollständig zum Erliegen. Der
Pastor allerdings blieb durch die zahlreichen Beerdigungen im Kontakt mit
den erkrankten Dorfbewohnern.

Von den 42 Beerdigungen des Jahres
1866 fielen im Glewitzer Kirchspiel 22
(2 in Glewitz und 20 in Zarnekow) in
die Zeit vom 6. September bis 9. Oktober und tragen als Todesursache den

Vermerk ‚Cholera‘. Dabei war die Zarnekower Familie Dämler besonders
betroffen, wo innerhalb einer Woche
die Mutter (43 Jahre), der Vater (44 Jahre), eine Tochter (7 Jahre) und ein Sohn
(1 Jahr) starben. Zurück blieben drei
‚minorenne‘ (minderjährige) Brüder.

Eine weitere Besonderheit stellt der nur
noch durch die Glewitzer Kirchenbü-
cher belegbare Friedhof auf der Medrower Glashütte dar. Zwischen 1738 und
1755 tragen 15 Beerdigungseintragun-
gen den Vermerk: *auf der Glashütte*.
Wie groß die Gemeinschaft der auf der
Glashütte arbeitenden Familien war, be-
zeugen andererseits 9 Trauungen und
71 Taufen in dieser kurzen Zeit.

Unter dem Patronat des Grafen von
Meyerfeldt hatte sich in den Jahren zwischen 1738 und 1748 im Wald östlich
von Medrow eine Glashütte in unmit-

telbarer Nähe zum Dorf angesiedelt. Die Glasproduktion an einem Ort war immer zeitlich begrenzt, da durch den hohen Brennholzbedarf beim Schmelzen die umliegenden Waldflächen systematisch aufgebraucht wurden. Die abgeholzten Flächen wurden im Anschluss zumeist urbar gemacht und, wie auch die errichteten hölzernen Wohnhütten, an den Grundbesitzer als Acker oder Wiese zur Nachnutzung zurückgegeben.

Als ‚Glasmeister' wird in den Kirchenbüchern ein Johann Christoph Andersen genannt. Er arbeitete zuvor auf der mecklenburgischen Glashütte Walkendorf, wie drei Taufeintragungen aus den dortigen Kirchenbüchern belegen. Nach der Schließung der Medrower Glashütte blieb er wohl da, wie die letzte seiner 6 Medrower Kindstaufen aus dem Jahre 1750 nahelegt. (SOBJETZKY 2004) (Ergänzend zu lesen: Kapitel ‚Totenbretter' auf S. 164 ff.)

DER GLEWITZER KIRCHHOF

Rolf Kneißl

Die Pastorengräber auf dem Glewitzer Kirchhof und die ‚Konservierung von Pfarrwitwen'

Von den zahlreichen noch vorhandenen historischen Grabstätten auf dem Glewitzer Friedhof fällt die besondere Häufung von Pastoren- und Kantorengräbern auf dem Weg vom Pfarrhaus zur Priesterpforte auf. Oft sind die Inschriften Glaubenszeugnis und Spiegelbild des vergangenen Lebens, wie z. B. die Grabplatte von Barbara Maria Battus geb. Ruch:
ZUR FROHEN AUFERSTEHUNG / RUHEN HIER DIE GEBEINE DER VERWITTWETEN / FRAU PASTORIN BATTUS / GEBORENEN RUCH / GEBOREN DEN 20 DEC 1724 / GESTORBEN DEN 5 MÄRZ 1798 / DER LEICHNAM RUHT / IM KÜHLEN GRAB / GOTT NAHM IHM SEINE SCHMERZEN AB / EMPORGESTIEGEN IST DER GEIST / ZU DEM DER LIEBE LIEBE HEISST / UND TRINCKT NUN GOTTES / FREUDEN

Barbara Battus war die Tochter des Pastors Vollrat Friedrich Ruch, der 46 Jahre lang Pastor von Glewitz und Medrow war (1683–1757, im Amt 1711–57) und die Medrower Kirche nach ihrer Zerstörung im Schwedisch-Brandenburgischen Krieg (1674–79) wieder aufgebaut hatte. Pastor Ruch hatte bereits eine Tochter mit dem gleichen Namen Barbara Maria, die allerdings mit nur

Grabplatten der Pastorenfamilie Battus und Kreuz der Grabstelle des Pastors Gustav Adolph Haack, Foto RK

5 ¼ Jahren starb. Die Familie Ruch bekam danach vier Söhne, bis am 20. Dezember 1724 schließlich wieder eine Tochter zur Welt kam. Sie erhielt den Namen der verstorbenen Erstgeborenen. Als ihr Vater 1757 in Glewitz starb, war Barbara Maria bereits 32 Jahre alt. Der Amtsnachfolger des Vaters wurde Albrecht Ernst Battus. Seine aus den Niederlanden stammende Familie hatte sich aufgrund der Verfolgung der Protestanten durch Herzog Alba in Greifswald angesiedelt. (HEYDEN 1973, S. 178 f.) Er entstammte also einem reformierten Elternhause. So wird von ihm berichtet, dass er nicht nur streng gegen sich selbst war – er führte auch sein Amt in diesem Sinne aus. Diesen Pastor Battus heiratete Barbara Maria Ruch am 7. Oktober 1764.

In Pommern war die sogenannte ,Konservierung der Pfarrwitwe' eine durchaus üblich Praxis. Dabei hatte der Amtsnachfolger die Witwe oder eine Tochter des Amtsvorgängers zu heiraten, falls dies gewünscht war. Es wurde als moralische Pflicht angesehen, auf diese Weise die Witwe des Vorgängers zu versorgen. Die Amtsnachfolger, die sich durch die Konservierung eine Pfarrstelle sicherten, konnten aus der Situation allerdings auch profitieren. Die Pfarrwitwe brachte ihr Inventar mit in die Ehe ein, so dass der Nachfolger ein fertig möbliertes und ausgestattetes Pfarrhaus beziehen konnte. Sie brachte des Weiteren alle Erfahrungen für die Tätigkeiten einer Pfarrfrau mit sich, zu denen unter anderem die Erzeugung und Verarbeitung von landwirtschaftlichen Produkten, die Führung eines großen Haushaltes und die Anleitung des Personals gehörte. (WÜRTH 2004, S. 77 ff.) Die oftmals in schlechten wirtschaftlichen Verhältnissen lebenden Pfarrer konnten durch die Konservierung eventuelle Mängel in ihrer Ausbildung oder ihres Examens kompensieren, um so an die Pfarrstelle zu gelangen. Auch moralische Gründe wie Barmherzigkeit,

Mitleid und Christenpflicht gegenüber der Witwe und den Kindern des Vorgängers sind in Betracht zu ziehen. (WÜRTH 2004, S. 94 f.) Andererseits konnte es auch sein, dass eine Pfarre so schlecht gestellt war, dass, wenn keine unverheiratete Tochter da war, der Pastor sogar die viel ältere Witwe heiraten musste, um existieren zu können. Ob diese Ehen dann tatsächlich glücklich wurden, oder ob es Zweckgemeinschaften waren, lässt sich aus heutiger Sicht nur vermuten.

Pastor Battus heiratete 1764 also die zwei Jahre jüngere Barbara Maria Ruch und machte die Pfarrwitwe zur Schwiegermutter. Barbara Maria wurde schwanger und brachte am 15. August 1766 – 42jährig – ihre Tochter Brigitta Gustava Battus zur Welt, die nach vier Tagen in Glewitz getauft wurde. Doch bereits nach 14 Tagen, am 29. August 1766, ging dieses junge Leben zu Ende. Weitere Kinder waren dem Paar nicht mehr vergönnt.

Die letzten Lebensjahre des Pastor Battus waren von schweren Leiden geprägt, die er mit Fassung ertrug, bis er 1796 verstarb. Seine inzwischen erblindete Frau Barbara Maria überlebte ihn noch um 2 Jahre. Sie verstarb am 5. März 1798 73-jährig und wurde in Glewitz neben ihrem Mann beigesetzt.

Ein ähnlicher Fall liegt wohl für die Amtsübernahme von Gustav Adolph Haack (1790–1842, im Amt: 1822–42) vor. Sein Amtsvorgänger Johann Friedrich Behrendt (1748–1824, im Amt: in Deyelsdorf 1779–98 und in Glewitz 1798–1822) war 1822 gezwungen, nach 42 Amtsjahren wegen Altersschwäche *um einen Gehülfen im Amt zu bitten*, der späterhin auch das Amt übernehmen sollte. Pastor Haack, der das Memorabilienbuch im Jahre seines Amtsantrittes 1822 begann, beschreibt in selbigem die Prozedur seiner Berufung. Am geschilderten zeitlichen Ablauf wird deutlich, dass er im Frühjahr diesen Jahres nach Glewitz kam, um sich vorzustellen, seine tatsächliche Amtseinführung verbindet sich aber erst mit der Heirat der Tochter seines Amtsvorgängers im Herbst.

Die Wahl der verehrungswürdigen Herren Patronen hinsichtlich eines Pastors substit. cum spe succendi [nachgestellter Pastor mit Hoffnung auf Nachfolge] fiel auf mich den bisherigen Candidaten der Theologie Gustav Adolph Haack. [...] Im Jahre 1822 hielte ich am Sonntage Cantate in der Kirche zu Glewitz vor der Glewitzer und Mederower Gemeine meine Probepredigt und wurde ich nach beendigten Gottesdienste den beiden Gemeinen als Gehülfe ihres zeitherigen Predigers und als dereinstiger Nachfolger desselben vorgestellt. Am Ende des Monats Mai erhielte ich meine Vocation [Berufung] [...] Meine Einführung hieselbst wurde Dr. Barkow zu Loitz von einer königl hochlöblichen Regierung zu Stralsund übertragen. Dieselbe erfolgte, nachdem die Mederower Gemeine am Sontage vorher aufgefordert war der feierlichen Handlung in der Glewitzer Kirche beijzuwohnen, am 21 p. Trin. Am 22 p. Trin hielte ich meine Antrittspredigt zu Glewitz und am 23ten p. Trin. zu Mederow. Am 15ten Nov. wurde ich copuliert mit Friederica Louise Behrendt, Tochter des hiesigen Predigers J. F. Behrendt und am 5ten Dec. bezog ich mit derselben das hiesige Wittwenhaus. Aus dieser Ehe gingen sieben Kinder hervor.

In diesem Falle verband sich mit der Heirat der Tochter nicht nur die perspektivische Versorgung der Schwiegermutter, die ja ‚noch' keine Witwe war – auch das eigene Amt wurde trotz Amtsunfähigkeit noch weiter gesichert. Der Amtsvorgänger und Schwiegervater Pastor Johann Friedrich Behrendt starb schließlich am 26. September 1824. Erst im Verlaufe des 19. Jahrhunderts wurde die Praxis der ‚Konservierung der Pfarrwitwe' aufgegeben und nach anderen Versorgungsmöglichkeiten gesucht. Es entstanden Witwenkassen zur finanziellen Versorgung, Pfarrwitwenhäuser als Wohnung und Witwenäcker zur Versorgung mit Naturalien.

Außerdem erhielt die Witwe nach dem Tode ihres Mannes für die Zeit des Sterbequartals die vollen Bezüge und für die Zeit des Gnadenjahres die ihm zustehenden Pachteinnahmen. Zumeist blieb die Pfarrstelle solange vakant (unbesetzt). Die Glewitzer Chronik berichtet im Jahre 1866 über die Witwe des am 13. August desselben Jahres an Magenkrebs verstorbenen Pastors Petri (geboren am 21. August 1816, im Amt seit 1856): *Die Wittwe mit ihren 3 Kindern, deren ältestes 1860, deren jüngstes 15 Tage vor des Vaters Tod geboren war, nahm nach Ablauf des Sterbequartales und Gnadenjahres seit dem 1. Oktober 1867 ihren Aufenthalt in Demmin. Es war ihr aus der Medrower Kirchenkasse eine jährliche Beihilfe zur Erziehung ihrer Kinder, von 25 Thalern bewilligt worden.*

Die gesammelten Grabsteine und die Neubepflanzung des Kirchhofes Glewitz – Folge der Auswanderung nach Amerika

An der Südostecke des Glewitzer Kirchhofes finden sich mehrere alte gesammelte Grabsteine, die in ihrer engen Aufstellung den Eindruck eines jüdischen Friedhofs vermitteln. Über die Ursache gibt die Chronikeintragung des Jahres 1873 Auskunft: *Vorher ward die Gemeinde aufgefordert, dahs wem an der Erhaltung alter Gräber und Grabsteine liege, sich im Pfarrhause zu melden habe. Da aber die meisten altansässigen Familien längst nach Amerika ausgewandert waren, gingen nur wenige Meldungen ein; und eine grosse Zahl alter verfallener Gräber, von denen Niemand mehr etwas wuhste, und an deren Erhaltung Niemand etwas lag, konnten planirt werden. In einer Versammlung des Gemeindekirchenraths und*

Gesammelte Grab-
steine auf dem
Glewitzer Kirch-
hof, Foto RK

der Gemeindevertretung ward beschlossen, die alten Grabsteine zu einer Gruppe zusammen zustellen und so zu erhal-

ten, einige der besseren aber zu Ruhe-
bänken auf dem Kirchhofe zu verwen-
den. Zunächst wurde ein breiter Weg
um die Kirche herum angelegt, so dahs
das Gebäude nun von allem Rasen befreit, sich reinlich aus dem Boden erhob,
die andern Steige wurden genau abge-
stochen und mit Rohtannen [meint Fich-
ten] bepflanzt, eine Anzahl kleiner Taxus
und anderer Zierpflanzen angeschafft,
Linden vor die südliche Kirchenthür,
Blutbuchen vor dem Thurmeingang gepflanzt, auch an der Kirchhofsmauer
wurd herum abwechselnd Linden und
Kastanien gesetzt, und die planirten Flächen mit Rasensamen besäet, alte Eschen
und viel Gestrüpp entfernt usw.
Es war eine allgemeine Freude in der Gemeinde, als der verschönte Gottesacker
endlich wie ein Schmuckgarten schön
und würdig da lag, er ward viel besucht,
und bei Vielen erwachte ein Eifer, ihre
Gräber in guten Stand zu setzen, und

Luftaufnahme des
Kirchhofes und
Pfarrparkes,
Foto RK

mit Blumen zu schmücken. Sonntags war immer schon lange vor Beginn des Gottesdienstes der Kirchhof von Kirchgängern gefüllt, die in den Steigen wandelten oder an den Gräbern standen. Viele der Bäume sind seit 1873 herangewachsen und vermitteln dem Besucher den Eindruck von Rückzug und Abgeschlossenheit auf dem Kirchhof. Einige der Bäume, wie die beiden Linden an der Priesterpforte, sind zum Problem für das Bauwerk Kirche herangewachsen, da ihre Wurzeln die Fundamente untergraben, die Äste immer wieder Dach und Fenster gefährden und ein ständig feuchtes Klima dort vorherrscht. Andere Bäume sind schon vor langer Zeit gefällt worden.

Das Problem der Auswanderung nach Amerika klingt in der Sammlung der alten Grabsteine bereits an, wird aber im Jahre 1880 noch einmal mit seinen Folgen für das Gemeindeleben thematisiert: *Die Auswanderung, die einige Jahre nachgelassen hatte, erreicht wieder einen Höhepunkt. Von den 20 Familien Grammendorfs zb. wandern 5 aus, also 25 %. Es hat sich der Leute ein förmlicher Taumel bemächtigt, und mit der ganzen Vergangenheit wird gebrochen. Es ist vorgekommen, dahs in Langenfelde eine sonst nicht unkirchliche Frau Suhr, deren Mann jahrelang ein eifriges Mitglied des Gemeindekirchenraths war, [...] die Bibel auf den Auktionstisch legte, die sie als Konfirmationsgeschenk von der Baronin von Schoultz erhalten hatte. Nachdem nun die alten eingesessenen Familien fast alle nach Amerika gegangen sind, zugleich die Güter bestrebt sind, mit möglichst wenig Leuten zu wirthschaften und in Folge dahs die Einwohnerzahl sich um 1/5 vermindert hat (1867: 1002, 1880: 800) vermindert sich leider auch der Kirchenbesuch. Dazu kommt, dahs alle Güter jetzt von Inspektoren oder doch Pächtern verwaltet werden, und das für eine Tagelöhnergemeinde so nöthige Vorbild der gefüllten*

herrschaftlichen Stühle fehlte. Auch die früher so reichen Kollekteerträge sind in Folge dehs sehr zurückgegangen.

Das ‚Russengrab‘

Die Geschichte des einzigen Russengrabes auf dem Glewitzer Kirchhof kann durch das Sterberegister nicht erhellt werden – eine Eintragung dort ist nicht erfolgt. Jedoch hatte sich im Jahre 2002 ein Russe im Pfarramt gemeldet, der das Grab seines Großvaters besuchen wollte. Erst nach der politischen Wende in Russland bekam die Familie von den dortigen Behörden Auskunft über den Verbleib des Soldaten und seines Grabes. Der Verstorbene war der 1902 in Wologodskaja geborene Soldat Nikolay Platonowich Dudnikov. Er starb am 20. Oktober 1945 in Jahnkow nachdem er beim Beschlagen eines Pferdes von einem der Hufe getroffen wurde. Seine Kameraden trugen ihn am 22. Oktober im offenen Sarg von Jahnkow nach Glewitz, wo er beigesetzt wurde.

Der Enkel nahm bei seinem Besuch im Jahre 2002 für seine Großmutter, die Witwe des Soldaten, eine Hand voll Erde vom Grab mit nach Hause.

MEDROW

DIE GESCHICHTE DES ORTES UND DER KIRCHE

Tilo Schöfbeck

Luftbild der Kirche von Medrow, Foto RK

D as Dorf *Mederowe* erscheint urkundlich bereits 1242, anlässlich der Stadtrechtsverleihung von Loitz. Die schwedische Matrikelkarte von 1697 gibt Hinweise auf die Siedlungsform eines Angerdorfes mit Langstreifenflur. Dabei fällt die merkwürdige Position der Kirche auf, die nicht – wie typisch für diese Dorfform – auf dem Anger zu finden ist, sondern völlig außerhalb, im Süden des Dorfes. Zumeist stehen solche solitären Kirchhöfe im Zusammenhang mit einer Umverlegung des Dorfes, beispielsweise nach temporären Wüstungsphasen oder als Ergebnis des Bauernlegens, wenn ein neues Gutsdorf geschaffen wurde. Letzteres kann in diesem Fall aufgrund der Form des Dorfes ausgeschlossen werden. Es muss im Dunkeln bleiben, warum sich die Kirche unüblicherweise nicht auf dem Anger inmitten des Dorfes befindet. Vielleicht verweist der Kirchplatz auf eine ältere Tradition?

Das Dorf Medrow dürfte in seiner heutigen Form um 1220/30 entstanden sein, als die Flur umgestaltet wurde, unter Rodung vorhandener Waldungen, und zugewanderte Siedler aus dem westfälisch-niedersächsischen Altsiedelgebiet wohl eine Gemeinde gegründet haben. Neben der in der Matrikelkarte überlieferten Langstreifenflur, einer klassischen Plananlage des 13. Jahrhunderts, sind es auch Flurnamen wie die *langen Raden* (Roden) östlich der Kirche, die von diesen tiefgreifenden Umstrukturierungen erzählen. Das Ackerland war in 24 Hufen aufgeteilt (1 Hufe entspricht etwa 20 ha), zu jeder Bauernstelle gehörte üblicherweise eine Hufe, die in Dreifelderwirtschaft auf verschiedene Fluren in der Gemarkung verteilt waren. In einem Kirchort war die Pfarre zumeist besser ausgestattet, so auch in Medrow mit zwei Hufen, wie das Bederegister von 1343 zu berichten weiß.

So lassen sich die Vorgänge im Zuge der Deutschen Ostsiedlung an vielen Orten Mecklenburgs und Vorpommerns historisch nachvollziehen. Bei den frühen ländlichen Kirchbauten, die bereits in der ersten Hälfte des 13. Jahrhunderts Erwähnung fanden, handelte es sich noch um Holzbauten, die erst nach und nach – je nach Finanzkraft von Gemeinde bzw. Patronat – durch Steinbauten ersetzt wurden. Medrow befand sich im Bistum Schwerin und war ursprünglich eine Tochterkirche von Tribsees – wie auch die Parochien von Glewitz, Drechow und Leplow. Im Jahre 1300 wurden die inzwischen flügge gewordenen Filialkirchen abgetrennt und in die Selbständigkeit entlassen. Zu einem unbekannten Zeitpunkt, wahrscheinlich schon im 13. Jahrhundert, war Medrow unter das Patronat des Zisterzienserklosters Neuenkamp gelangt, wie es in einer Urkunde von 1364 überliefert ist. Offenbar hatte Neuenkamp auch den Zehnten erhalten, denn

es taucht in den bischöflichen Zehntregistern von 1370 und 1583 nicht auf. 1683 wird die Kirchgemeinde mit der Glewitzer zusammengelegt. Infolge der Zerstörungen des Schwedisch-Brandenburgischen Krieges und wohl auch der zahlenmäßigen Dezimierung der Bevölkerung war die Medrower Kirchengemeinde allein nicht mehr existenzfähig.

Die Kirche

Die kleine Kirche von Medrow liegt heute außerhalb des Dorfes unmittelbar an der alten Heerstraße auf halbem Wege zum ‚Zelpinberg‘ – der Anhöhe in Nachbarschaft einer mittelalterlichen Befestigung am ‚Burggraben‘, deren Name möglicherweise auf die lokal ansässige Familie von Zepelin zurückzuführen ist. Wenngleich diese zwar in den wenigen erhaltenen Urkunden nicht erwähnt wird, so zeigen sich die Zepelins mit ihren Wappen als Stifter im benachbarten Glewitz. Beide Chorbauten haben in etwa dasselbe Alter, sind aber grundverschieden. Medrow folgt etwas konservativ einer traditionellen Bauidee, mit Chorquadrum und kuppeligem Gewölbe (vgl. Klein Rakow), Glewitz dagegen ist modern und an der neuen städtischen Mode orientiert.

Die Kirche von Medrow ist nur noch ein Rudiment ihrer mittelalterlichen Baugestalt. Einst handelte es sich um eine kleine Anlage aus Chor, kurzem Schiff und einem quadratischen Westturm, die bis auf die Fenster- und Portalgewände sowie den Giebel aus Feldstein errichtet wurde. Als im Schwedisch-Brandenburgischen Krieg 1678 das ‚Lüneburger Lager‘ des ‚Großen Kurfürsten‘ Friedrich Wilhelm I. (1620–88) vor Medrow lag, wurde der Turm zerstört, und die übrigen Teile standen schutzlos ohne Dach in der Landschaft. Inschriften, die sich ursprünglich in den Gewölbekappen des Chores befanden und heute leicht verändert an den Kirchenschiffswänden zu finden sind, berichten davon (nach BIEDERSTEDT 1818):

Ostkappe
Anno 1678 in der stillen Wochen ist diese Kirche
durch das Lüneburger Lager ganz ruinirt, so daß
nicht mehr als das Mauerwerk, nachher der Altar

und Gewölbe über dem Altar, bestehen geblieben.

Südkappe
Anno 1683 ist diese Pfarre unter der Glewitzer combinirt,
und von der hochpreißlich. Königl. Regierung,
mir Priester Joachim Ruchen,
diese Kirche wieder aufzubauen anbefohlen.
Anno 1685 habe ich Andreas Schulten zum Vorsteher erwählt.

Westkappe
Anno 1687 haben wir Pastor und Vorsteher zu bauen angefangen,
Anno 1700 haben wir das Werk vollenbracht.

Nordkappe
Die Mittel dafür wir sie gebauet weren 300 Gülden
von der großen Glocke, so nach Nehringen verkauft worden.
Anderthalb hundert Gülden, durch eine Kirchen-Collect

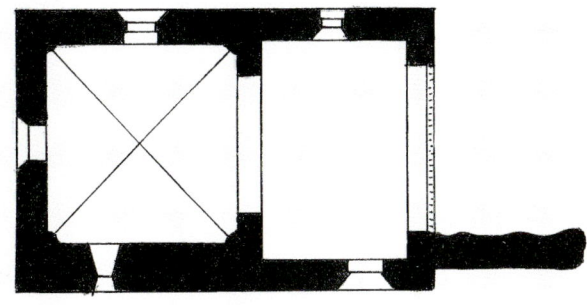

im ganzen Lande gesammelt und auch allerhand milde Gaben.
Gott erhalte sie lange im Bau, lasse seine Ehre reichlich darin wohnen und viele Seelen zum Himmelreich erbauet werden.

Seitdem steht die Medrower Kirche ohne Turm. Dieser Zustand ist auch in der Matrikelkarte von 1697 dokumentiert, nur noch die Nordwand ist im unteren Bereich erhalten. Den Außenbau dominiert der dekorative Ostgiebel mit seinem monumentalen Kreuz. Markant

(links) Inschriftenziegel im Giebelkreuz, Foto TS

(rechts) Konsole des Chorgewölbes, Foto TS

Gesamtansicht von Südwesten, Foto DW

erscheinen die dreibahnigen Blenden über dem reich gestalteten Giebelfuß aus Sägezahn- und Treppenfries, ihrerseits auf der Höhe der Zeit wie die frühen hochgotischen Fenster der fortschrittlichen Bauprojekte von St. Nikolai in Stralsund oder der großen Stadtkirchen von Rostock (St. Marien und St. Nikolai). Die angesprochene Zeitstellung dürfte etwa um 1290 liegen,

Gesamtansicht von Südwesten, Foto DW

(links) Ansicht der Nordwand vor der Sanierung, Foto TS

(rechts) Nordseite, Detail der Putzquaderung, Foto RK

wofür auch die dreieckig mit Winkelsturz geschlossenen Lanzetten (schmale langgestreckte Spitzbogenblenden) der Blenden des Giebels sprechen. Im Mittelalter ist durchaus mit einer mehrfarbigen Gestaltung zu rechnen, wie es beispielsweise in der mecklenburgischen Kirche zu Kittendorf (Chor von 1295) nachgewiesen und rekonstruiert wurde. Das Ostfenster zeigt sich in der

heutigen Ansicht spätgotisch verändert, das umgebende Feldsteinmauerwerk dokumentiert jedoch, dass es sich nicht mehr um eine Dreifenstergruppe, sondern ein einzelnes, mehrbahniges Fenster gehandelt haben muss. Das heutige Stabwerk stammt wahrscheinlich von 1885. Eine Besonderheit dürften die im Blendenkreuz eingelassenen Inschriftenziegel sein, die von zahlreichen Reparaturen berichten, angefangen 1765 über die Jahre 1792, 1813, 1830, 1855 und 1885 bis hin zur letzten Restaurierung 2008. Im Inneren ruht das tief ansetzende, nur noch einen halben Stein dicke, kuppelige Gewölbe auf Eckkonsolen mit Blattschmuck.

Das Langhaus wurde vermutlich im dritten Viertel des 14. Jahrhunderts angefügt. Das Portal auf der Nordseite ist verhältnismäßig aufwendig gestaltet, im Wechsel von Fasen und Rundstäben

profiliert und durch einen aufgemalten Okulus im Zwickel betont. Leider hat sich die Füllung dieser Kreisblende nicht erhalten. Der Außenbau war durch ein großzügiges aufgemaltes Quaderfugennetz gegliedert, das Innere offenbar auf Nord- und Südseite durch zwei unterschiedliche Quaderfassungen: einerseits eine Imitation von Backsteinmauerwerk und andererseits ähnlich dem Außenbau eine großformatige Quaderung mit roten Fugen auf weißem Grund. Die großen Quaderungen sollten ein edleres Werksteinmauerwerk abbilden, wie es das in Norddeutschland nicht gab und im 14. Jahrhundert in Mode war.

Bauhistorisch seien noch der 1781 überlieferte Begräbnisanbau des Pächters Thilo auf der Nordseite erwähnt, welcher im Zuge der historistischen Erneuerung von 1885 wieder entfernt

Blick in das Dach-
werk mit Hänge-
sprengwerk und
kuppeligem Kreuz-
rippengewölbe,
Foto TS

wurde und auf der historischen Fotografie des Stralsunders Beerbohm noch zu
sehen ist, wie auch das schöne Barock-
fenster im Chor. 1929–34 war dann die
Kirche durch die Loitzer Siedlungsge-
sellschaft renoviert worden – der Zustand mit einem dicken Zementputz
prägte und verunklärte das Erscheinungsbild des Giebels bis zu seiner letzten Sanierung 2008. Nach dem Feststellen der Einsturzgefahr des Chores und
der folgenden Sperrung der Kirche im
Frühjahr 2005 wurden die Gewölbe
und der Giebel statisch gesichert. Möglich wurde diese umfassende Restaurierung vor allem durch die Unterstützung
der Margarethenstiftung bei der Deutschen Stiftung Denkmalschutz in Bonn.

DIE AUSSTATTUNG DER KIRCHE IN MEDROW

Detlef Witt

Fragmente mittelalterlicher Wandmalerei

Laut einer Bauinschrift wurde die Medrower Kirche im Krieg 1678 durch
das Lüneburgische Lager verwüstet. Der
Wiederaufbau erfolgte von 1687 bis
1700 unter dem Glewitzer Pastor Joachim Ruch, der vorher in Schlemmin im
Amt war und seit 1683 auch Medrow
betreute.

Von der mittelalterlichen Ausmalung des
Kirchenraumes blieben auf der östlichen
Gewölbekappe und an der Ostwand einige Fragmente erhalten, die 2007 durch
den Restaurator Reinhard Labs freigelegt
und konserviert wurden. Auf der Gewölbekappe über dem Altar thront Christus

als Weltenrichter auf einem Regenbogen. Deutlich sind die Wundmale in seinen Handflächen sichtbar. Von seinem Mund geht nach links ein Schwert aus, die Lilie auf der anderen Seite ist nur noch als Fragment zu erahnen. Auf den drei übrigen Gewölbekappen war kaum noch mittelalterlicher Putz erhalten. Die Gewölberippen waren ursprünglich rot gefasst. Eine zweite, spätmittelalterliche Fassung der Rippen zeigte einen Wechsel von Rot und Grün mit einem ebenfalls in der Farbigkeit wechselnden, etwa zwei Zentimeter breiten Begleitstrich. (Siehe Dokumentation Labs 2007, Aktenbestand Pfarramt Glewitz.)

Links des Altars sind an der Ostwand die Überreste einer stehenden Marienfigur mit dem Kind auf dem Arm zu sehen. Eine Krone weist Maria als Himmelskönigin aus, in der rechten Hand hält sie ein Lilienzepter. Das Christuskind ist durch einen Kreuznimbus um sein Haupt gekennzeichnet. Die Figur, die als Pendant rechts des Altars gemalt wurde, kann anhand des Kelches, den sie in der Hand trägt, als Johannes der Evangelist identifiziert werden. Der Kopf der Figur ist leider nicht erhalten. Der fragmentarische Zustand erschwert eine stilistische Datierung der Malereien. Vermutlich sind sie um 1300, also zur Bauzeit der Kirche, oder wenig später, in der ersten Hälfte des 14. Jahrhunderts, entstanden.

Eine barocke Ausmalung der Gewölbekappen aus der Zeit der Instandsetzung 1687–1700, zu der die mit einer polychromen, vermutlich floralen Malerei verbundenen Bauinschriften gehörten, war leider bereits vor der letzten Restaurierung zu 95 Prozent zerstört und konnte nicht wiederhergestellt werden (siehe Abschnitt zur Baugeschichte).

Eigentümlich sind die Fassungsbefunde auf der Süd- und der Nordwand des Chores, die in sogenannten Befundfenstern zu sehen sind. Auf der Nordwand

Fragment des Weltenrichters in der östlichen Gewölbekappe, um 1300 (?), Foto DW

Fragment einer Marienfigur an der Ostwand, um 1300 (?), Foto DW

Innenraum nach Südosten vor 1954, historische Aufnahme, Bildarchiv des Caspar-David-Friedrich-Instituts der Ernst-Moritz-Arndt-Universität Greifswald

(links) Befundfenster mit Quaderung an der Chornordwand; (rechts) Befundfenster mit Backsteinimitation an der Chorsüdwand, Fotos TS

ist es ein rotes Fugennetz auf hellem Fond, das wie auf der Außenwand einen Bau aus großen Quadern vortäuscht. Auf der Südwand dagegen findet sich ein weißes Fugennetz auf rotem Fond, wobei das Fugennetz in der Größe hier dem Backsteinbau entspricht. Im freigelegten Bereich sind allerdings nur relativ kurze Läufer, keine Binder zu sehen. Warum die beiden Wände offenbar gleichzeitig unterschiedlich gestaltet wurden, bleibt rätselhaft.

Die Neuausmalung durch Gustav Hoffmann 1954

Hoffmann fand 1954 eine neugotische Ausmalung der Kirche von 1892 vor. Pastor Ziemßen hatte zu seinem 25. Amtsjubiläum 1892 vom Medrower Patron von Witzleben 500 Mark zur Renovierung der Kirche bekommen. Aus dieser Zeit stammt auch das neugotische Gestühl. Die Bauinschriften in den Gewölbekappen wurden 1892 offenbar

nach barocken Befunden damals noch an gleicher Stelle wiederholt. Die Gewölberippen hatten Begleitstriche mit Blättern, und die Laibung des Triumphbogens trug ein florales Ornament. Der Kanzelaltar hatte offenbar eine sehr dunkle Gründerzeitfassung (braune Holzimitation mit Bronzierungen?). Gustav Hoffmann malte auf die Brüstung der Orgelempore stark stilisierte Evangelistensymbole, die Laibung des Triumphbogens bekam ein schabloniertes Ornament mit christlichen Symbolen wie Alpha und Omega (Anfang und Ende), Kreuz, Kelch und Brot, ähnlich Hoffmanns Ausmalung in Rakow und in vielen anderen pommerschen Kirchen. Auch die Farbigkeit des Altarretabels, der Orgelempore, des Prospektes sowie des Gestühls ist typisch für Hoffmanns Renovierungen. Es sind ins Grau gebrochene Pastelltöne, Rotbraun, Taubenblau, Ocker und Bronzierungen. Ziel war es, die Ausstattungsstücke aus verschiedenen Jahrhunderten farblich zu einer Einheit zusammenzufassen.

(links) Matthäusengel; (rechts) Markuslöwe an der Orgelempore, Gustav Hoffmann, 1954, Fotos DW

Schabloniertes Kreuzsymbol an der Triumphbogenlaibung, Gustav Hoffmann, 1954, Foto DW

Der Kirchenmaler Gustav Hoffmann (1883–1974)

Der am 27. Juni 1883 in Duisburg geborene Kirchenmaler Gustav Hoffmann hat die farbige Gestaltung pommerscher Kirchenräume zwischen 1910 und 1960 maßgeblich geprägt. Sein Werkverzeichnis nennt rund dreihundert Orte in Pommern und Mecklenburg, in denen er als Restaurator und Kirchenmaler tätig war. Zahlreiche Freilegungen mittelalterlicher Wandmalereien in den Kirchen gehen auf Hoffmann zurück, aber oft übernahm er auch die farbige Gesamtgestaltung von Kirchenräumen einschließlich der Ausstattung. So sieht man noch heute beim Betreten einer pommerschen Dorfkirche oft auf den ersten Blick, dass hier Hoffmann tätig war. Meist ist es ein hellgrauer Grundton mit Absetzungen in Rotbraun und Blaugrau oder Beige, mitunter mit sparsamen Bronzierungen. Die Farbigkeit ist stets zurückhaltend stumpf und ins Grau gebrochen. Auf die ursprüngliche barocke Farbigkeit der Ausstattungsstücke wurde bei deren ‚Wiederherstellung‘ kaum Bezug genommen. Die Schablonenmuster an Triumphbögen oder Emporenbrüstungen sind stets ähnlich. Erstaunlich ist aus heutiger Sicht, über welch langen Zeitraum dieses oft mit Hilfe ortsansässiger Malermeister umgesetzte Farbkonzept auch denkmalpflegerisch akzeptiert war.

Auf seiner Wanderschaft hatte Hoffmann 1906 in München den bekannten Kirchenmaler Max Kutschmann (1871–1943) kennengelernt und anfangs unter dessen Anleitung gemalt und restauriert. Zu Beginn seiner Tätigkeit in Pommern arbeitete er häufiger mit dem Kirchenmaler Franz Vögele (geboren um 1870/80 in Ulm, gestorben um 1935 in Labes) zusammen. Auch mit dem Holzbildhauer Max Uecker (1887–1978) schloss er 1912 Freundschaft, die sich zu einer lebenslangen lockeren Arbeitsgemeinschaft entwickelte (besonders in der Greifswalder Zeit nach 1945). Von Uecker stammt das 1915 geschnitzte Kruzifix im Gemeindesaal in Nehringen, das sich früher in der Kapelle in Keffenbrink befand. Gemeinsam bewohnten die drei Freunde ab 1912 für einige Zeit eine Wohnung in Stargard. Bis Januar 1945 hatte Hoffmann dann seine Werkstatt in Stettin-Finkenwalde. Nach der Flucht siedelte er sich in Greifswald an, wo auch Uecker ein neues Domizil gefunden hatte, und beide arbeiteten an vielen Aufträgen gemeinsam. Dabei halfen die guten Kontakte zur Denkmalpflege aus der Stettiner Zeit, insbesondere zu Dr. Walter Ohle (1904–71). 1961 verließ Hoffmann die DDR und ging nach München, wo er am 13. Dezember 1974 verstarb.

 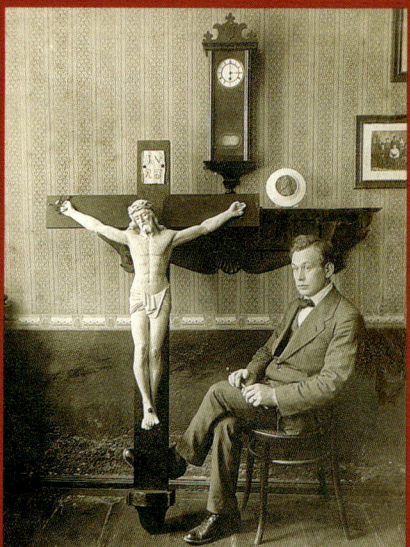

Kirchenmaler Gustav Hoffmann (1883–1974), Foto Hans-Günther Hoffmann

Max Uecker mit seinem 1915 geschnitzten Kruzifix, heute im Gemeindesaal Nehringen, Foto privat Linde Fukarek

Der Kanzelaltar von 1763

Der Überlieferung nach stammt der Kanzelaltar der Medrower Kirche aus dem Jahre 1763. Dazu passt auch der Rocaille-Dekor des Werkes. Die Rocaille gab der Stilepoche den Namen – Rokoko. Allerdings dürfte der Altaraufsatz in seiner heutigen Form reduziert sein. Zumindest mit verlorenen durchbrochen geschnitzten Seitenwangen ist zu rechnen. Auch werden bekrönende Flammenvasen oder weitere Figuren ursprünglich zum Aufbau gehört ha-

ben. Der etwas unorganische Eindruck des Ganzen könnte auch auf einen teilweisen Umbau zurückgehen, bei dem Ornamentschnitzereien wiederverwendet wurden. Ungewöhnlich für einen barocken Altaraufsatz ist, dass die Taufe Christi die Hauptszene am Kanzelkorb darstellt. Der Schalldeckel über der Kanzel ist nur als Rudiment vorhanden. Das kleine Kruzifix darüber dürfte ursprünglich nicht die Inschriftkartusche mit der Aufschrift *Ich bin das Brot des Lebens* verdeckt haben. Vielleicht war es einst ganz oben als Bekrönung

Kanzelaltar von 1763 mit den im Hintergrund erkennbaren Resten der mittelalterlichen Wand- und Gewölbemalereien, Foto RK

Taufszene am Kanzelkorb, Foto DW

erfeldtschen Wappen, das Adlerköpfe, einen Greifen, Kugeln, eine Bastion und einen Arm mit einer Sichel aufweist, und links das der Barnekows mit einem rechtsspringenden bekrönten halben Widder. In den zugehörigen Initialen auf der gegenüberliegenden Kartusche ist das *B* zu erkennen. Die Bildhauerarbeiten, wie die beiden unter dem Pult angebrachten Puttenköpfchen, könnten auf den Stralsunder Jakob Freese zurückgehen, den Vater des Bildhauers, der den Rakower Altaraufsatz und die Glewitzer Kanzel schuf. Die heutige Farbfassung stammt von der oben erwähnten Renovierung im Jahre 1954 durch den Greifswalder Kirchenmaler Hoffmann und hat nichts mit der ursprünglichen Farbigkeit des Retabels zu tun. Die Inschrift auf der Rückseite des Altarretabels lautet: *ANNO DOMINI 1954 wurde diese Kirche ausgemalt, v. G. H.*

Puttenköpfchen am Kanzelpult, Foto DW

angebracht. Das seitlich befestigte Stifterwappen verweist auf die Witwe des Schwedischen Generalgouverneurs von Pommern, Brigitta Gräfin von Meyerfeldt, geborene von Barnekow (1700–71). Auf einer von einem Lorbeer- und einem Palmenzweig eingefassten Rocaillekartusche steht (vom Schildträger aus) rechts ein Medaillon mit dem Mey-

Das barocke Kruzifix

Aus der Zeit des Wiederaufbaus der Kirche um 1700 stammt vielleicht noch das große barocke Kruzifix, das dem Gekreuzigten über dem Anfang des 18. Jahrhunderts neu errichteten Hauptaltar der Stralsunder St. Nikolaikirche nahesteht. Die Pläne für den Stralsunder Altar hatte kein Geringerer als der Berliner Hofbildhauer Andreas Schlüter geliefert. Um die Ausführung vor Ort gab es einigen Streit zwischen dem Stralsunder Rat, dem beauftragten Tischler Thomas Phalert und den bei diesem beschäftigten Bildhauergesellen. Auch der bei Phalert tätige Bildhauer Elias Kessler erbot sich, ein Modell für den Gekreuzigten zu machen. Es gibt aber auch einige wesentliche Unterschiede zwischen beiden Stücken: Der Medrower Gekreuzigte ist viergenagelt, das heißt, die Füße stehen parallel neben- und nicht übereinander. Darin unterscheidet er sich auch von den um

1700 vermutlich von Johannes Wendt aus Stralsund geschaffenen Kruzifixen der Altarretabel in Groß Mohrdorf, Voigdehagen, Behrenhoff und der Grabkapelle von Essen/Corswandt im Greifswalder Dom. Der Brustkorb ist nicht so stark durchmodelliert wie beim Stralsunder, und insgesamt erscheint der Körper weniger expressiv. Dass das für die kleine Kirche gewaltige Kruzifix einmal im Triumphbogen hing, ist schwer vorstellbar. Die Proportionen des Gekreuzigten scheinen auf Untersicht berechnet (großer Kopf, lange Arme, kurze Beine). Es wäre möglich, dass das Kruzifix von einer größeren Stadtkirche übernommen wurde bzw. vom Bildhauer ursprünglich für eine solche angelegt worden war. Auffallend sind das üppig wallende Haar und die sehr große Dornenkrone, von der allerdings die meisten der langen Dornen verloren sind. Ursprünglich muss das Werk dadurch noch bizarrer ausgesehen haben. Das bewegte Lendentuch verweist auf die Zeit des Hochbarock. Die Buchstaben ‚INRI‘ auf der Schrifttafel oben am Kreuzstamm bedeuten ‚Iesus Nazarenus Rex Iudaeorum‘ (Jesus von Nazareth, König der Juden).

Kruzifix um 1700, Foto DW

Die Kabinettscheiben

In die Rautenverglasung des Ostfensters sind sechs barocke Kabinettscheiben eingelassen, von denen eine 1695 datiert ist. Eine Scheibe mit der Darstellung eines Segelschiffes ist mit dem Namen *JACOB Wilhelm Lütkeman* versehen. 1673 war ein Detlaus Lütkemann Pastor in Glewitz (HEYDEN 1973, S. 178). An Bord des Schiffes sind drei Seeleute zu erkennen: einer an Deck, einer auf dem Vordersteven und einer in der Takelage. Letzterer scheint gerade abzustürzen. Vielleicht erinnert die Scheibe an einen Unfall auf See. Eine weitere Scheibe bezieht sich auf den Glewitzer Pastor Joachim Ruch (1634–1712), der seit der

Vereinigung der Kirchspiele im Jahre 1683 auch für Medrow zuständig war und für den Wiederaufbau der 1678 zerstörten Kirche sorgte. Die Bauarbeiten dauerten von 1687 bis 1700, aus dieser Wiederaufbauphase stammen auch die Kabinettscheiben. Ruch wurde als Sohn eines Pastors in Sülze geboren und hatte vor Glewitz die Pfarrstelle in Schlemmin. Das Bild zeigt einen Pastor auf der Kanzel und vor ihm das Gotteslamm mit der Siegesfahne, aus dessen Kehle Blut in den Abendmahlskelch fließt. Die Scheibe daneben ist beschriftet *CLAUS Mamerow 1695*. Das Bild zeigt einen Mann mit breitkrempigem Hut vor einem Tor. In der linken Hand scheint er ein aufgeschlagenes Buch zu halten.

Drei Rautenscheiben zeigen die Maria der Verkündigung mit der Taube des Heiligen Geistes, ein Ornament und den Namen *ANNA Catharina Ruchen* sowie eine vor einem Kruzifix kniende betende Gestalt. Anna Catharina Ruch war eine 1672 geborene Tochter des Pastors aus erster Ehe mit Martha Lachmund.

In einem Fenster auf der Südseite ist eine Scheibe mit der Darstellung des Schweißtuches Christi in Schmelzfarbenmalerei eingelassen. Leider fehlt hier

Kabinettscheiben, Ende 17. Jahrhundert, Foto DW

eine Stifterinschrift und eine Signatur der ausführenden Glasmalerwerkstatt. Die Malerei dürfte in der zweiten Hälfte des 19. oder zu Beginn des 20. Jahrhunderts entstanden sein. Das Schweißtuch mit dem Antlitz Christi, der Tränen im Gesicht hat, wird von einem violetten Medaillon mit geflochtenen Dornenzweigen gerahmt. Dieses liegt auf grünem Grund mit Blätterranken. In den äußeren Rahmenfeldern sind in den Ecken die vier Evangelistensymbole und in der Mitte Kelch und Hostie sowie ein Kreuz mit den Buchstaben ‚INRI' (vergleiche das barocke Kruzifix) dargestellt. Die Medaillons mit den Wappen von Hagenow (in Blau ein aus den Knien wachsender Geharnischter) und von Witzleben (gestürzter Sparren in Silber und Rot) entstanden vielleicht gleichzeitig. Der Medrower Patron Ernst von Witzleben war mit Emma von Hagenow

verheiratet, und beide bewohnten seit 1879 das neu gebaute Medrower Herrenhaus. Das große, 1848 begonnene Herrenhaus der Hagenows in Langenfelde ist heute eine heruntergekommene Ruine. Ernst von Witzleben starb 1886, und sein Sohn Leutnant Eric von Witzleben nahm das Medrower Gut von seiner Mutter zur Pacht.

Die Kirche verdankte den Witzlebens auch bronzene Wandleuchter und eine Kanne, die nicht mehr vorhanden sind.

Gefallenengedächtnistafeln

Zwei schlichte schwarze Holztafeln erinnern an 23 Gefallene und 16 Vermisste des Zweiten Weltkrieges aus der Gemeinde. Die Jüngsten waren Jahrgang 1927, der Älteste Jahrgang 1899. Was die große Zahl der Gefallenen und Vermissten für das Leben der Angehörigen in der Nachkriegszeit bedeutete, lässt sich heute kaum noch ermessen.

DIE ORGEL UND DIE GLOCKE IN MEDROW

Rolf Kneißl

Die Grünebergorgel

Die kleine Medrower Kegelladenorgel besitzt nur vier Register, welche über ein Manual und ein angehängtes Pedal zum Klingen gebracht werden. Zurzeit ist sie ausgebaut und nicht bespielbar.

Die Orgel wurde 1859 von dem aus Stettin kommenden Orgelbauer Barnim Grüneberg (1828–1907) gebaut, der laut Kirchenrechnungsbuch 456 Reichstaler für die Lieferung und Aufstellung des Instruments erhielt. Grüneberg war einer der produktivsten deutschen Orgelbauer seiner Zeit. Sein 450. Instrument war die Domorgel in Ratzeburg (1902).

Die Glocke

Auf einem freistehenden hohen Feldsteinsockel lagert der die Bronzeglocke von 1444 tragende hölzerne Glocken-stuhl. Die schöne Minuskelschrift (kleine Buchstaben) der lateinischen und deutschen Inschrift legt eine stilistische Verwandtschaft mit den Glocken in Jarmen (1409) und St. Marien in Greifswald (1418) nahe, welche vom auf der Jarmener Glocke genannten Gießer Johannes Karl stammen.

Die Glocke trägt eine zweizeilig umlaufende Minuskelinschrift:

(obere Zeile) + *o rex + glorie + criste + veni + cum + pace + amen + help + got + met + diner + ghena + [untere Zeile] + dat + my + din + werk + wol + gherade + vro + unde + spade + amen + m + ccccx liiii +*

Sie läßt sich folgendermaßen übertragen: ‚O König der Ehre, Christus, komme zum Frieden. Amen. Hilf Gott mit deiner Gnade, dass mir dein Werk wohl gerate, früh und spät. Amen. 1444.‛ Unterhalb der Inschrift befindet sich das Wappen der Stadt Stralsund – die Pfeilspitze. Das legt nahe, dass der Glocken-

gießer aus Stralsund stammt oder zumindest zum Zeitpunkt des Medrower Glockengusses dort gelebt hat.
Die ca. 400 kg schwere Glocke hat einen Durchmesser von 91 cm und klingt auf den Ton h'.

1996 wurde der Glockenstuhl restauriert und der Klöppel erneuert.
(Grundlage: Glockengutachten Joachim Huse)

Nehringen

Die Geschichte des Ortes und der Kirche

Tilo Schöfbeck

Die bedeutendste Dorfanlage aller hier behandelten Kirchorte hat zweifellos Nehringen. Gelegen an der Unteren Trebel, dem historisch schiffbaren Teil des Grenzflusses, hat die geografische Lage als Brückenkopf zu Mecklenburg dem Ort sein Gepräge gegeben. Auch heute noch trennt der Fluss mit den ausgedehnten Bruchgebieten die mecklenburgischen und vorpommerschen Landesteile auf mehr als 30 Kilometern. Einzig die berühmte Trebelbrücke von Nehringen ermöglicht hier einen Übergang. Gleichwohl bleibt der Ort bis zum Ausgang des Mittelalters im historischen Dunkel. Der bedeutendste archäologische Fund, die bronzene Nehringer Drachenfibel, wurde 1934 bei Baggerarbeiten in der Trebel gefunden und stammt aus dem 7. Jahrhundert (vgl. Abb. S. 9). Es handelt sich um ein skandinavisches Importstück aus der sogenannten Vendelzeit, der späten Völkerwanderungszeit in Norddeutschland, über die man nur wenig weiß. Interessanterweise trägt auch die kleine Talsandinsel inmitten des Trebelbruches den nordischen Flurnamen ‚Holm'. Heute befindet sich die Fibel in der St. Petersburger Eremitage, nachdem sie anfangs in die Staatlichen Museen zu Berlin gelangt war.

Der pittoreske Turmhügel mit der Ruine des Fangelturms entstand im Verlauf des 14. Jahrhunderts, wie die Bautechnik des Backsteinmauerwerks zeigt. Die Grundfläche des Turmes selbst entspricht ca. 9,5 x 11,5 Meter, er steht auf einem etwa 7 Meter hohen künstlichen

Historische Postkarte um 1920, Sammlung TS

Hügel und erstreckt sich selbst noch einmal fast 17 Meter in die Höhe. Im Inneren war der Wohnturm zudem eingewölbt und scheint erst in der Neuzeit durch Kanonenbeschuss zerstört worden zu sein, wie die deutlichen Schäden im oberen Bereich zeigen. Wahrscheinlich saß hier von alters her die Erbmarschallsfamilie von Buggenhagen, mit deren Namen sich die (verhältnis-mäßig späte) urkundliche Ersterwähnung des Ortes im Jahre 1421 verbinden lässt. Damit war es sicher schon in Familienbesitz um 1418, als im Zuge der Nachwirren des ‚Stralsunder Papenbrandes' dessen Auslöser Curd Bonow durch den Erblandmarschall des Landes Barth, Degener von Buggenhagen, erschlagen wurde. Die Anlage des Turmes dürfte vermutlich bereits der strategischen

*Der Turmhügel im
Winter, Foto TS*

Papenbrand thom Sunde – Der Stralsunder Pfaffenbrand

Weltliche und geistliche Macht lagen im Mittelalter oft nah beieinander. Insbesondere das ausgehende Mittelalter kannte Phänomene wie Pfründenhäufung (Bereicherung durch Einkünfte aus mehreren gut dotierten Stiftungen) und Ämterkauf. Als Curd Bonow, oberster Kirchherr der Propstei Tribsees, befand, dass aus Stralsund zu wenig Opfergelder in seine Kasse gelangten (die Stadt hatte billige Halbpfennige geprägt), überfiel er am 6. Oktober 1407 kurzerhand die Stadtfeldmark und plünderte, raubte, brandschatzte und mordete dort. Damit zog er den Zorn der Stralsunder Bürger auf sich, die wutentbrannt drei Priester der städtischen Pfarrkirchen auf dem Neustädter Markt verbrannten.

Dadurch wurden der Stadt Kirchenbann und Interdikt auferlegt – schwere kirchliche Strafen mit dem Verbot aller kirchlichen Handlungen in der Stadt. Solches wog schwer im Mittelalter, waren doch Seelenheil und Fegefeuer allen gegenwärtig. Schließlich wurde Stralsund zu verschiedenen Sühneleistungen verurteilt, neben großen Geldzahlungen u. a. zur Errichtung der Apollonienkapelle neben der Stralsunder Marienkirche und zum Bau der Gewölbe im Schweriner Dom.

Die Familie v. Bonow stammt aus der Tribseer Landschaft und war Nachbar der lokalen Familien derer von Behr und von Buggenhagen, die jeweils anderen politischen Interessengruppen innerhalb der pommerschen Herrschaft angehörten. Die Konflikte schwelten auch nach dem Papenbrand weiter, und so kam es dazu, dass ein Jahrzehnt später Degener von Buggenhagen (als Parteigänger der Hansestädte Stralsund und Greifswald, wohnhaft in Wolde bzw. Nehringen?) in Groß Kiesow bei Greifswald den alten Widersacher Curd Bonow erschlug. Wiederum aus Rache dafür wurde von Buggenhagen 1419 dann vor Stralsund von Vicke Behr aus Düvelsdorp (Deyelsdorf) und seinen Männern im Auftrag der Herzogswitwe Agnes ermordet. Anschließend wurden diese durch Kämpfer der Hansestädte verfolgt und ertranken bei der Flucht von der Burg Usedom mit ihren Rüstungen im Achterwasser. Doch damit nicht genug wurden sie von der Stralsundern geborgen, durch die Stadt geschleift und anschließend auf's Rad geflochten. Erst nach 1421 kamen die politischen Wirren zur Ruhe.

Burgturm, Nordseite, Foto RK

Grenzsicherung im Zuge der Rügischen Erbfolgekriege und danach gedient haben. Da sich ein Wedego Buggenhagen 1342 in der zweiten Kriegsphase große Verdienste gegen die Mecklenburger erworben hatte, erscheint es durchaus vorstellbar, dass die Burg Nehringen in der Folgezeit durch diese Familie als Grenzveste errichtet wurde. Heute ist der Turm das älteste sichtbare Zeugnis der Nehringer Geschichte.

Kirchlich hat Nehringen im Mittelalter zur Pfarre St. Wilhelmi in Dorow gehört, genauso wie Deyelsdorf und Bassendorf – bis am 30. Juni 1498 der Schweriner Bischof Konrad Loste die Pfarrrechte an die Burgkapelle St. Andreas von Nehringen übertrug. Ausgegangen war diese Initiative von den lokalen Adeligen Degener und Behrend

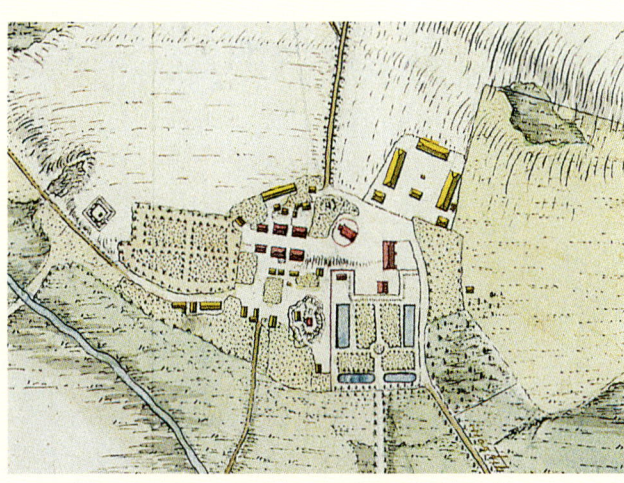

von Buggenhagen *in castro Nehringe*, also den Bewohnern der Nehringer Turmhügelburg. Neuere Forschungen des Schweriner Historikers Udo Funk ergaben, dass im Jahre 1504 eine *von Degener Bugenhagen bei seinem Gute Nehring gebaute Brücke über die Trebel* erwähnt wurde. Bereits im Folgejahr gibt es Auseinandersetzungen zwischen den Herzögen Bogislaw und Heinrich *wegen der von Bugenhagen gemachten und von Seiten Mecklenburgs vernichteten Brücke über die Trebel*. Die heutige malerische Klappbrücke entstand erst 1911 und wurde in den 1980er und 1990er Jahren größtenteils erneuert.

Der Nehringer Zweig der Familie von Buggenhagen erstarb mit Andreas von Buggenhagen im Jahre 1652. Nach unterschiedlichen Besitzern kam das Gut 1711 an Johann August Meyerfeldt (1666–1749), der es für seine Leistungen bei der Verteidigung von Stettin vom schwedischen König als Lehen erhielt. Der 1705 geadelte Meyerfeldt war seit 1713 Generalgouverneur von Pommern, Reichsrat und im Jahr darauf be-

reits Graf. Unter seinem Patronat erfuhr die Nehringer Andreaskirche ihre prägende barocke Ausstattung und Umgestaltung.

Die Nehringer Ortslage besticht durch ihre eindrucksvolle Gutsanlage, deren Gebäude sich um einen großen Platz gruppieren. Entstanden im ausgehenden 18. Jahrhundert, präsentiert sich das Gutshaus im Süden mit zwei Kavaliershäusern (Wohnbauten) zu beiden Seiten

Nehringer Trebelbrücke, Foto DW

Detail der Schwedischen Matrikelkarte von Nehringen 1762, Darstellung der barocken Gutsanlage, Staatsbibliothek zu Berlin – Preußischer Kulturbesitz

Nehringen, Herrenhaus, um 1790, Foto DW

Detail Offiziershaus, um 1790, Foto TS

Blick in die Dorfstraße, Foto RK

und einem Wirtschaftsgebäude gegenüber in der Formensprache des frühen nordischen Klassizismus. Die Kirche fügt sich räumlich in diesen Kreis und leitet gleichzeitig über in eine bemerkenswerte lindenbestandene Straßenanlage mit zahlreichen qualitätvollen Fachwerkhäusern, die wie das Gutshaus auch im 18. Jahrhundert errichtet wurden. Die Lindenallee nach Grammendorf fiel 1912 dem Chausseebau zum Opfer.

Die Kirche

Genau ein Jahrhundert nach der Pfarrrechtsverleihung (1498) an Nehringen ließ Bernd von Buggenhagen das alte Dorower Gotteshaus abbrechen und verwendete das Baumaterial zur Errichtung einer neuen Kirche. Dies bestätigt die dendrochronologische Datierung des Dachwerks, deren jüngste Bauhölzer im Winter 1597/98 geschlagen wurden. Auch die Altarinschrift von 1598 bestätigt dieses Datum.

Es handelte sich zu dieser Zeit um einen rechteckigen Saal mit geradem Chorschluss und quadratischem Turm im Westen. Die winkelig geschlossenen Fenster stammen erst vom Umbau des Jahres 1722, sind also eine Reminiszenz an die Frühgeschichte der Pfarrei. Über die ursprünglichen Fensteröffnungen ist nichts bekannt. Es ist davon auszugehen, dass es sich von Anbeginn um einen Putzbau gehandelt hat, ähnlich der benachbarten und nur drei Jahre später fertiggestellten Kirche von Deyelsdorf. Das Firstsäulendach aus Eiche hat – mit einigen späteren Ergänzungen – noch seine typische Renaissanceform, wie sie ähnlich wohl auch in Deyelsdorf zu finden war. Ein Turmbau war von Anfang an geplant.

Barockes Ensemble von Kirche und Offiziershaus, Foto TS

(links) Chor, Aufnahme von Osten, Foto TS

(rechts) Turm, Foto TS

(rechts) Westliches Turmportal von 1598 mit Sandsteingewände, Foto TS

(links) Detail des Turmportales: Maske, Foto TS

Im Dachraum lässt sich die gemeinsame Errichtung auf der Westseite zweifelsfrei ablesen. Weiterhin verweigert der Bau durch seinen vollständigen Verputz tiefergehende bauhistorische Aussagen.

Der dreiseitige Chorschluss wurde erst 1722 angefügt, als die ganze Kirche während der Instandsetzungs- und Umbauarbeiten unter Graf von Meyer-

feldt auch ihre das heutige Bild prägende barocke Putzgestaltung und die etwas niedrigere bemalte Decke erhielt. Auch der Fußboden aus roten Öländer Kalksteinplatten wurde zu dieser Zeit verlegt.

Der Turm sitzt auf einem sauberen Granitsockel aus monumentalen Steinplatten (vgl. die Renaissancekirche Bristow und die Herrenhäuser Ulrichshusen,

Kurzen Trechow) mit aufwendig profi-
liertem Sockelgesims und wird durch
ein rundbogiges Sandsteinportal mit reicher Renaissance-Dekoration im Westen betreten. Mit seinen ebenfalls rundbogigen Schallöffnungen ähnelt er dem
gut 20 Kilometer nördlich gelegenen
Kirchturm von Semlow, der gleichzeitig
entstand (Bauholz gefällt 1597/98) und
wahrscheinlich von dem gleichen Baumeister errichtet wurde. Eine umfang-
reiche Reparatur wird zu Zeiten des
o. g. Grafen von Meyerfeldt erwähnt, als
*Anno 1744 ebenfalls aus Dero eigenen
Mitteln hinselbst einen neuen Kirchen-
thurm durch den hiesigen Müller und
Zimmermeister Hans Friedrich Gäbel*

*erbauen und hernegst denselben durch
Meister Johann Conrad Reinhold aus
Stralsund mit eisernen Platten decken
lassen* (Memorabilienbuch 1834). Im
Winter wurden die Eichen für den neu-
en Helm eingeschlagen, wie die dendrochronologische Untersuchung zeigt,
und im Folgejahr 1745 laut Chronik fertiggestellt. 1835–37 musste die De-
ckung aufwendig in Zink erneuert werden. Den Grund hierfür schildert der
Eintrag von 1834 im Memorabilienbuch: *Im Sommer 1833 schwebte die
Kirche in großer Gefahr. Ein schweres
Gewitter zog drohend heran und entlud
sich auf eine fürchterliche Weise. Ein
Blitzstrahl schlug in den Thurm und das*

Kirchengebäude, jedoch ohne zu zünden. Ein entzetzlicher Schwefelgeruch soll durch das ganze Gebäude verbreitet gewesen sein und fast über sämmtlichen Kirchenfenstern löste sich der Kalk und ward dadurch der Lauf des Blitzstrahls sichtbar.

Knapp ein halbes Jahrhundert später musste das Kirchendach neu gedeckt werden. Es wurde laut Kirchenchronik 1849 repariert und erhielt neue Streben und Stützen.

Die heutige Friedhofsmauer mit ihren Zinnen und ‚Schießscharten‘ gibt der gesamten Anlage ein wehrhaftes Äußeres. Dabei stammt die Kirchhofsmauer erst von 1837 mit einer Erhöhung von 1852, das Friedhofsportal wurde 1897 erneuert. Die Mauergestaltung diente nur zu dekorativen Zwecken, eine militärische Funktion hatte sie nie – dafür stimmen weder die Abstände zwischen den ‚Schießscharten‘ noch die konstruktive Gestaltung des Bauwerks.

Matrikel 1725:

Was die Kirche betrifft, so haben S^e Hochgräffl. Exellence, A^o 1722. den Bau derselben auß eigenen Mitteln vorgenommen, und zwar solcher gestalt, daß, da die Kirche vormahls unförmlich und klein gewesen, Sie dieselbe vergrößern und verbeßern laßen, so daß Sie das gantze Chor aus dem Fundament neu daran setzen laßen, und die beijden Wände und Kirch- Mauern, welche allein mit dem Thurm bestehen geblieben, umb besagte Mauern regulair zu bekomen, sowoll Thurm alß Fenstern durchbrechen, und alles wieder neu, so wie es sich ietzo befindet, auffmauren, alles waß in der Kirchen vom Boden biß ans Dach, wie darin machen laßen, so woll Cantzel, alß auch Gestühlle, Orgel, Thüren, Fenster, Fenster-Rahmen ppp. wie auch das Altar alles Neu aufmauern und neu machen laßen, nur bloß die alte Altar-Tafel außbenomen, wie dieselbe in der alten Matricul verzeichnet, und von den von Buggenhagen gegeben worden.

Sitemahl Sie dieselbe wieder einsetzen laßen, wie solches zu ersehen, an denen Buggenhagen Wapen, so in Stein gehauen, und oben die Jahr Zahl von 1598 zu lesen ist.

Alles übrige an dem Altar befindliche haben S^e Hochgräffl. Excell. aus ihren Mitteln gantz neu machen auch den Fußboden in der Kirchen von Gothlandischen Steinen außpflasteren laßen, so daß es, biß auf das specificirte, so zuvor gewesen, alles neu gemachet worden.

Was den Kirchnthurm anbelanget, muß derselbe Zwar vor der Hand, damit er nicht vor der Zeit übern Hauffen falle, aus der Kirchen Mitteln repariret werden;

Nichts desto minder haben S. Hoch-Gräffl. Excellence versprochen, da der Kirchn Thurm alt- und gantz baufällig, denselben auch Neu, und in der Kirchen, wills Gott, alles in fertigem stande, auß dero Mitteln zu lieffern.

Die Ausstattung der Kirche in Nehringen

Detlef Witt

Das Altarretabel

L aut der Inschrift in der Bekrönung stammt der reich geschmückte Nehringer Altaraufsatz aus dem Jahre 1598. Der Renaissanceaufsatz wurde jedoch während der barocken Renovierung (siehe obigen Auszug aus der Kirchenmatrikel von 1725) unter dem Patronat des Johann August Graf von Meyerfeldt umgestaltet bzw. ergänzt. In einer Inschrift in der Predellenzone heißt es hierzu: *DIESE KIRCH IST AO 1721 VON S. EXCELLCE DEM REICHSRATH UND GENERALGOUVERNEUR GRAFF IOHAN AUGUST MEYERFELD ZU GOTTES EHR ANGEFANGEN WIEDERZUERBAUEN, UND 1726 GEENDIGET, DAS GANTZE CHOR UND ALLES WAS SONST IN UND AN DER KIRCHEN IST, NEUGEMACHT, WIE IM KIRCHENMATRIKUL UMBSTAENDLICH ZU FINDEN. AM ALTAR IST NICHTS VOM ALTEN MEHR BEHALTEN ALS DIE TAFEL MIT DENEN BEEDEN SEULEN, DA DER BUGENHAGENER*

Nehringen, Kirchenraum nach Osten, Foto RK

WAPEN STEHET. Daneben sind die Wappen des Grafen und seiner Gemahlin Brigitta, einer geborenen von Barnekow, angebracht. Der schwedische König Karl XII. hatte dem Generalgouverneur für Pommern und Kanzler der Universität Greifswald das Dorf Nehringen als Dank für die Verteidigung Stettins gegen die Russen im Nordischen Krieg verliehen. (OBERDÖRFER 2007, S. 140)

In die säulengegliederte Altarwand aus Sandstein sind kunstvolle Alabasterreliefs und Figuren eingelassen. Das Mittelfeld nimmt die Kreuzigungsszene ein. Unter dem Kreuz, zu dessen Fuß der Adamsschädel mit dahinter gekreuzten

(links) Altarretabel, 1598, um 1725 verändert, Foto RK

(rechts) Wappen Graf von Meyerfeldts am Altarretabel, um 1725, Foto DW

Knochen liegt, stehen trauernd Maria und Johannes der Evangelist. Die Proportionen des Gekreuzigten wirken durch den im Verhältnis großen Kopf und langen Oberkörper mit überlängten Armen zu den kurzen Beinen etwas verschoben. Auch die Köpfe der beiden Assistenzfiguren sind eigentümlich groß. Nichtsdestotrotz ist die Hintergrundgestaltung sehr fein aus dem flachen Reliefgrund herausgearbeitet. Dort erkennt man in einer zweiten Ebene berittene Krieger und darüber die Stadtsilhouette von Jerusalem. Über dem Kreuz ist die Schmähschrift *INRI* angebracht. Eine Dornenkrone fehlt – möglicherweise war sie separat gearbeitet und ging verloren. Gerahmt wird die Kreuzigungsszene von den Personifikationen der christlichen Tugenden Glaube (mit Kreuz und Buch) und Hoffnung (mit Anker und Taube). Ob die beiden kleinen weiblichen Figürchen darüber ebenfalls Tugenden verkörpern, bleibt offen. Neben der Kreuzigung werden der Sündenfall und die Erhöhung der Ehernen Schlange dargestellt. Im Sündenfall stehen Adam und Eva unter dem Apfelbaum, dessen Zweige die Blöße des Paares verdecken. Eva, deren langes of-

fenes Haar bis zur Hüfte fällt, reicht Adam einen Apfel. Oben im Geäst des Baumes windet sich die Schlange. Im Hintergrund hinter Adam lagert ein Hirsch. Blätter und Früchte des Baumes sind besonders plastisch herausgearbeitet. Als Vorlage ermittelte Ilse Römer einen Stich des Niederländers Hendrick Goltzius (1558–1616/17) und machte auf Parallelen in den von Rudolf Stockmann ausgeführten Reliefs der Kanzeln von St. Petri (1588) und St. Jakobi (1592) in Rostock aufmerksam. Stockmann stammt aus Antwerpen und war von 1577 bis um 1622 in Rostock tätig. (RÖMER 1934) Gut vergleichen lässt sich die Szene des Sündenfalls auch mit der etwas später entstandenen am Kanzelkorb der Stralsunder St. Nikolaikirche. Zwischen den jeweils zwei seitlichen Säulen, deren Schäfte im unteren Drittel mit Beschlagwerk verziert sind, stehen die Propheten Jesaja (links) und Jeremia (rechts). Am Gebälk über den Säulen sind die Wappen von Wilhelm

Friedrich Ernst Freiherr von Keffenbrinck-Ascheraden und seiner Gemahlin Augusta Freifrau von Keffenbrinck-Ascheraden, geborene Gräfin Kielmannsegg, angebracht. Das kinderlose Ehepaar gründete 1867 ein Aussätzigenhospital in Jerusalem, das unter dem Namen ‚Jesus-Hilfe‘ von der Herrnhuter Brüdergemeinde betreut wurde. (DER STERNBERG. 50 JAHRE SOZIALARBEIT IN PALÄSTINA, HERRNHUTER MISSIONSHILFE 2010)

Im vormalige Bauersdorf, das Freiherr Schoultz von Ascheraden noch zu Lebzeiten seinem Neffen, dem Rittmeister Wilhelm von Keffenbrinck, übergeben hatte, errichtete dieser ein neues Herrenhaus. Bauersdorf wurde 1872 in Keffenbrink umbenannt. Während letztere Wappen erst während einer Renovierung aufgemalt worden sind, waren die Wappen des Berndt Buggenhagen und seiner Frau Otilia von Schwerin sowie die des Erbmarschalls und Fürstlichen Rates und Landvogts beim

(oben) Sündenfall, Relief am Altarretabel, um 1598, Foto DW

(unten) Abendmahlsszene am Altarretabel, um 1598, Foto DW

Rügenschen Landgericht, Degener Buggenhagen d. J. († 1591), und seiner Frau Margareta von Behr († 1598) schon zur Zeit der Entstehung in den Stein des Retabels gehauen worden. Aus dieser Ehe ging Andreas von Buggenhagen, der letzte der Nehringer Linie der Buggenhagen, hervor, mit dem diese 1652 erlosch. (GESTERDING 1842, S. 167 ff.)

Zahlreiche Inschriften deuten das auf Abendmahl und Erlösung konzipierte reformatorische Bildprogramm des Altarretabels. Die Darstellung des Abendmahls verweist direkt auf die am Altar vollzogene Handlung. So stehen in der Predellenzone unterhalb des Abendmahlsreliefs die Einsetzungsworte: *UNSER HERR IESUS CHRISTUS IN DER NACHT DA ER VERRATHEN WARD NAM ER DAS BROD DANCKET BRACHS UND GABES SEINE IUNGEREN* [seinen Jüngern] *UND SPRACH NEMET HIN UND ESSET DAS IST MEIN LEIB DER FUR EUCH GEBROCHEN WIRD SOLCHS THUT ZU MEINEM GEDECHTNIS* und daneben: *DESSELBIGEN GLEICHEN NAM ER AUCH DEN KELCH NACH DEM ABENDMAL DANCKET UND GAB DEN UND SPRACH NEMET HIN UND DRINCKET ALLE DARAUS DIESER KELCH IST DAS NEWE TESTAMENTE IN MINEM BLUT DAS FUR EUCH FURGOSSEN WIRD ZU FURGEVINGE* [Vergebung] *DER SUNDE SOLCHES THUT SO OFFT IRS DRINKET ZU MEINER GEDECHTNISE.* Das Abendmahlsbild ist in der üblichen Weise gestaltet: Christus sitzt in der Mitte am Tisch und ist durch einen Strahlennimbus ausgezeichnet, der jugendliche Lieblingsjünger Johannes liegt an seiner Brust, und Judas sitzt isoliert von den anderen Jüngern und hält den Geldbeutel in der Hand.

Im Aufsatz über dem Gebälk ist in einem Relief zwischen ionischen Säulen der auferstandene Christus mit der Sie-

gesfahne dargestellt. Die Inschrift darüber lautet nach Johannes: *Seid getrost
ich habe die Welt überwunden.* Die ne-
benstehenden Freifiguren von Petrus
und Paulus gehören zur barocken Erweiterung aus den 1720er Jahren. Die
seitlichen Holzskulpturen im Hauptge-
schoss verkörpern laut Kirchenmatrikel
die Tugenden der Wahrheit und der Be-
ständigkeit. Ebenfalls in diese Zeit gehören die Flammenvasen, Girlanden
und der von flatternden Putten gehalte-
ne große Baldachin in Form von holz-
geschnitzten gerafften Vorhängen – genauso das Altargehege mit seinen auf
das Abendmahl bezogenen Sprüchen
in reich verzierten Inschriftenkartu-
schen.

Bei Biederstedt wird noch ein kleiner
Altar mit der Kreuzigung und vier Heiligen in der Kirche erwähnt, den der
Generalfeldmarschall Meyerfeldt aus
Schweden mitgebracht haben soll: *Der
Altar fiel in der Stunde eines langen,
blutigen Kampfes in seine Hand, und
kam aus Schweden mit ihm in sein Vaterland.* Die Höhe dieses Retabels be-
trug in der Mitte 20 Zoll, an den Seiten
12 Zoll, breit war es 2 Fuß, 4 Zoll
(1 Fuß = ca. 31 cm, 1 Zoll = ca. 2,6
cm). Über den Verbleib dieses Stückes
ist nichts bekannt.

Die Deckengemälde

Den Deckenspiegel der Nehringer Kirche schmücken zwei große barocke
Deckengemälde. Dargestellt sind die
Anbetung des Kindes und die Auferstehung Christi.
Die Anbetung des Kindes durch Engel
und Hirten ist in das Deckenfeld vor
dem Altar gemalt. Das quadratische

Bildfeld hat an allen Seiten in der Mitte halbkreisförmig ausgestellte Ausbuchtungen und wird von einem stark profilierten Rahmen abgesetzt. Das Bild ist so konzipiert, dass der Betrachter es, wenn er dem Altar zugewandt ist, nach oben schauend aufnimmt. Direkt vor der Spitze des Altarretabels mit dem Kruzifix erblickt er dort im Zentrum Maria, die in den Händen ein ausgebreitetes Tuch hält, auf dem das Jesuskind in der Krippe liegt. Die Anbetenden sind in der unteren Bildhälfte um die Mutter-Kind-Gruppe verteilt. Links kniet auf einen Säulenstumpf gestützt Josef, vor ihm am Boden liegt der Hut. Die Stirnglatze kennzeichnet ihn als älteren Mann. Als Nährvater Jesu ‚hat er nicht den Hut auf'. Die Hirten, die sich links und rechts verteilen, sind an ihren Hirtenstäben kenntlich. Links treten außerdem drei androgyne Engel mit bloßen Schultern und mäch-

tigen Schwingen anbetend hinzu. Auch Ochse und Esel fehlen nicht. Im oberen Zwickel erscheinen drei nackte Putten mit dem Hymnus *GLORIA IN EXCELSIS DEO* (Ehre sei Gott in der Höhe) auf einem Spruchband.

Das westliche Deckenfeld zeigt die Auferstehung. Ein weißgekleideter Engel steht hinter dem Sarkophag, über dem sich eine Lichterscheinung ausbreitet. Das Licht geht vom Auferstandenen aus, der mit einem roten Umhang über der Schulter und der Siegesfahne in der Hand in einer geöffneten Wolke nach oben entschwebt. Hier zeigt die Standarte in seiner Hand ein weißes Kreuz auf rotem Tuch, während die Farben der Siegesfahne beim Auferstehungsbild an der Orgelempore genau andersherum gesetzt sind: dort erscheint ein rotes Kreuz auf weißem Tuch. Da beide Bilder wohl in etwa gleichzeitig entstanden, wäre es interessant, nach den jeweiligen ikonografischen Vorbildern für die unterschiedliche Farbigkeit der Fahne zu suchen. Die römischen Soldaten, die das Grab bewachen sollten, weichen erschrocken vor der Erscheinung zurück. Links im Hintergrund nähern sich die drei Frauen, die das Grab leer vorfinden und die Botschaft von der Auferstehung Jesu verbreiten werden.

Laut Memorabilienbuch waren die Deckengemälde schon einmal im Jahre 1849 durch den Maler Schneider aus Demmin renoviert und mit einem neuen Firnis überzogen worden. Als der Nehringer Klaus Bergemann mit der Rettung der schon aufgegebenen Kirche begann, hatten sich Teile des Putzes mit dem Gemälde bereits gelöst und hingen 14 cm herunter. Bereits 1968 hatte die Pastorin Gottschalk berichtet, dass die Farbe an den Deckengemälden blättert. Im Februar 1978 erfolgte eine bauaufsichtliche Sperrung durch das zuständige Kreisbauamt Grimmen, da Teile der Putzschicht und des Rohrgewebes abfielen. Die pro-

Deckengemälde,
Auferstehung,
Foto Stefan Dinse

beweise Restaurierung des östlichen Bogensegmentes des Anbetungsbildes der Decke war dann 1986 das Diplomprojekt des Restaurators Reinhard Labs.

Klaus Bergemann – der Retter der Nehringer Kirche

Dass die Nehringer Kirche noch steht und sie nicht das Schicksal etwa der aufgegebenen und zum Einsturz gebrachten Dorfkirche in Roloffshagen teilen musste, ist vor allem dem großen Engagement des Nehringers Klaus Bergemann (Jg. 1940) zu danken. Schon seine Ururgroßmutter war als Küsterin mit der Nehringer Kirche verbunden und gab das Amt an ihren Enkel, den Großvater Bergemanns, weiter. Mit selbstgedruckten Plakaten erhob Bergemann nach der baupolizeilichen Sperrung 1978 seine Stimme für den Erhalt der stark gefährdeten Dorfkirche. Die Linolschnitte mussten damals aus dem Schaukasten der Kirche wieder entfernt werden. Auf einem heißt es: *EINE RUINE IN WENIGEN JAHREN / ÜBER 600 JAHRE HAT SIE KRIEGE UND NOT ÜBERSTANDEN / HÖHEN UND TIEFEN IM GLAUBEN GESEHEN / AUCH DEN LETZTEN, DEN SCHRECKLICHSTEN KRIEG HAT SIE ÜBERSTANDEN. DOCH NACH 30 JAHREN FRIEDEN FÄLLT SIE DER ZERSTÖRUNG ZUM OPFER.* Als die Kirche 1984 ganz aufgegeben werden sollte, da die Mittel zu ihrem Erhalt fehlten, wandte sich Bergemann mit dem Druck *MACHET NICHT MEINES VATERS HAUS ZUM KAUFHAUSE; DER EIFER UM DEIN HAUS HAT MICH GEFRESSEN* direkt an den Bischof. Auf dem Bild weist Christus die Geldwechsler aus dem Tempel. Doch der Tempel ist die Nehringer Kirche, auf deren Fußboden zerbrochene Orgelpfeifen liegen, und die Wechsler sind die Entscheidungsträger der Kirchenaufgabe.
1986 begann Bergemann mit der Restaurierung. Geld kam u. a. auch von der St. John's Gemeinde in Chambersburg/Pennsylvania, für die Bergemann später einen kleinen Altar als Dank schnitzte. Die Verbindung nach Amerika hatte seinerzeit Pastor Dr. Dr. Egon Brinckschmidt aus der Kirchengemeinde Eckernförde-Borby vermittelt. Bei ihm liefen auch die Spendengelder der westdeutschen Partnergemeinden zusammen, und er koordinierte Materiallieferungen. Der emeritierte Pastor Albrecht von

Plakat ‚Wer hilft?', Klaus Berge-mann, Linolschnitt, 1978, Foto DW

Plakat ‚Eine Ruine in wenigen Jah-ren', Klaus Bergemann, Linol-schnitt, 1978, Foto DW

Plakat ‚Machet nicht meines Vaters Haus zum Kaufhause', Klaus Berge-mann, Linolschnitt, 1984, Foto DW

Hennigs aus Hamburg – er war der Sohn des Techliner Gutsbesitzers – berichtete in einem Brief an die Denkmalpflege in Schwerin vom 9. Oktober 1986: *Ich war wieder beeindruckt von der Arbeit und dem Eifer von Herrn Bergemann, die Kirche zu erhalten. Das Dach war bis auf eine einzige Reihe auf der Nordseite fertig gedeckt.* (LAKD Schwerin: Ortsakte Nehringen) Und Dr. Gerd Baier vom Institut für Denkmalpflege Arbeitsstelle Schwerin schrieb am 17. Dezember 1986 in einem Brief an Bergemann bezüglich der Freistellung von der LPG für ein Jahr zur Restaurierung der Kirche: *Ich muß Ihnen nicht erst versichern, wie froh wir sind, daß sich in Ihnen sozusagen der Retter des Baudenkmals Dorfkirche Nehringen gefunden hat, daß Sie sich mit solcher Liebe der Aufgabe ihrer Erhaltung gewidmet haben und daß in ihrer Person die Gewähr gegeben ist, daß es dort weitergehen wird.* Die LPG stellte Bergemann nicht nur für die Arbeit frei, sondern erledigte auch kostenlos die Transporte. Begeisterung für die Arbeit Bergemanns spricht auch aus einem Brief von Hennigs' vom 19. Februar 1988: *Ende September war ich mit Herrn Pastor Bringt in Nehringen. Uns gingen die Augen über, was dort geschafft wurde! Welcher Ort hat schon einen so einsatzbereiten, und in meinen Augen auch so fähigen Mann wie Nehringen in Herrn Berge-mann!*

Von den nur 75 000 (DDR-)Mark, die an staatlichen Mitteln 1988 für die Denkmalpflege im ganzen Kreis Grim-men zur Verfügung standen, flossen 21 000 Mark in die Nehringer Kirche. Ein gleichzeitiges größeres Denkmal-pflege-Projekt des Kreises waren die Sa-nierung von Schloss und Pferdestall in

Klaus Bergemann und der von ihm geschnitzte Altar, Foto Sammlung Klaus Bergemann

Griebenow. Nicht zuletzt waren zu dieser Zeit viele Mittel durch das Prestigeobjekt der Greifswalder Domsanierung gebunden. 1990 konnte der erste Abschnitt der Restaurierung in Nehringen abgeschlossen werden. Die Wiederweihe der restaurierten Kirche fand während einer Festwoche vom 20. bis 28. Juni 1992 statt. Die Indienstnahme erfolgte am 21. Juni durch Bischof Berger. Klaus Bergemann wurde bei diesem Fest durch Angela Merkel im Auftrag des Bundespräsidenten Richard von Weizsäcker das Bundesverdienstkreuz verliehen. Der Nehringer ist damit der erste Träger dieser hohen Auszeichnung im Bundesland Mecklenburg-Vorpommern. Dr. Gerd Baier schrieb: *[...] daß der Beginn der Rettung des schönen Gotteshauses schon zu einer Zeit möglich war, als sonst die Zeichen auf ‚Aus‘ standen, ist ein kleines Wunder, für das Dankbarkeit am Tag der Wiedereinweihung sehr wohl am Platz ist.*

Besucher von Nehringen sollten nicht versäumen, sich das von Klaus Bergemann im alten Schul-, Küster- und Pfarrwitwenhaus eingerichtete kleine Heimatmuseum anzusehen. Im seit 1979 bestehenden Gemeindesaal sind auch seine Schnitzarbeiten zu bewundern. Die Andreasfigur erinnert an das Patrozinium der Nehringer Kirche.

Dachreparatur am Chor, um 1986, Foto Sammlung Klaus Bergemann

St. Andreas, Holzskulptur von Klaus Bergemann, 1979, Foto DW

Klaus Bergemann am 21. Juni 1992 bei der Verleihung des Bundesverdienstkreuzes, neben ihm Dr. Angela Merkel (damals Bundesfamilienministerin), Foto Sammlung Klaus Bergemann

Der Patronatsstuhl

An der Südwand vorm Altar steht der innen mit einem Kamin ausgestattete geschlossene Patronatsstuhl, der gegenwärtig restauriert wird. Noch fehlen die heute eingelagerten filigran geschnitzten Bekrönungen aus Akanthus- und Ban-

Allegorie der
Hoffnung am Pa-
tronatsstuhl, um
1725, Foto DW

delwerk mit dem von Kriegern gehaltenen großen Wappen des Patrons Johann August Graf von Meyerfeldt (vgl. auch das Wappen am Untersatz des Altarretabels, S. 122). Auf der zum Kirchenschiff weisenden Inschriftenkartusche der Bekrönung steht nach Vers 1,5 der Offenbarung des Johannes: *Jesus Christus hat uns geliebet und hat uns gewaschen von den Sünden mit sein Blut.* Auch die mit Akanthus gerahmten Kartuschen der Brüstungsfelder des Patronatsstuhles weisen Bibelsprüche auf. An der dem Altar zugewandten Breitseite: *Der Glaube und Gedult gefallen Gott wohl* (Sir 1,35), *Gott ist meine Hoffnung* (Ps 62, V. 6) und *Gott lieben ist die allerschönste Weisheit* (Sir 1,14). Dazwischen stehen die Personifizierungen der christlichen Tugenden Glaube und Hoffnung als weibliche Gestalten mit Buch bzw. Taube und Anker. Auf den Türen und an der Schmalseite befinden sich auf den Brüstungen weitere fünf Sprüche aus Psalmen und Offenbarung. Daneben sind die Flächen mit geschnitztem floralen Ornament verziert.

Beichtstuhl und
Kanzel, um 1725,
historisches Foto
Bildarchiv Caspar-
David-Friedrich-
Institut Greifswald

Der Beichtstuhl und die Kanzel

Der Beicht- oder Pastorenstuhl auf der gegenüberliegenden Nordseite gleicht im Aufbau dem Patronatsstuhl. Patron und Pastor erscheinen dadurch vor der Gemeinde gleichgestellt. Da die Ausstattung der Kirche die soziale Differenzierung im Dorf bzw. in den eingepfarrten Dörfern zur Zeit des Umbaus unter Graf von Meyerfeldt wiederspiegelt, sind solche Beobachtungen von Interesse. Am Eingang des Stuhles stehen zur Beichte ermunternde Sprüche: *Wer zu mir kommt, den werde ich nicht hinausstoßen* (Joh 6,37) und *Jesus nimmt die Sünder an* (Lk 15,2). Die bewegten Bekrönungen mit weiteren Schriftkartuschen sind gegenwärtig noch eingelagert und warten auf ihre Restaurierung. Der Beichtstuhl ist unmittelbar mit der Kanzel, dem ‚Predigtstuhl‘, verbunden. Auf der Bekrönung des Schalldeckels erscheint der hebräische Gottesname in einer Strahlenglorie, umgeben von drei Engelsköpfchen. Die Dreizahl ist ein Hinweis auf die Trinität. Auf der Rück-

wand steht eingeschlossen in einen Kreis als Symbol der Ewigkeit der Spruch *Das Gottes Wort bleibet unsers Ewiglich* (Jes 40,8). Am Kanzelkorb stehen die Figuren der vier Evangelisten

Kanzel, um 1725,
Foto DW

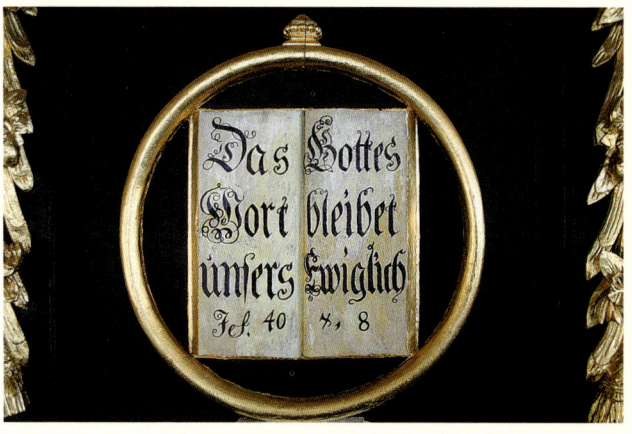

Signaturen an den Werken – weder solche von Tischlern und Schnitzern noch von den hier tätigen Malern.

Der Taufengel

Über der mächtigen Grabplatte, welche die Gruft der Kirchenpatrone abdeckt, schwebt an der Decke unter einer goldenen Glorie mit dem hebräischen Gottesnamen der barocke Taufengel. Taufengel, die zur Taufe von der Decke heruntergelassen werden konnten, waren im 18. Jahrhundert beliebt, zudem sparten sie Platz in der Kirche, die in dieser Zeit wahrscheinlich mit den ‚Stühlen' – d. h. mit dem Gestühl der einzelnen Eingepfarrten – sehr zugebaut war. Im Gestühl spiegelte sich die soziale Differenzierung der Gemeinde, in der jeder seinen festen Platz hatte. Im 19. Jahrhundert gerieten die Taufengel bald aus der Mode oder wurden sogar als anstößig empfunden und verschwanden oftmals auf den Kirchenböden und in Rumpelkammern. Gegenwärtig erleben diese liebenswerten Engelfiguren eine Renaissance. Der Nehringer Taufengel wurde schon im Jahre 1913 auf Kosten des Patrons Karl von Pachelbel-Gehag von dem Bildhauer Axel Ehlert in Stettin restauriert. Bei der letzten großen Restaurierung der Kirche wurden 1991 fehlende Teile der Skulptur durch Klaus Bergemann ergänzt. In der ausgestreckten rechten Hand hält der Engel eine Muschel zur Aufnahme der Taufschale, in der linken hält er einen (Ölbaum-?) Zweig. Vermutlich entstand der Engel wie die übrige barocke Ausstattung in den 1720er Jahren.

Inschrift an der Kanzelrückwand, Foto DW

mit ihren jeweiligen Symbolen: Matthäus mit dem Engel, Markus mit dem Löwen, Lukas mit dem Stier und Johannes mit dem Adler. Die Nischen über den Figuren sind oben als sich baldachinartig vorwölbende Muscheln ausgebildet. Dieses Motiv findet sich beispielsweise auch an der 1708/09 von dem Stralsunder Hans Broder geschaffenen Kanzel in Vilmnitz auf Rügen, die jedoch weit üppiger mit durchbrochenem Akanthuslaub dekoriert ist. Broder beschäftigte als Tischler einen Bildhauergesellen. Wer die Barockausstattung in Nehringen schuf, ist nicht überliefert, und es fanden sich leider auch keine

Taufengel, um 1725, Foto RK

Das Kreuzigungsgemälde

Dem Eingang gegenüber hängt an der Nordwand ein monumentales barockes Gemälde mit einer vielfigurigen Darstel-

lung der Kreuzigung in reich verziertem Rahmen. Die Szenerie spielt sich unter einem bedrohlich dunklen Himmel ab. Ein berittener Soldat namens Longinus mit rotem Umhang auf einem mächtigen Schimmel öffnet dem Gekreuzigten mit einer Lanze die Seite, um seinen Tod festzustellen. Aus den Wunden Christi rinnt das Blut. Am Kreuzesfuß kniet Maria Magdalena, daneben befindet sich die Gruppe der Trauernden um die zusammengesunkene Maria mit den Frauen und Johannes dem Evangelisten. Die beiden neben Christus gekreuzigten Schächer wurden mit Stricken auf die Kreuze gebunden. Links am Bildrand hockt eine Gruppe Soldaten, die um das Gewand Christi würfeln. Der Maler verstand es, mit Glanzlichtern auf den Rüstungen Effekte zu erzielen, jedoch hebt sein Können sich nicht aus dem Handwerklichen hinaus.

Kreuzigung, Tafelbild um 1725, Foto DW

Das Jüngste Gericht

An der Südwand gegenüber der Kreuzigungsszene hängt als Pendant ein Gemälde des Jüngsten Gerichtes. Beide Bilder stammen von der Hand desselben namentlich nicht bekannten Malers und sind von vornherein als sich ergänzendes Bildpaar konzipiert. Dargestellt ist eine vielfigurige Szenerie, deren Detail-

reichtum einen näheren Blick lohnt. Oben in der Mittelachse des Bildes thront der wiederkehrende Christus auf einem Regenbogen. Die Füße stellt er auf einen großen Reichsapfel, der die Weltkugel verkörpert. Sein Oberkörper ist nackt, aber die Seitenwunde wie auch die Wunden in den Handflächen scheinen verheilt. Bei genauerem Hinsehen entdeckt man an der linken Hand

sogar Korrekturen des Malers, der die Handhaltung ursprünglich etwas anders angelegt hatte. Unterhalb Christi knien zu seiner Rechten Maria und zur Linken Johannes der Täufer als Fürbitter für die Menschheit. Sie führen jeweils Gruppen von Heiligen an. Hinter dem Täufer ist König David durch Hermelinkragen und Harfe kenntlich, auf der Marienseite Moses mit den Gesetzestafeln. Außerdem erkennt man unter den Dargestellten einen Bischof und einen Geistlichen. Weiter oben schweben jeweils Engel mit den Leidenswerkzeugen. Links sind es die Geißelsäule und die Geißel, die zur Kreuzabnahme benutzte Leiter, die Nägel und der Ysopstab mit dem Essigschwamm, der Christus am Kreuz gereicht wurde. Auf der rechten Seite erkennt man in den Händen der Engel das Kreuz, die Zange, die Dornenkrone und die Heilige Lanze, mit der ein Soldat dem Gekreuzigten die Seite öffnet – siehe das Kreuzigungsgemälde gegenüber. In der Mitte unterhalb des thronenden Christus erscheinen in einem weiteren Wolkenrang – einem Theater gleich – posaunenblasende Engel, welche die Toten wecken, die im unteren Bildteil in weiße Leichentücher gehüllt ihren Grä-

bern entsteigen. Vor einer roten Sonne im linken Hintergrund werden die Auferstehenden von Engeln und Teufeln in zwei Gruppen geschieden. Die Seligen finden ihren Platz im Himmel. In der rechten unteren Bildhälfte werden die Verdammten den Höllenqualen überantwortet. Dunkle gehörnte Teufel mit glühenden Augen quälen die Armen Seelen im Fegefeuer. Die Intention derartiger Darstellungen finden wir unter einem Weltgerichtsbild von 1694 in der Dorfkirche von Mellenthin auf Usedom; dort heißt es in einer Inschrift unter dem Bild: *Den Frommen zum Trost, den Gottlosen zum heilsahmen Schröck.*

Die Bilder der Orgelempore

Die Brüstung der Orgelempore ziert ein Zyklus von dreizehn Gemälden aus Passion und Auferstehung Christi vom Gebet im Garten Gethsemane bis zum Pfingstwunder. Die barocke Malerei aus den 1720er Jahren ist wie auch die anderen Nehringer Bilder eher handwerklich vom Charakter, aber vielleicht gerade deshalb sehr anschaulich. Der Zyklus beginnt links mit dem Gebet am

Ölberg. Christus kniet vor einer Wolke aus Licht und bittet, dass der Kelch des Leidens an ihm vorübergehen möge, während seine drei ihn begleitenden Jünger schlafen. Im Hintergrund nähert sich schon ein Trupp von Soldaten dem Zaun des Gartens, um Jesus festzunehmen. Vor den Bergen im Hintergrund ist unter nächtlichem Himmel die Stadtsilhouette Jerusalems erkennbar. Das zweite Bild zeigt die dramatisch bewegte Szene der Gefangennahme Jesu durch die römischen Soldaten. In der Mitte wird Christus durch den Kuss des Judas den Soldaten als der Gesuchte verraten. Judas ist durch sein gelbes Gewand als Verräter gekennzeichnet. Auch die roten Haare gehören zu der negativ besetzten Gestalt. Christus ist dagegen durch ein weißes Gewand mit rotem Umhang und einen Strahlennimbus um sein Haupt ausgezeichnet. Links im Vordergrund holt Petrus mit dem Schwert zum Schlag gegen Malchus aus. Ungewöhnlich scheint, dass er das Schwert mit der linken Hand führt. Es folgt die

(links) Gefangennahme, (rechts) Geißelung, aus dem Passionszyklus an der Orgelempore, um 1725, Foto DW

Passionszyklus an der Orgelempore

(links) Kreuztragung, um 1725, Foto DW

(rechts) Kreuzigung, Foto DW

(links) Grablegung, Foto DW

(rechts) Die drei Frauen am Grabe, Foto DW

(links) Christi Himmelfahrt, Foto DW

(rechts) Pfingsten, Foto DW

Vorführung vor den Hohepriester Kaiphas. In der folgenden Geißelungsszene ist ein Detail interessant. Die Säule, an die Christus gefesselt ist, hat einen sehr kurzen Balusterschaft. Ikonografisch wird hier vermutlich Bezug auf die in Santa Prassede in Rom aufbewahrte, nur 63 cm hohe Geißelsäule genommen, obwohl diese eine andere Form und Farbe hat. Es folgt an der Schrägseite der Auskragung in der Mitte der Empore das ‚Ecce homo' (Sehet, welch ein Mensch) (Joh 19,5). Christus, dessen Körper von den Wunden der Geißelung übersät ist, trägt auf dem Haupt die Dornenkrone, und in die Hände gab man ihm ein Schilfrohr als Zepter zum Spott. So wird er von Soldaten vor das versammelte Volk geführt. Darauf folgt die Kreuztragung zur Schädelstätte. Simon von Kyrene wird von den Soldaten gezwungen, Christus beim Tragen des Kreuzes zu helfen. Links am Bildrand geht ein Scherge, der die Leiter und einen Korb mit dem Zimmermannswerkzeug für die Kreuzigung trägt. Die Malerei ist hier einfach im Figürlichen. Im Gegensatz dazu ist das daneben in der Mitte der Empore angebrachte Kreuzigungsbild wie auch die Szene der Gefangennahme in den Figu-

ren dramatisch bewegt und auch malerisch besser gestaltet. Vielleicht arbeiteten ein Meister und sein Geselle oder Lehrling an den Bildern, wobei der Meister die Hauptszenen übernahm. Damit ließen sich Unterschiede in der Qualität der Malereien erklären. Unter dem Kreuz kniet mit ausgestreckten Armen Maria Magdalena. Rechts bemühen sich zwei Frauen um die ohnmächtig gewordene Maria. Dahinter blickt Johannes der Evangelist zum Gekreuzigten empor. Unter den berittenen Soldaten links ist vermutlich der gläubige Hauptmann. Die nebenstehende Grablegung scheint wieder von schwächerer Hand gemalt. Der in ein weißes Tuch gehüllte Leichnam wird zu einem Sarkophag (wörtlich: Fleischfresser – gemeint ist ein steinerner Sarg) in einer Felsengrotte getragen. Im Hintergrund auf dem Hügel stehen die drei leeren Kreuze. An der anderen Schrägseite folgt die Auferstehung. Christus mit der Siegesfahne in der Hand fährt in einer Lichtwolke auf, die erschrockenen Soldaten, die das Grab bewachen sollen, weichen zurück. Auf der rechten Seite der Empore folgt die Darstellung der drei Frauen, die das Grab aufsuchen wollen und es leer vorfinden. Ein Engel sitzt auf der Deckplatte des geöffneten Sarkophags und spricht zu den Frauen. Die folgende Szene zeigt den Moment, in dem die beiden Jünger in Emmaus am Tisch in ihrem Begleiter den auferstandenen Christus erkennen, als dieser das Brot bricht. Vor der Tür ist simultan der Gang nach Emmaus dargestellt. Das vorletzte Bild des Zyklus schildert die Himmelfahrt Christi. Christus wird in einer Wolke emporgetragen, unten auf dem Berg sind die zwölf Jünger versammelt. Auf dem Pfingstbild sind die Jünger um Maria während der Ausgießung des Heiligen Geistes zu sehen. In einer Wolke aus Licht erscheint am Himmel die Taube als Symbol des Heiligen Geistes, der sich in Form von Lichtstrahlen und Flämmchen ausbreitet.

Epitaph des Jacob von Pfuhl (1626–1702), Foto RK

Das Epitaph des Jacob von Pfuhl (1626–1702)

Zwischen den Fenstern auf der Nordseite des Chores hängt das barocke, reich von kunstvoll geschnitztem Akanthusblattwerk gerahmte Wappenepitaph zur Erinnerung an den seinerzeitigen Besitzer von Nehringen, Jacob von Pfuhl (andere Schreibweise: Pfuel). Die Inschrift unter dem Wappen lautet: *Dehro Konigl Maytt zu Schweden CAROLI deß XII bestallter Oberst Lieutenand zu Pferde der Weylland Wollgebohrne und Mannhaffte Herr Jacob von Pfuhl Pfandherr auff Nehringen, ist an diese Welt gebohren As 1626 und seelig dar auß geschieden As 1702.* Die Inschriftkartusche wird von einem ganzen Arsenal von Waffentrophäen gerahmt: Kriegstrommeln, Mörser, Kanonenrohre und -kugeln, Fahne, Schwerter, Degen, Musketen und Spieße. Auch Helm, Schild – hier ein Gesichtsschild – und Harnisch fehlen nicht. Der Verstorbene wird also ganz als Kriegsmann definiert. Die drei Bögen auf dem Wappen symbolisieren einen Regenbogen. Die Helmzier zeigt einen Baum mit einem Regenbogen darüber. Jacob von Pfuhl hatte 1697 auch eine nicht erhaltene Glocke für die Nehringer Kirche gestiftet (siehe S. 143).

Die Wappen an der Westwand über der Orgelempore

Zwei große, aufwendig geschnitzte Wappen über der Orgelempore vertreten an prädestinierter Stelle die Patronatsfamilie Wilhelm Freiherr vom Keffenbrinck-Ascheraden (1823–96) und Augusta Luise Adelheid Gräfin von Kielmannsegg (1835–89). Das Wappen der von Keffenbrincks zeigt einen springenden Hirsch. Das als Helmzier dienende Geweih ist verloren. Unter dem von zwei Wilden Männern gehaltenen Wappen der Gräfin von Kielmannsegg steht die Devise *CONSILIO NON IMPERO* (freie Übertragung: Verhandeln statt Herrschen). Das Kielmannseggsche Wappen kehrt auch gemalt am Altarretabel wieder.

Im Chor hängt außerdem ein geschnitztes Wappenschild der Schoultz von Ascheraden.

Für Heraldiker ist die Nehringer Kirche eine wahre Fundgrube. Wer Näheres zu den dargestellten Wappen erfahren möchte, dem sei die 2010 von der Heraldischen Gruppe ‚Zum Greifen‘ herausgegebene Schrift von Peter Heinke empfohlen (siehe Literaturverzeichnis).

(links) Wappen des Wilhelm Freiherr von Keffenbrinck-Ascheraden (1823–96), Foto RK

(rechts) Wappen der Augusta Luise Adelheid Gräfin von Kielmannsegg (1835–89), Foto RK

Wappenschild der Schoultz von Ascheraden, Foto DW

Grabplatte über der Gruft der Patronatsfamilie von Meyerfeldt, Foto RK

Die Grabplatte über der Gruft der von Meyerfeldt

Aus grauem gotländischen Kalkstein ist die ungewöhnlich große Grabplatte vor dem Altar, unter der sich die Gruft der Grafen Mayerfeldt befindet. Die eingetiefte und von einem Lorbeerkranz gerahmte Inschrift lautet: *Mensch Bedänck deine Sterblichkeit / Halt dich Bereit Bereue deine Sünde / Zu rechter Zeit da mit du nicht / Verschertzt die Sehligkeit.* Über dem Kranz befindet sich eine Krone. In der Gruft, deren Gewölbe eine Ausmalung mit Inschriften aufweist, stehen fünf Särge. Leider ist auf den bei der letzten Gruftöffnung in den 1980er Jahren aufgenommenen Fotos nur wenig zu erkennen, so dass ihr Geheimnis vorerst bewahrt bleibt.

Unter dem Mittelgang des Kirchenschiffes befindet sich die Gruft der Familie Buggenhagen und unter dem Gang von der Südtür zur vermauerten Nordtür die alte Pastorengruft.

Die Kriegergedächtnistafeln

Unter dem Kreuzigungsbild hängen sogenannte Kriegergedächtnistafeln mit den Namen der Gefallenen aus der Gemeinde. In den Kriegen 1866 und 1870/71 waren vier Tote zu beklagen. Im 1. Weltkrieg starben den *Heldentod für König und Vaterland*, wie es in der Inschrift verklärend heißt, neun Männer aus Nehringen, fünf aus Camper-Rodde, acht aus Keffenbrinck sowie vier aus Dorow. Die Tafeln für die Gefallenen und Vermissten des 2. Weltkrieges verzeichnen fünfzig Namen, davon siebzehn Vermisste. Jeder Name steht für unsagbares Leid, das die Angehörigen zu tragen hatten.

DIE ORGEL UND DIE GLOCKE IN NEHRINGEN

Rolf Kneißl

Die Mehmelorgel

Die Nehringer Orgel wurde 1869 durch den Stralsunder Orgelbaumeister Friedrich Albert Mehmel in den Barockprospekt der Vorgängerorgel eingebaut. Mehmel, der 1827 in Allstedt bei Weimar geboren wurde, arbeitete u. a. von 1845 in den Orgelbauwerkstätten von Ibach in Barmen, Strobel in Frankenhausen, Schulze in Paulinzella (Orgel in Glewitz) und Ladegast in Weißenfels, bevor er 1858 die Werkstatt von M. Fernau in Stralsund übernahm. Zahlreiche Orgeln in Vorpommern, aber auch Mecklenburg, Schleswig-Holstein und dem Raum Ratzeburg wurden von ihm bis zu seinem Tode im Jahre 1888 gebaut, darunter auch die großen Instrumente in der St. Marienkirche zu Greifswald, der St. Jacobikirche zu Stralsund oder im Dom zu Ratzeburg. (Nach einem Gutachten von Martin Rost.)
In der Nehringer Schleifladenorgel klingen 13 Register, die sich auf zwei Manuale und ein Pedal verteilen. Sie wurde 1994 von der Orgelbaufirma W. Sauer aus Frankfurt an der Oder restauriert, wobei der originale Zustand von 1869 wiederhergestellt wurde.
Die barocke Vorgängerorgel muss 1726 bereits vorhanden gewesen sein, denn seitdem wurde, wie das Nehringer Rechnungsbuch belegt, ein Organistengehalt gezahlt. Im darauffolgenden Jahr wird der Organistenname Daniel C. Schiller genannt. Er war mindestens 35 Jahre Organist in Nehringen, wie uns das Sterberegister verrät: *1761. d 25ᵗ Febr ist der Organist […] Daniel Schiller in der Kirche mitten im Gang unter der Orgel beerdiget.* Der Sohn übernahm das Organistenamt vom Vater, wie eine im Rechnungsbuch der Kirchengemeinde aufgeführte Ausgabe an *Monsieur Schiller* vom Oster- und Weihnachtsquartal 1761 belegt.
Im Jahre 1783 taucht zum ersten Male der Organistenname Beeck in Nehringen auf – der Sohn des Küsters Beeck wird für das Weihnachtsquartal entlohnt. 1784 wird er namentlich als Ludwig Beeck genannt. Mit ihm beginnen fünf

Generationen der Küster- und Lehrerfamilie, die immer auch den Organistendienst in der Kirche zu leisten hatten und bis 1900 in Nehringen ihren Dienst taten.

Die Glocke

Die undatierte spätmittelalterliche Bronzeglocke hat weder Inschriften noch Schmuck und klingt auf den Schlagton a'. Es ist die kleinere von ehemals zwei Glocken, wie sich aus dem größeren, verwaisten Glockenfeld schließen lässt. Im Nehringer Memorabilienbuch von 1834 heißt es: *Im Thurme hängen 2 Glocken von vertrefflichem Ton, die* weithin über die Fluren schallen. Sie stammen aus verschiedenen Zeiten. Die kleinere stammt noch aus der alten Kirche, die früher zu Dorow stand. Die große Glocke wurde von einem Rothgießer vordem auf 12 Centner Gewicht geschätzt und ist mit Consens der Hochpreisl. Regierung von Medrow hirher gekommen und der dortigen Kirche abgekauft. –

1690 den 1. April bekam sie eine Borste gerade, wie die Betglocke gestoßen wurde und mußte deshalb reparirt werden. Die kleinere Glocke mag etwa 7 bis 8 Centner wiegen, die Inschriften bleiben noch zu entziffern.

Diese Inschrift der großen erneuerten Glocke hatte den folgenden Wortlaut:

In Dei Gloriam et Ecclesiae emolumentum – aeramentum hoc cura generosi et per strenui Viri et Domini Jacob de Pfuel, Sacrae Regiac Majestatis Sueciae equitum protribuni, Domini in Nehring et Patroni, refectum Anno Christi 1697., mense Majo. – Pastor ecclesiae hujus est reverendus Dominus: Martinus Laurentius Rostius, curatores fuerunt Clas Schuknecht et Joachim Schröder. Paul Roth me fecit. (In freier Übertragung: Zur Ehre Gottes und zum Nutzen der Kirche hat die Sorge des wohledlen und tüchtigen Mannes und Herrn Jacob von Pfuel, seiner Heiligen Schwedischen Majestät Reiteroberst, Herr von Nehringen und Patron, diese Glocke im Jahre des Herrn 1697 im Monat Mai wiederhergestellt. Pastor dieser Kirche ist der ehrenfeste Herr Martin Lorenz Rost, Vorsteher sind Clas Schuknecht und Joachim Schröder gewesen. Paul Roth hat mich gemacht.)

Diese große Glocke wurde in der Zeit des 1. Weltkrieges eingeschmolzen und konnte nicht wieder ersetzt werden, so dass bis heute die kleine Dorower Glocke alleine ihren Dienst im Nehringer Turm tut. Im Jahre 2000 wurde diese um 90° gedreht und der Klöppel erneuert.

In diesem Zusammenhang wurde die Uhr mit einem Funkuhrwerk versehen. Dennoch bleibt das Ablesen der Zeit mit Schwierigkeiten verbunden, da die Uhr lediglich einen Stundenzeiger besitzt, welcher mit zwei Fingern einer Hand die Zeit anzeigt. Am anderen Ende des Zeigers dreht sich ein Halbmond um die Sonne, welche den Drehpunkt des Zeigers verziert.

Das Memorabilienbuch berichtet über das ursprüngliche Uhrwerk: *Anno 1746 haben nach Ostern Sn. hochgräfl. Excellenze ein ganz neues Uhrwerk, welches in Greifswald von dem Uhrmacher Nezeband gemachet u. 90 rs [Reichstaler] gekostet, der Kirchen geschenkt.*

Spätmittelalterliche Glocke aus der abgerissenen Dorower Kirche, Foto RK

Die große Glocke von 1697 nach ihrer Abnahme auf dem Glockenfriedhof, historische Aufnahme, 1914–18, Pfarrarchiv Glewitz

Deyelsdorf

Die Geschichte des Ortes und der Kirche

Tilo Schöfbeck

Das nördlichste Kirchspiel unter den hier behandelten Dörfern ist Deyelsdorf, das 1272 als *Duvelsdorp* erstmal erwähnt wurde. Damals legte der Schweriner Bischof Brunward den Zehnten von neun Hufen zur Bützower Propstei. Der eigentümliche Ortsname, in früherer Zeit auch gern *Düwelsdorf* geschrieben, hat wohl weniger mit dem Teufel (ndd. ‚Düwel') zu tun als vielmehr mit einem Lokatorennamen, also dem Vornamen eines Siedlungsunternehmers, der das Dorf neu gründete und für die Besiedlung sorgte. Die Ortsform als Angerdorf deutet auf eine geplante Anlage hin. Die Kirche befindet sich zentral auf dem Anger und in der östlichen Verlängerung lag der befestigte Adelshof. Die Matrikelkarte zeigt ihn noch von einem runden Wassergraben umflossen, vorgelagert langgestreckte Wirtschaftsgebäude. Heute befindet sich die Stelle hinter dem Gutshaus. Anders als bei dem steilen Turmhügel von Nehringen handelt es sich hier aber um eine flächigere Anlage, die Platz für mehrere Gebäude bot. Hier dürfte auch die Familie von Behr gewohnt haben, die seit 1415 in dem Dorf ansässig war. Caspar von Behr war es auch, der kurz nach 1600 eine protestantische Gutskirche errichten ließ, die im Jahr 1606 ihre Weihe erhielt.

Schwedische Matrikelkarte von Deyelsdorf 1696, LAKD, Landesarchiv Greifswald, Signatur BIV 2

1601. Nachdem der Gestrenge Edle und Ehrenveste Juncker Casper Behr auf Nustrow, Deyelsdorff und Neuenhoff Erbsaß, Fürstlich Pommerscher Landrath, Gott dem Allerhöchsten zu Ehren und Ausbreitung seines Allerheiligsten Nahmens und Wortes allhie zu Deyelsdorff eine neue schöne Kirche von Grund auf, samt zugehörigem Kirchen Ornat, mit großen Kosten, aus freyem Gemüthe und Herzen bauen lassen, welches den Mittwochen in Ostern angefangen, und auf Martini des Jahres 1601, im andern Jahr des Junckers Regierung im 18ten Jahr meines Predigt-Amts vollendet worden. (BIEDERSTEDT 1818, Nachträge, S. 109 ff.)

Die Deyelsdorfer gingen vormals zur Bassendorfer Kapelle, unter der Oberaufsicht der Mutterkirche zu Dorow bzw. nach 1498 zur Nehringer Kirche, welche wiederum unter dem Patronat der Nehringer Familie Buggenhagen stand. So waren es einerseits Unstimmigkeiten zwischen den Buggenhagens und Behrs über die Vorherrschaft im Pfarrsprengel, andererseits der Wunsch der Familie von Behr, den Pfarrsitz als Hauskapelle nach Deyelsdorf zu verlegen. Nach dem Tod des Pfarrers Abraham Findeisen 1582 ersuchte man darum den Fürsten als obersten Kirchherrn um die Niederlegung von Bassendorf, und tatsächlich erhielt Deyelsdorf bereits im Folgejahr einen eigenen Pastor. Die Familie von Behr besaß das Gut bis in die Zeit des Dreißigjährigen Krieges, exakt bis 1640. Der letzte Eigentümer, Jürgen Behr, war während seiner Gefangenschaft bei den kaiserlichen Truppen als Rittmeister in deren Dienste eingetreten, um seine Güter vor weiteren Schäden zu bewahren. Die schwedische Regierung warf ihm daraufhin Kollaboration mit den kaiserlichen Truppen vor. Nunmehr war die schwedische Familie Wachtmeister im Besitz des Lehens. Die Behrs kämpften allerdings um Restitution. Doch die Prozesse vor den

Deyelsdorf mit der historischen Hofanlage der Familie von Behr, Detail aus der schwedischen Matrikelkarte von Deyelsdorf um 1740, LAKD, Landesarchiv Greifswald, Signatur AIVa2

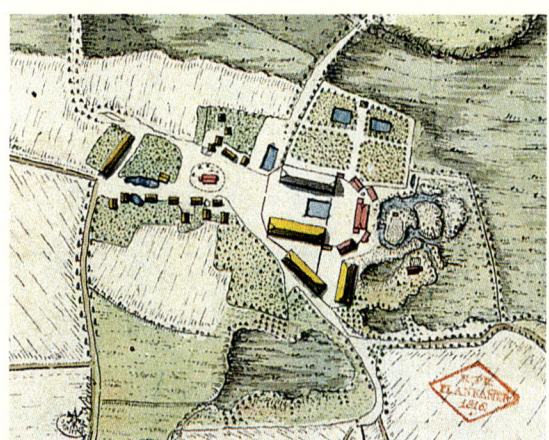

Detail der Schwedischen Matrikelkarte von Deyelsdorf 1762 mit Darstellung der barocken Gutsanlage, Staatsbibliothek zu Berlin – Preußischer Kulturbesitz

Ehemaliger Pferdestall der Gutsanlage, Foto DW

Die Kirche

Auf den ersten Blick scheint es sich bei der Deyelsdorfer Kirche um ein Werk der Neorenaissance zu handeln – der rechteckige Putzbau zeigt nicht die Patina, die vier Jahrhunderte mit sich gebracht hätten, sein Äußeres kommt schier und beinahe etwas akademisch daher. Der Ziergiebel mit Backsteingliederung erinnert an die öffentlichen Gebäude der Gründerzeit, die gern im Stile der Renaissance gestaltet waren. Und tatsächlich stammt die gesamte Außenhaut mit ihren kontrastreichen Putzen und den Sgraffito-Friesen vollständig aus der Erneuerungsphase von 1872–78, als der Wismarer Architekt Heinrich

Weiheinschrift in einer Fußbodenplatte vor dem Altar, Foto TS

Reichsgerichten zogen sich noch bis 1783 (!) hin und endeten mit der Zahlung einer Ablösesumme von 18 000 Reichstalern.

Historische Ansicht der Kirche von Südosten kurz nach der Restaurierung, Aufnahme von Christian Beerbohm 1878, Stadtarchiv Stralsund, Signatur HF 0935

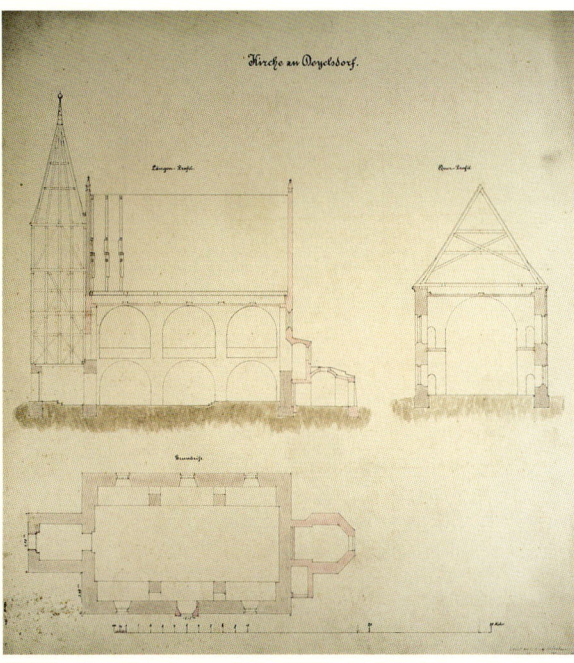

Historische Innenaufnahme um 1880, LAKD Schwerin

Plan von Bestand und Umbau der Deyelsdorfer Kirche, Kopie des Thormann-Planes um 1880 durch Ernst v. Haselberg, Stadtarchiv Stralsund, Signatur Haselberg 296

Deyelsdorf Kirche, Aufnahme von Südwesten, Foto DW

Südportal, Foto TS

Trauffries in Sgraffito-Technik auf der Südseite, Foto TS

Thormann sich der Restaurierung angenommen hatte. Auch im Inneren gibt
sich die Kirche glatt verputzt und durch
historisierende Motive verziert. Wenige
Bereiche, so vielleicht die unruhigeren
Wandflächen, der Turmfußboden oder
der Dachboden lassen ein höheres Bau-
alter vermuten. Eine Plankopie des Stralsunder Stadtbaumeisters Haselberg sowie das Matrikelbuch von 1725 führen
dann zur Gewissheit über die ursprüngliche Gestalt der Deyelsdorfer Kirche.
Demnach hat es sich im Grunde von Anfang an um eine rechteckige Emporen-
kirche nach dem Vorbild der Torgauer
Schlosskapelle gehandelt, nur dass Thormann diese Idee kunsthistorisch weiter
,angleichen' wollte. Anstatt der heutigen
Weiterführung der Emporen an der Ostwand befand sich über dem Altar anscheinend eine schlichtere hölzerne Konstruktion, denn die Gutsherrschaft konnte
ihren ,Kirchenstuhl' auch vor der Anlage
des heutigen Treppenaufganges auf sol-
chem direkten Wege erreichen: *Zu dem
Patronat – Chor findet sich außer der Kir-*

*Kirche von Nordwesten, historische Auf-
nahme um 1900, LAKD Schwerin*

chen, Ostwerts, eine Treppe, welche von beijden Seiten mit Mauern umbgeben, und oben mit einem Dache versehen. Wie dann auch inwendig in der Kirchen hinter dem Altar sich eine Treppe findet, daß man also von außen und innen auff dieses Chor steigen könne.* Diese Patronatsloge auf der Südseite des Chorraumes besaß sogar einen eigenen Kamin, der sich in der Südostecke der Kirche erhalten hat, und nahelegt, dass die Loge verglast, also geschlossen war. Damit war dem Patron und seiner Familie auch im Winter ein angenehmer Gottesdienst bei knisterndem Feuer vergönnt.

Über das Erscheinungsbild des Chorraumes spricht ebenfalls die Matrikel am deutlichsten: *Der Altar-Chor ist etwas erhöhet und von dem übrigen Theil der Kirche mit einem kleinen Gitter unterschieden, ist sonst mit blauen-, braunen- gelben- grünen- und weiß- glasürten Klinkersteinen auß geleget.* Zwei dieser wunderbaren Fußböden, deren leuchtende Farben tatsächlich an die italienischen Terrakotten der Brüder della Robbia (florentinische Bildhauerfamilie des 15. Jahr-

hunderts) erinnern, sind mit Bestimmtheit unter Thormann aus Resten neu gefügt worden und haben sich im Turm sowie hinter der Altarmensa erhalten. Sie stammen aus dem Langhaus, von dem es in der Matrikel heißt: *Die Diele in der Kirchen ist mit 4. Kantigen blauen, weißen Rohtglasürten Klinkersteinen beleget.* Die heutigen Verlegungen stammen aber offenbar von aufgefundenen Resten und entstanden erst beim Umbau im 19. Jahrhundert. Der Turm besaß mit Sicherheit nie solch einen aufwendigen Fußboden. Im Zuge des Umbaues entstand auch der Ostgiebel neu (Inschrift innenseitig: 1877, 25. Juni, E. Feige, Breslau), über seine frühere Gestalt ist leider nichts bekannt. Gleiches gilt für die beiden Zwickelflächen zu beiden Seiten des Turmes auf der Westseite. Das Dachwerk aus der Erbauungszeit war bereits nicht mehr vorhanden, die Kreuzstreben-Konstruktion stammt von 1690, das Holz war im Winter zuvor eingeschlagen worden, weist aber zahlreiche Originalhölzer der Renaissancekonstruktion auf (jüngstes Fälldatum Winter 1600/01). Demnach

Aufgang zur Herrschaftsempore und Erbbegräbnis der Familie Pogge am Ostgiebel, Foto RK

(links) Renaissancefußboden, Restbestände um 1878 im Turmraum neu verlegt, Foto TS

(rechts) Fußboden, Detail, Foto TS

und nach Befunden am alten Westgiebel handelte es sich um ein Kehlbalkendach mit firstmittiger Längsaussteifung, vergleichbar mit dem Dachwerk, das sich in Nehringen bis heute erhalten hat. Vom alten Turm ist nur noch das massive quadratische Erdgeschoss aus Feldsteinmauerwerk übrig geblieben, der Aufbau des Turmschaftes aus Fachwerk in drei Stockwerken mit spitzem Pyramidenhelm lässt sich nur noch aus der Bestandszeichnung von 1872 entnehmen. Der heutige massive Turmaufbau stammt demzufolge auch von Thormann. Der Turm wurde von dem Geld gebaut, das Graf Behr-Negendank 1876 für den gotischen Deyelsdorfer Flügelaltar gezahlt hatte. Ursprünglich ist aber noch die Einwölbung in den typisch flachen Kreuzgewölben. Die Emporen sind zwischen nach innen gestellten Strebepfeilern gespannt, die noch 1872 auf beiden Ebenen Laufgänge aufwiesen, deren untere unter Thormann aber vermauert wurden. Noch heute aber beeindruckt diese eigenwillige Raumschöpfung der Renaissance, die man gewiss nicht in einem kleinen Gutsdorf wie Deyelsdorf vermutet hätte.

In der Beziehung zwischen Altar, Kanzel und Herrschaft – Die Schlosskapelle

Rolf Kneißl

In der Deyelsdorfer Kapelle findet sich eines der wenigen Zeugnisse des Kirchenbautyps der protestantischen Schlosskapelle in unserem Bundesland. Hier kommen die veränderten liturgischen Grundanforderung an nachreformatorische Kirchenräume mit den daraus resultierenden neuen theologischen Raumaussagen zum Tragen, wie sie an der ersten protestantischen Kirche überhaupt, der Schlosskapelle auf Schloss Hartenfels in Torgau erstmalig umgesetzt wurden. Martin Luther selbst hatte die Torgauer Schlosskapelle im Jahre 1544 geweiht.

Nachdem bereits zwischen 1560 und 1563 auf mecklenburgischem Boden die an Torgau orientierte Schweriner Schlosskapelle entstand, war der erste derartige Kirchenneubau in Pommern die Schlosskirche auf dem Stettiner Schloss aus dem Jahre 1577.

In Franzburg wurde seit 1578 der Gebäudekomplex des nach der Visitation durch Johannes Bugenhagen von 1535 säkularisierten Zisterzienserklosters Neuenkamp (erbaut 1280–1340) zum herzoglichen Schloss umgebaut. In diesem Zuge wurde 1580 auch der übrig gebliebene Restbau, das südliche Querhaus der Klosterkirche, zur Schlosskirche umgestaltet.

Diese Kirchen waren jeweils in den herzoglichen Schlosskomplex integriert worden und direkt vom Schloss aus betretbar.

Die Deyelsdorfer Kirche wurde erst zwischen 1601 und 1606 durch Caspar Behr im Stile der protestantischen Schlosskirchen erbaut. Ob die Wahl des Bautyps einfach dem Zeitgeschmack folgte, oder ob sich die Behrs in ihrem Anspruchsdenken an der Tradition der protestantischen Herzogshäuser orientierten, bleibt im Dunkeln.

Während die vorreformatorischen Kirchen, vordergründig zur Ehre und zum Ruhme Gottes errichtet, aus sich heraus heilig waren, wird die Kirche nun erst durch die das Wort Gottes hörende, betende und singende Gemeinde zum

Die Deyelsdorfer Schlosskapelle nach der Umgestaltung im Stile der Neorenaissance, Foto RK

Im Loitzer Synodalblatt vom September 1909 wird über die Entstehung der Deyelsdorfer Kapelle von Pastor Fischer Folgendes berichtet:

Der Deyelsdorf-Nehringer Kirchenstreit, oder wie aus einer Kirche zweie wurden

Aus alten Zeiten soll erzählt werden. Denn heute gibt es keinen Kirchenstreit zwischen den beiden Nachbargemeinden im Westen der Synode. Wir stehen zu einander in treuer Nachbarschaft.
Vor mehr als 300 Jahren wars, gegen Ende des 16. Jahrhunderts. Da mußten die Deyelsdorfer nach Dorow zur Kirche wandern, und dort fanden sich auch die Nehringer ein. Sie bildeten zusammen mit den Dorowern eine Gemeinde, und ein pastor plebanus bediente sie. Die Bassendorfer hatten eine eigene Kapelle und einen Prediger, der wohl auch in einer in Nehringen schon vorhandenen Privatkapelle Dienste tat und dem Dorower Plebanus unterstand. Nun sollte auf einmal der Kirchweg für die Deyelsdorfer noch weiter werden. Der Grundherr in Dorow und Nehringen, Buggenhagen, hatte bei dem Bischofe zu Schwerin, der damals über unsere Gegend geistliche Gewalt hatte, die Erlaubnis erbeten, die Dorowsche Kirche nach Nehringen zu verlegen. Der Weg zwischen Nehringen und Dorow, so gab er an, sei nicht geheuer. Im Walde am Wege trieben Räuber ihr Unwesen.
Diese Kirchenverlegung machte nun den Deyelsdorfern wenig Freude. Sie wollten nicht bis Nehringen wandern und dabei unter die erwähnten Räuber fallen. Und so geschah es, daß der Bischof in Schwerin wieder ein Gesuch um eine Kirchenverlegung in die Hände bekam. Der Grundherr von Deyelsdorf, Adam Behr, bat um die Erlaubnis, die Kapelle in Bassendorf (damals Bessendorf genannt), wo Behrsche Bauern auf Behrschem Grund und Boden saßen, nach Deyelsdorf, wo der Hof lag, zu verlegen. Und dieser Wunsch wurde ihm auch gewährt. Und als die schöne große Nehringer Kirche gebaut wurde, erstand auch die Kirche in Deyelsdorf. Den erhaltenen Nachrichten zufolge scheint Adam Behr zuerst eine Art Notkirche errichtet zu haben. Erst sein Erbe Kaspar Behr führte 1601 den massiven Bau in die Höhe. Der erste Deyelsdorfer Pfarrer, Johannes Strevius, bezeugt dem Bauherren, daß er ‚aus freiem willigen Gemüt und Herzen' habe bauen lassen. Und die Kirche selber, der schönsten Landkirchen eine, bezeugt es noch heute, daß ‚williges Gemüt' aber auch kundige Meisterhand daran gearbeitet hat. Und solches Zeugnis von der Liebe und Opferfreude der Erbauer legen auch die anderen Kirchen der Synode ab. In harten Zeiten sind die meisten in die Höhe gewachsen, fest gefügt, um Jahrhunderten zu trotzen und vielen Geschlechtern zu dienen. Schwere Zeiten sind durch die Dörfer gezogen, Geschlechter sind gekommen und gegangen. Allen haben die Gotteshäuser gedient, und fleißiger als das heutige Geschlecht, daß nichts von harten Zeiten weiß, haben die Alten Gottes Wort gesucht. Die Kirchwege sind kürzer und besser geworden, aber der Kirchgänger wurden weniger. Der Sonntag wurde immer ähnlicher dem Alltag, über kleinen Diesseitssorgen denkt man der Gottessachen wenig und der Sorge ums Himmelreich.

Versammlungsraum, der nicht nur *den zuhoerern bequem sei*, vielmehr ist sie […] *Haus* […] *nicht umb sein, sondern umb unsern willen, das wir selb durch Gottes Wort geheiligt werden und bleiben* (Luthers Predigt zur Einweihung der Torgauer Schlosskapelle 1544).
Die Raumgliederung der Deyelsdorfer Kapelle wirkt auf den ersten Blick klassisch mittelalterlich. Von Süden betritt die Gemeinde, welche als Volk Gottes gesehen wird, das zweijochige Kirchenschiff, wo es seinen Platz findet. Dabei war die Ausrichtung des Gestühls auf den mit zwei Stufen abgesetzten und ehemals mit einem kleinen Gitter abgegrenzten Altarraum ausgerichtet.
Da die Kirche nicht in das Herrenhaus integriert war, betrat der Patron über einen separaten, dem Ostgiebel vorgelagerten Treppenaufgang die Empore, auf welcher sich die Patronatsloge befand.

(In Deyelsdorf muss wohl anstatt vom Schloss eher vom Herrenhaus gesprochen werden.)

Ein ähnliches Modell gab es übrigens bereits in den Doppelkapellen der mittelalterlichen Burgen des 13. Jahrhunderts, wo ein eigener Zugang für die Herrschaft vom Pallas (Wohnbereich) in den oberen Kapellenteil führte, wo sich auch der den Blicken des gemeinen Volk entzogene Altar befand. Lediglich durch eine Schallöffnung in der Zwischendecke der Doppelkapelle konnte das im unteren Kapellenteil befindliche Gesinde dem Gottesdienst akustisch folgen. Solche Doppelkapellen befinden sich u. a. noch in Landsberg/Sachsen-Anhalt, der Kaiserpfalz Goslar, auf Burg Lohra und der Neuenburg bei Freyburg.

Während es in den Doppelkapellen lediglich um die standesgemäße Trennung von Burgherr und Gesinde ging, lag der protestantischen Schlosskapelle eine theologische Vorstellung zugrunde. Danach sind über das Volk Gottes zwei Gewalten gesetzt – die geistliche und die weltliche. Beide standen sichtbar abgegrenzt über dem Gottesvolk, hatten dafür aber auch eine Schutzfunktion zu leisten bzw. die Verkündigung zu verantworten.

Der das weltliche Regiment verkörpernde Patron bekennt sich offen zur evangelischen Lehre und sorgt als Obrigkeit des Schwertamtes für die freie Feier des Gottesdienstes nach der lutherischen Lehre. Der das geistliche Regiment verkörpernde Pastor formuliert dieses ‚fromm machende' freie evangelische Bekenntnis, welches den Glauben durch das Predigtamt der Kirche in Wort und Sakrament ‚durch den heiligen Geist und unter Christus' weckt.

So saß der Patron in seiner Loge dem auf der Kanzel stehenden Prediger nahezu auf Augenhöhe gegenüber. Beide waren über die unten im Kirchenschiff sitzende Gemeinde, das Volk Gottes, gestellt. Der Altar war, an die Selbsterniedrigung Christi erinnernd, um nur zwei Stufen gegenüber dem Kirchenschiff erhöht im Altarraum zu finden. Zum Empfang des Abendmahls begab sich der Patron dann über eine innenliegende Treppe nach unten zum Altar, wo er gemeinsam mit den anderen Brot und Wein empfing. (UMBACH 2005)

Über die Deyelsdorfer Matrikel von 1725 erschließt sich die Kontinuität des Standortes der Kanzel am Übergang vom Altarraum zum Kirchenschiff. Die alte ursprüngliche Kanzel, deren Fuß sich hinter dem neuen Kanzelfuß verbirgt, befindet sich zur Zeit als Leihgabe in der Schlosskirche Franzburg. Die nicht mehr vorhandene, vermutlich ver-

glaste Patronatsloge lässt sich an der Südostecke der massiven Empore verorten, wie uns der dort noch vorhandene Rauchabzug und die Matrikel verraten. An der letzten Bemerkung wird noch einmal die hervorgehobene Stellung von Patronat und Pastorat deutlich. Die Gruft unter dem Altarraum diente als Begräbnisort beider Familien. Im Gegensatz zu den meisten anderen Kirchen wurden in Deyelsdorf offenbar keine einfachen Gemeindeglieder in der Kirche bestattet.

In der Deyelsdorfer Kirchenmatrikel des Jahres 1725 wird die Kirche so beschrieben:

Das Altar ist noch nach der alten Manier wie woll in Zimlichen Zustande; Der Altar-Chor ist etwas erhöhet und von dem übrigen Theil der Kirche mit einem kleinen Gitter unterschieden, ist sonst mit blauen- braunen- gelben- grünen- und weißglasürten Klinkersteinen auß geleget.

In dem Altar – chor an der Vorderseite ist der Beichtstuhl, und negst an derselben die Cantzel, welche nur bloß mit weißer Farbe überstrichen, der Deckel aber, über der Cantzel ist etwaß Neuer und angemahlet.

Nach der Süder Seite negst am Altar ist der Vorsteher Stuhl, und negst daran Ostwerts, der Küster Stuhl. Auch stehet in dem Altar – Chor die Tauffe, welche, wan sie dazu nicht gebrauchet wird, mit einem Deckel beleget, worauff so dan ein pulpet (das ist ein Lesepult) lieget, und von Küster zum lesen gebrauchet wird.

[...]

Oben in der Kirchen und umb, ist der Patronats – Stuhl, worauff auch das Hoffgesinde gehet. Es hat auch des Pastoris Manns Gesinde freijheit auf dieses Chor an der Süderseite zutretten, falß es dem H. Patrono nicht beliebet, unten in der Kirchen Ihnen sonsten einen Platz an zu weisen; wie dan über all meistens der H. Patronus mit Zuziehung Ehren Pastoris eine Disposition machen will, wie sämbtl. Stühle sollen betretten werden, damit eine jede Persohn weiße, wo sie ihren Standt und Sitz habe, und alle occasion zur confusion (das bedeutet: Veranlassung zur Verwirrung) vermieden werde, wie woll solche Disposition nach befundene Umständen von beijden Theilen kann wiederumb geändert werden.

Zu dem Patronat – Chor findet sich außer der Kirchen, Ostwerts, eine Treppe, welche von beijden Seiten mit Mauern umbgeben, und oben mit einem Dache versehen. Wie dann auch inwendig in der Kirchen hinter dem Altar sich eine Treppe findet, daß man also von außen und innen auff dieses Chor steigen könne.

Diese Treppen und was sonsten an Stühlen und Bäncken auff dem Chor gebrauchet wird, erhält nebst dem außwendigen Gebäude über den außwendigen Treppen, allmahl die Herrschafft aus eigenen Mitteln.

Begräbniße sind in der Kirchen sonst keine, als welche dem Patronat zu gehören; wie wohl Ehren Prediger für Sich und die ihrigen auch darin ihre Ruhestätte finden.

Zum Raumgefüge dieser Schlosskapel-len gehörte schließlich auch die Orgel. Der Gemeindegesang bekommt nun eine größere Bedeutung zugewiesen. Da vielerorts Bildprogramme fehlen, werden Lieder, welche die Gefühlswelt der Gemeinde widerspiegeln, zum un-verzichtbaren Bestandteil des Gottes-dienstes. Die bereits 1741 entstandene Deyelsdorfer Kirchenorgel befindet sich noch heute auf der westlichen Em-pore.

DIE AUSSTATTUNG DER KIRCHE IN DEYELSDORF

Detlef Witt

Der Altar

Durch Vermächtnisse von Pauline Pogge, geb. Berkholz, die 1873 starb, und ihres Ehemannes Julius Pog-ge, Rittgutsbesitzer auf Deyelsdorf, der ihr 1875 im Tode nachfolgte, waren Mittel für eine durchgreifende Neuge-staltung der Kirche vorhanden. Das von Pogge begründete Erbbegräbnis der Fa-milie ist östlich an den Chor angebaut und mit einer schweren Eisentür ver-schlossen. Die Umbauarbeiten leitete der Wismarer Baumeister Heinrich Thormann, der seine Pläne am 17. März 1875 dem Gemeindekirchenrat vorlegte. Durch den Verkauf des alten gotischen Deyelsdorfer Flügelaltars, für den der seinerzeitige Regierungspräsi-dent Ulrich Carl August Graf Behr-Ne-gendank (1826–1902, späterer Ober-präsident der preußischen Provinz Pommern, Kammerherr des Kaisers und Erbküchenmeister im Fürstentum Rügen) im Herbst 1875 der Gemeinde 3 000 Mark geboten hatte, kam nochmals eine gehörige Summe in die Baukasse, die dann zum Bau des Turmes verwendet werden sollte. Die Gemeinde drängte im April 1876 in einer Eingabe die Regierung zur Beschleunigung des Genehmigungsverfahrens für den Verkauf, dem der Kultusminister schließlich zustimmte. Am 3. Advent 1878 wurde die renovierte Kirche vom Loitzer Superintendenten Brandt eingeweiht. Zur neuen Ausgestaltung gehörte auch das in die Patronatsempore über dem Altar integrierte Retabel (Altaraufsatz) mit einer Kopie der Christusfigur des dänischen Bildhauers Bertel Thorvaldsen (1770–1844). Die ursprünglich für die Schlosskirche in Christiansborg bestellte Christusfigur Thorvaldsens (Gips von 1821 im Thorvaldsen Museum Kopenhagen) war 1839 für die Kopenhagener Frauenkirche in Marmor ausgeführt worden. Inspiriert war die Figur durch die Christusdarstellung auf ei-

nem um 1813 entstandenen Gemälde der klugen und törichten Jungfrauen des in Rom wirkenden Malers Peter von Cornelius (1783–1867). Thorvaldsens Christusfigur war sehr beliebt und wurde häufig kopiert. Ein von dem Greifswalder Bildhauer und Stuckateur August Otto signierter Gipsabguss steht beispielsweise in der 1883 geweihten Kirche von Greifswald-Wieck und ein Zinkguss vor der Kirche in Behren-Lübchin. In Glewitz wurde das Altarbild in Anlehnung an die Thorvaldsen-Skulptur gemalt (siehe S. 48 ff.).

Der einladende Christus steht in einer rundbogigen Nische, deren blaue Laibung mit Sternen verziert ist. Die Figur ist keineswegs aus Marmor, wie man fälschlich in der Literatur finden kann, oder gar aus Elfenbein, wie man 1931 auf einem Erfassungsbogen der Denkmalpflege meinte, sondern aus Gips und wurde weiß gefasst. Die Seitenfelder des Altarretabels beziehen sich auf das Abendmahl. Links ist die Patene mit

(links) Altar,
Foto DW

(rechts) Christusfigur im Altar, Kopie nach Bertel Thorvaldsen, Foto DW

Broten und eine Vase mit Kornähren dargestellt, rechts der Abendmahlskelch mit Weinranken. Auf dem Sockelbrett unter der Christusfigur steht der Spruch *Friede sei mit Euch!* Ungewöhnlich ist, dass das Retabel nicht auf der Altarmensa steht, sondern, angebracht an die Empore, gleichsam über diesem schwebt. Die Situation gleicht der in der Semlower Kirche, wo die sich über dem Altar befindende Patronatsempore der Behrs ebenfalls auch von außen zugänglich ist. Das vorher in Deyelsdorf stehende mittelalterliche Altarretabel kann heute in der Stralsunder St. Marienkirche bewundert werden.

Das mittelalterliche Altarretabel aus Deyelsdorf in der Stralsunder St. Marienkirche

Der seit 1999 nach aufwendiger siebenjähriger Restaurierung im Chor der Stralsunder St. Marienkirche auf dem Altar aufgestellte große mittelalterliche Schrein (bei geöffneten Flügeln 5,69 m breit, 3,18 m hoch) mit geschnitzten Figuren befand sich bis 1876 in der Deyelsdorfer Kirche. Der damalige Stralsunder Regierungspräsident Ulrich Graf Behr-Negendank (1826–1902) erwarb den Flügelaltar 1876 und ließ ihn für seine 1880/81 nach Vorbild des Mausoleums für Erzherzog Johann von Österreich in Schenna bei Meran/Südtirol neu errichtete Begräbniskapelle in Semlow restaurieren. (Nach Sitzungsprotokollen des GKR Deyelsdorf vom 5. Oktober, 3. November und 1. Dezember 1875, 7. März, 6. und 29. Juni 1876.) Die Deyelsdorfer Gemeinde, die den Altar verkaufte, weil sie selbst für dessen Restaurierung nicht aufkommen konnte, verwendete die von Graf Behr-Negendank für das Kunstwerk gezahlte beachtliche Summe von 3 000 Reichstalern für den Turmneubau.
Der Überlieferung nach soll der Altar von den Vorfahren des Grafen für die Dorower Kirche gestiftet worden sein, ist also älter als die Deyelsdorfer Kirche. Urkundlich wird 1498 anlässlich der Verlegung der Dorower Wilhelmskirche nach Nehringen ein Behrscher Familienaltar in Dorow erwähnt. Ob das am Ausgang des 15. Jahrhunderts bzw. um 1500 geschaffene Retabel wirklich mit diesem Altar in Verbindung stand, ist nicht belegt.
Graf Behr-Negendank ließ das Retabel 1878 in der Stralsunder Firma E. Mackenthun & Sohn restaurieren, und anschließend wurde das neu gefasste Werk in einer Ausstellung älteren Kunsthandwerks in Neuvorpommern im Stralsunder Rathaus ausgestellt. Eine Zeit lang war das Retabel, bevor es nach Semlow kam, im Chorumgang der Stralsunder St. Nikolai Kirche vor der astronomischen Uhr aufgestellt. Die Restaurierung wurde auch den Berliner Gebrüdern Holbein zugeschrieben. (EHLICH ET AL 2000) Friedrich Wilhelm Julius Holbein starb jedoch bereits 1868, sein Bruder Carl Friedrich Eduard 1875. Der Schnitzaltar wurde erst nach der erfolgten Genehmigung durch den preu-

Das spätgotische Deyelsdorfer Altarretabel, heute in St. Marien, Stralsund, um 1480, Foto DW

Der restaurierte Deyelsdorfer Altar auf einer Ausstellung älteren Kunsthandwerks im Stralsunder Rathaus um 1878, historische Aufnahme

ßischen Kultusminister im Juni 1876 an Graf Behr-Negendank verkauft und danach auf dessen Kosten restauriert. Bei dieser Restaurierung wurde auch die Marienkrönungsgruppe im Mittelschrein wieder eingefügt. 1710 war diese durch eine Kreuzigungsgruppe ersetzt und in der Kirche abgestellt worden.

Als die Friedhofskapelle in Semlow in der DDR-Zeit immer mehr verfiel, wurde der kostbare Altar abgebaut und eingelagert. Im Gespräch war eine Aufstellung in der Apollonienkapelle vor der Stralsunder Marienkirche. Ungünstige Lagerungsbedingungen führten zu massiven Fassungsschäden, die ab 1992 dann eine erneute, sehr kostenintensive Restaurierung notwendig machten. Die Tafelmalereien auf den Rückseiten der Kastenflügel, von denen Ernst von Haselberg in seinem Inventar noch Reste erwähnte, sind bis auf einen kleinen Rest auf der Rückseite des linken Flügels verloren. Dort sind in einer Ecke Fragmente eines Ritters in Rüstung zu sehen. Es dürfte sich also um szenische Darstellungen gehandelt haben.

Die Szene in der Mitte zeigt die Krönung Marias durch Gottvater und Christus. Über der Krone schwebt die Taube des Heiligen Geistes, wobei es sich jedoch um eine Ergänzung der Restaurierung von 1878 handelt. Auch einige Ornamentschnitzereien, die Engelfiguren in den Zwickeln des mittleren Schleierbrettes und kleinere Figürchen auf den die Gefache teilenden Pfosten waren seinerzeit ergänzt worden. Hervorzuheben ist die reich differenzierte Bemalung der Gewänder der einzelnen Figuren mit verschiedenen Ornamenten. Die Qualität der neugotischen Fassung tröstet etwas darüber hinweg, dass ihr die wahrscheinlich im 19. Jahrhundert desolate originale Bemalung der Schnitzfiguren geopfert wurde. Die Seiten des Mittelschreins und die Kastenflügel sind jeweils in der Mitte horizontal unterteilt und beherbergen stehende Figuren von Aposteln und Heiligen, wobei die bei der Restaurierung zugefügten Namen unter den Figuren nicht in jedem Fall zutreffend sind. Bei der Anordnung der Figuren ist eine hierarchische Reihenfolge zu erkennen. So stehen im Mittelschrein der Marienkrönungsgruppe am nächsten auch die wichtigsten Apostel: Petrus und Paulus, Johannes der Evangelist und Johannes der Täufer, Andreas, Bartholomäus und Simon. Ungewöhnlich ist in dieser Runde der als Ludovicus bezeichnete Bischof. Im linken Altarflügel finden sich den Bezeichnungen zufolge die Apostel Jakobus, Philippus, Thomas und der an Pilgertracht und Jakobsmuschel erkennbare Jakobus der Ältere, weiterhin die Ordensheiligen Clara, Bartholdus und Antonius sowie der heilige Ritter St. Georg als Drachentöter. Die Figuren im rechten Flügel sind als Taddäus, Catharina, Franciscus, Bonifacius, Matthäus, Hedwig, Henricus und Barbara bezeichnet. Hier sind Verwechslungen offenkundig, da es sich bei der hier Hedwig genannten gekrönten Heiligen, die einen Turm mit Kelch und Hostie als Attribut in der Hand hält, zweifelsfrei um Barbara handelt. Besonders gelungen und reich gefasst sind die Büsten der vier lateinischen Kirchenväter, d. h. berühmter frühchristlicher Theologen, deren Werke als kanonisch angesehen werden, in der Predella: Ambrosius (um 340–397, Bischof von Mailand), Gregorius (Gregor der Große, um 540–604, 590 zum Papst gewählt), Hieronymus (um 340/47–420, Gelehrter und Asket) und Augustinus (354–430, Bischof von Hippo/Annaba in Nordafrika). In der Mitte weist die Predella eine von vorn und hinten über eine verschließbare Tür zugängliche, zusätzlich durch ein Gitter gesi-

cherte Kammer auf. Vermutlich wurde hier die Monstranz mit dem Allerheiligsten – d. h. den geweihten Hostien – aufbewahrt.

Gefertigt wurde das Retabel vermutlich in einer Stralsunder Bildhauerwerkstatt. Stilistisch verwandt sind drei Skulpturen aus einem verlorenen Retabel Johannes des Täufers der Stralsunder St. Nikolaikirche im Kulturhistorischen Museum der Stadt (Inv.-Nr. 1864:96/98/99). Nur die sehr aufwendige originale Fassung der Christophorusfigur ist erhalten, während Johannes der Täufer und Hiob eine Bemalung aus dem 19. Jahrhundert tragen. In diesen Kreis gehört wohl auch die Triumphkreuzgruppe in Steinhagen, dreizehn Kilometer südwestlich von Stralsund.

Die Kanzel

(links) Kanzel, um 1875, Schalldeckel 2. Hälfte 17. Jahrhundert?, Foto DW

(rechts) Evangelist Markus am Kanzelkorb, 1897, Foto DW

Die auf der Nordseite am Eingang zum Altarbereich an einem Strebepfeiler stehende neugotische Kanzel geht vermutlich auf die 1878 abgeschlossene Neugestaltung der Kirche zurück. Die Figuren am Kanzelkorb wurden zu Palmsonntag 1897 von der Patronatsfamilie gestiftet. Der Patron, der Gynäkologe Obermedizinalrat Prof. Dr. Gustav von Veit, der für seine Verdienste in den erblichen Adelsstand erhoben worden war, hatte die Rittergüter Deyelsdorf und Fäsekow 1883 von den Pogges gekauft und war nach seiner Emeritierung

1893 von Bonn nach Deyelsdorf übergesiedelt. Die Figuren stammen aus der Kirchlichen Kunsthandlung von Theodor Prüfer, Berlin. Prüfer zeichnete auch für die Erweiterung und Ausstattung der Kirche in Bretwisch verantwortlich. Die Evangelistenfiguren am Kanzelkorb, die durch den Apostel Paulus ergänzt werden, sind denen an der Bretwischer Kanzel sehr ähnlich. Sie dürften aus derselben Schnitzwerkstatt stammen und vergleichbar auch bei anderen Prüfer-Ausstattungen wiederkehren. Die Reliefs sind ein Beispiel dafür, wie in der zweiten Hälfte des 19. Jahrhunderts Katalogware die einheimische handwerkliche Kunstproduktion ersetzte. In der Auffassung sind die Gestalten mit ihren schwer drapierten Mänteln der Kunst der Nazarener nahe – vergleichbar wären etwa die Freskomalereien Carl Gottfried Pfannschmidts (1819–87) im Chor der Barther St. Marienkirche von 1859/60. Die aus Ahornholz

geschnitzten, ungefassten hellen Figuren heben sich stark vom dunklen Hintergrund ab. Der Schalldeckel könnte in seinem Grundbestand noch von der alten Kanzel stammen, die heute in der Franzburger Kirche steht. Zweifelsfrei erst zur Umgestaltungsphase am Ende des 19. Jahrhunderts gehören die an Renaissanceformen angelehnten gesägten Ornamentstücken auf dem Rand des Schalldeckels. Auch im Inneren des Kanzelfußes verbirgt sich noch eine ältere, mit einer Marmorierung versehene hölzerne Säule, die vermutlich zur Vorgängerkanzel gehörte (vgl. Abb. S. 154).

Alter Deyelsdorfer Kanzelkorb, wohl Anfang 17. Jahrhundert, Fassung 1742, Foto DW

Detail der Evangelisten Markus und Matthäus am Kanzelkorb, 1742, Fotos DW

Der Deyelsdorfer Kanzelkorb in Franzburg

In der Kirche zu Franzburg steht heute als Leihgabe der Korb der alten Deyelsdorfer Kanzel. 1972 war der Kanzelkorb, wie zuvor schon die alte Rakower Taufe, in die Restaurierungswerkstatt des Stralsunder Museums gekommen, wo aber bis 1980 nichts an den Stücken unternommen wurde. Nachdem dann endlich eine Restaurierung erfolgt war, kamen die beiden Ausstattungsstücke 1981 nach Franzburg. Die Inschrift an der Brüstung nennt das Jahr 1742, jedoch passt die Form des Kanzelkorbes nicht in die Zeit des Spätbarock bzw. Rokoko. Die Jahreszahl wird sich lediglich auf eine neue Bemalung des Stückes beziehen, das der Form nach (kannelierte Eckpilaster, Klötzchenfries und Proportionen) eher in die Zeit um 1600, also in die Erbauungszeit der Kirche passt. Die Deyelsdorfer Kirchenmatrikel von 1725 erwähnt eine seinerzeit weiß gestrichene Kanzel. Der Schalldeckel war etwas jünger und bemalt (vgl. Beschreibung in der Matrikel 1725 auf S. 154). Offenbar war man damit unzufrieden, dass die Kanzel *nur bloß* mit weißer

Farbe gestrichen war, und beauftragte 1742 einen Maler mit den Bildern der vier Evangelisten auf den Kanzelfeldern. Die figürliche Malerei ist liebenswert-einfach. Dargestellt sind die Evangelisten mit ihren Symbolwesen und Schreibgerätschaften. Auf dem aufgeschlagenen Buch in der Hand des Markus ist zu lesen: *Sei getreu bis in den Tod so will ich Dir die Crone des Lebens geben*, bei Johannes steht: *fürchte Dich nicht, ich bin bei Dir [...]* und bei Matthäus: *Will mir* [jemand] *nachfolgen der verleugne sich selbst M 16 V 24*. Lukas hält sein Buch mit den Außenseiten zum Betrachter, so dass hier kein Spruch zu lesen ist.

Der Beichtstuhl

Der untere Teil des Beichtstuhls könnte wie der sich heute in Franzburg befindende Kanzelkorb noch aus der Erbauungszeit der Kirche stammen, der vergitterte obere Teil wurde beim Umbau in den 1870er Jahren hinzugefügt. Wie an der Kanzel scheinen auch die Bilder am Beichtstuhl erst im mittleren 18. Jahrhundert hinzugekommen sein. Bis auf die Bilder wurde bei der Renovierung alles mit einer hellbraunen Holzimitation überstrichen. In den Kassettenfeldern der Brüstung sind vier Szenen mit jeweils erläuternden Inschriften dargestellt. Auf dem ersten Bild steht inmitten einer Landschaft ein Betender vor Gott, der aus dem Himmel zu ihm herabblickt. Der Text dazu lautet: *So wahr als ich lebe, spricht der HERR: HERR, Ich habe keinen gefallen am fade des gottlosen, sonder daß sich der gottlose beßere von seinem wesen und lebe. Hesekiel, 33 Cap, V II*. Auf dem zweiten Bild kniet ein Betender in einer Landschaft, Stock und Hut hat er am Boden vor sich abgelegt, und aus einer Wolke scheint göttliches Licht. Unter der Szene steht: *HERR, wir liegen vor dir mit unserm gebet, nicht auf unsere gerechtigkeit, sondern auf deine grosse barmherzigkeit. Daniel, 9 Cap, V. 18*. Das nächste Bild gibt den darunterstehenden Text *Ich vertilge deine missethat wie eine wolcke, und deine sünde wie den nebel. Kere dich zu mir denn ich er löse dich, Jesaia 44 Cap. V 22*. geradezu wörtlich wieder. Links steht Christus mit einem Strahlennimbus ums Haupt in einer Landschaft und weist auf eine sich verziehende dunkle Wolke am Himmel. Rechts steht in grauen Nebel gehüllt eine Gestalt mit dem Hoffnungsanker. Vergleicht man die Figuren auf dem Bild etwa mit der Matthäusdarstellung auf dem alten Deyelsdorfer Kanzelkorb in Franzburg, dürften kaum Zweifel bestehen, dass die Szenen auf dem Beichtstuhl von derselben Hand herrühren, also vielleicht ebenfalls erst um 1742 entstanden sind. Möglicherweise war dieser Maler auch in Elmenhorst bei Grimmen an Altar und Kanzel tätig. Auch im letzten Bild erscheint eine Gestalt mit einem Hoffnungsanker in der Hand. Aus einer Wolke am Himmel wird die Krone des Lebens gereicht. Der dazugehörige Spruch lautet: *Siehe, um trost war mir sehr bange; Du aber hast dich meiner selen hertzlich angenom men, daß sie nicht verdürbe; den[n] du wirfest alle meine sünde hinter dich zurück, Jesaia 38 C, 17*. Die ursprüngliche innere Gliederung des Beichtstuhles ist nicht erhalten. Aus derselben Zeit stammt ein heute westlich der Kanzel im Gestühl sekundär eingebautes Brüstungsfeld.

Die Taufe

Am Eingang zum erhöhten Altarbereich steht eine in die Stufen eingelassene achteckige neugotische Taufe in Kelchform aus weißem, schwarzgeäderten Marmor aus der Umbauphase der

Die Brüstungsfelder des Beichtstuhls, wohl um 1740, Fotos RK

1870er Jahre. Im Gegensatz zu mittelalterlichen Taufen hat sie in der Mitte oben nur eine relativ kleine Vertiefung zur Aufnahme der Taufschale. Die alte hölzerne Taufe ist heute oben im Turm abgestellt. Wenn sie nicht in Gebrauch war, lag auf ihr ein Pult für Lesungen des Küsters. Auch dieses *Pulpet*, wie es in der Matrikel von 1725 genannt wird, ist erhalten. Sowohl die alte hölzerne Taufe als auch das Pult sind weiß gefasst und mit einer schwarzen, Marmor imitierenden Äderung überzogen. Vermutlich entstand das Stück im 17. Jahrhundert (vgl. Abb. S. 154).

Taufstein, Marmor, um 1875, Foto DW

Die Totenbretter für unverheiratet Verstorbene

Ein Totenbrett an der Nordwand erinnert an die 1646 im Alter von acht Tagen verstorbene Pastorentochter Anne Reusner. Die Inschrift lautet: *Hir ruwet Anne Reusners / Des erwürdigen und andechtigen Herren NICOLAI REUSNERI eliche Leibe Tochter / Selich in Godt dem HERREN entslaffen / ihres alters gewesen 8 dage der Selen / Godt gnedich sey.* Darunter: *Psalm. CIII. / Der Mensche ist in seinem Leben / Wie Gras, er Blühet wie eine Blu / me auf dem Felde Wan der Wind / darüber gehet, so ist sie nicht mehr / da und ihre stedte kennet sie nicht mher.* (Ps 103,15 f.) und *aus dem Hohenlied Salmo. 2. / Mein Früend ist mein, und Ich / bin sein der unter den Rosen / weidet. / ANNO. 1646.* Der Rahmen des Brettes ist außen mit schlichten gesägten und bemalten Ornamenten verziert, und in den bekrönenden Dreieckgiebel ist ein geflügeltes Puttenköpfchen gemalt. Nicolaus Reusner war 1645 von Patron Hans von Wachtmeister-Bassendorf (die Behrs hatten wegen Unterstützung der Kaiserlichen im Dreißigjährigen Krieg das Gut verloren) auf die Deyelsdorfer Pfarrstelle berufen worden. Er verstarb 1651 jung. (HEYDEN 1973, S. 173, Nr. 4) Ähnlich gestaltet ist das Totenbrett für die dreijährige Pastorentochter Catharina Elisabeth Mahß, die 1703 starb. Die bildliche Darstellung auf dem Brett zeigt eine Leichenbahre (solche Bahren sind in Glewitz erhalten), auf der ein mit schwarzem Tuch mit einem weißen Kreuz behängter Sarg steht. Auch hier ziert das Giebelfeld ein gemaltes geflügeltes Puttenköpfchen. Die Inschrift lautet: *Ich habe Einen Gutten / Kampff gekämpffet Ich habe / Meinen lauff vollendet / Ich habe Glauben Gehalten / Fort hin ist mir beygelegt die / Krone der Gerechtigkeit* [2 Tim 4,7 f.] *mein Gott wird / über meinem / Staub stehen / iob 19* [Hiob 19,25]

ich he[be] meine augen / auff zu den bergen / von welchen mir hülffe kommet / meine hülffe kommet von Herrn / ψ 121 [Ps 121,1 f.]
Catharina Elisabeth filia / Godofredi Mahß pasth / Nata Ao 1700 d 9 Aug / denata 1703 d 28 Mart. / S. N. [E?] I B.
Gottfried Maas (Mahß) war 1679 nach Deyelsdorf berufen worden und starb im 29. Amtsjahr 1708 mit 63 Jahren (HEYDEN 1973, S. 173, Nr. 7). Er empfand Deyelsdorf als bösen Ort, der nicht umsonst von seinen Bewohnern den Namen ‚Teufelsdorf' bekommen hätte. Maas hatte 1687, wie schon sein Vorgänger Pastor Bernhard Münch, Auseinandersetzungen mit dem Pensionarius Leutnant Wilhelm Hertel, der ihm sein Vieh pfändete und ihn beleidigt hatte. Ein weiteres Denkmal wurde der 17-jährig verstorbenen Regina Juliana Geist gesetzt. Auf der Tafel heißt es: *Hir ruht in Gott die Edle viel Ehr- und Tugendbegabte Jgfr. Regina Juliana Geisten, welche an dieses tagelicht gebohren worden Ao 1694 d 18 Xbr. aber nach dem gnädigen willen Gottes dis Zeitliche wieder verlaße[n] Ao 1712 d 18 Juny Ihres Alters 17 Jahr 26 wochen Erwartet*

eine fröhliche auferstehung und seel. Vereinigung des Leibes mit der Seelen am Jüngsten Tage Philipp 1.11, Christus ist mein lebe[n] Sterben ist mein Gewinn, Hohelied Salomonis, 11, 16. Mein Freund ist mein und ich bin sein, der unter der Rosen Weydet. Der Rahmen ist mit durchbrochen geschnitztem Akanthusblattwerk verziert, seine Bemalung wurde offenbar im 20. Jahrhundert erneuert.
Ein Totenbrett für den Organisten Riedell von 1750 könnte Indiz dafür sein, dass solche Inschriftenbretter auch vorgefertigt wurden, und dann nur noch Namen und Lebensdaten des Verstorbenen ergänzt zu werden brauchten. Leider sind die mit roter Farbe auf die schwarze Tafel geschriebenen Namen und Daten ohne restauratorische Hilfsmittel wie Streif- oder UV-Licht kaum noch lesbar.
All Hier ruhet in Gott,
Den Herren der Verstorbene
Organist Johann [...]rich.
Riedell geboren den, 18. Juli

ANNO 1717 Gestorben den, 1. November ANNO 1750. Seines Alters, 33 Jahre 4 Monat 13 Tag, Aber der gerechte, Ob er gleich zu Zeitlich stirbt, ist er doch in der Ruhe, den seine seele gefällt Gott, darum eilet der mit ihm Aus dem bösen leben, Im Buch der Weisheit, am 4 Cap: den. 7. und 14. V.

Im Sterberegister findet sich der entsprechende Eintrag, allerdings in der Schreibung *Ridel* und der Altersangabe *so etwa 38 Jahre alt gewesen* (siehe S. 171). Vielleicht lag auf dem profilierten breiten oberen Abschluss ehemals eine Totenkrone. Das ausgesägte florale Ornament an den Seiten ist zusätzlich bemalt.

Auffällig ist, dass fast alle diese Denkmäler in Deyelsdorf Pastorenkindern gesetzt wurden. Ob nur die Pastoren am Ort das Recht hatten, ihren verstorbenen Kindern derartige Erinnerungsmale zu setzen, wissen wir nicht. Einige der Tafeln dürften ursprünglich die für unverheiratet Verstorbene üblichen Totenkronen getragen haben. Denn der Tod eines Unverheirateten wurde als Vermählung mit Christus angesehen. Der Tote wurde mit einer geflochtenen Blütenkrone geschmückt, die nach der Beerdigung in der Kirche auf einer Totenkranzkonsole mit seinem Namen ihren Platz fand.

Das Gestühl der Grafen von Wachtmeister

In der Südostecke, rechts vom Altar, befindet sich das noch auf seine Restaurierung wartende Gestühl der Familie der Grafen von Wachtmeister auf Bassendorf. Die Brüstung ist zum Kirchenraum hin mit Intarsien gestaltet und weist an der Tür das sicherlich nachträglich angebrachte, in Metall gegossene und farbig gefasste gräfliche Familienwappen auf. Die Ornamentformen der Intarsien verweisen noch auf die Zeit des Rokoko, den Grafentitel trugen die Wachtmeisters aber erst ab 1816. Derartige Intarsienarbeiten wird es in pommerschen Herrenhäusern häufig gegeben haben, erhalten geblieben ist von deren einst reicher Ausstattung nach 1945 verschwindend wenig. Bei Kirchendekorationen in der Region sind Intarsien eher die Ausnahme. Bekanntestes Beispiel ist die Renaissancekanzel der Greifswalder Marienkirche. Das Wachtmeistersche Gestühl ließe sich zeitlich vielleicht in die Nähe einer 1763 datierten holzsichtigen Kapellenschauwand in der Stralsunder St. Nikolaikirche einordnen. An der Außenwand im Gestühl sind auf zwei schwarzen Tafeln Schilde mit Namen und den von Kranichen gehaltenen Wappen von zwei verstorbenen Angehörigen der Familie angebracht: Carl Axel Diedrich Wachtmeister (1780–1837) sowie das seines Sohnes Major a. D. Carl Axel Friedrich Graf Wachtmeister (1810–66).

Auf dem Kirchhof befindet sich noch das Grabkreuz für Elis Graf Wachtmeister (1852–88) und Margarete Gräfin Wachtmeister, geborene von Veit (1865–1928).

Tür der Patronatsgestühlsbrüstung mit dem Wappen der Grafen Wachtmeister, Gestühl wohl 2. Hälfte 18. Jahrhundert, Wappen vermutlich 19. Jahrhundert, Foto DW

Wappen des Majors a. D. Carl Axel Friedrich Graf Wachtmeister (1810–66) im Patronatsgestühl, Foto DW

Die Kabinettscheiben

In die sonst eher schlicht gestalteten Fenster sind einige Kabinettscheiben aus dem 17. Jahrhundert eingefügt. Unter ihnen ist auf der Nordseite ein in eine große Raute eingelassenes Allianzwappen von Gerdt Behr, Heinrich Behrs Sohn, und seiner Ehefrau Ilse von Lewetzow zu sehen. Darunter ist das mit *Davit Bher Hein B Son* bezeichnete Behrsche Wappen eingefügt. Eine 1646 datierte ovale Scheibe für Anna Somes zeigt die Handwaschung des Pilatus, während Christus abgeführt wird.

Allianzwappen Gerdt Bher (von Behr) und Ilse von Levetzow, Foto DW

Wappenscheibe Davit Bher (von Behr), Foto DW

Kabinettscheibe mit Handwaschung des Pilatus, 1646, Foto DW

Der Opferstock von 1651

Bemerkenswert ist der schwere, aus einem dicken Balken gefertigte, eisenbeschlagene Opferstock aus dem Jahre 1651. Die Jahreszahl ist zusammen mit den Initialen *MI GI* aus aufgenagelten Blechen ausgeschnitten. Die Riegel der Tür konnten durch zwei Vorhängeschlösser gesichert werden, und eine Eisenkette an der Seite diente einmal zur zusätzlichen Befestigung an der Wand. Nach den Erfahrungen des Dreißigjährigen Krieges mit seinen Plünderungen durch marodierende Söldner war man wohl besonders auf Sicherheit bedacht.

Die Steinplatten über dem Altar

Über dem Altar sind drei steinerne Tafeln eingelassen. Die mittlere Tafel auf der die Empore tragenden Konsole zeigt ein geflügeltes Engelsköpfchen mit den Initialen *B* (kleiner daneben: *ernt*) und *R* sowie die eingeschnittene Jahreszahl 1661. Links inmitten von

Fruchtgehängen ein Wappen, dessen Darstellung auf Schild und Helmzier nicht mehr erkennbar ist. Rechts das Wappen der Behrs, ein sogenanntes ‚redendes Wappen‘ mit dem Bären als Wappentier. Vermutlich sind die drei Steine erst bei der Thormannschen Umgestaltung der Kirche an dieser Stelle eingesetzt worden. Da 1661 schon die Wachtmeisters das Patronat hatten, ist die Verbindung mit dem Behrschen Wappen unklar.

Die Grabplatte vor dem Altar

In den Fußboden vor dem Altar ist eine große steinerne Grabplatte eingelassen. Die schwarz ausgegossene Inschrift lautet: *AGNESA LUWISA / VON DER KETTENBOURG / AUS DEM HOCHADELICHEN HAUSE / MATENDORFF VERMÄHLT GEWESENE / BARONIN UND GENERAHLMAIORIN / VON WACHTMEISTERN / GEBOHREN DEN 18 APRILL 1693 / UND DIS ZEITLICHE GESEGNET / DEN 6 FEBRUARI 1759 / IM IAHR IHRES RUHMVOLLEN ALTERS / Im Grabe liegt mein Schatz / da soll mein Hertz auch liegen / Gib ihm mein Jesu Platz / Ich will mich zu dier schmiegen / Am Ende soll man mich /*

Auf deinen Tod begraben / Durch dich Begrabnes Heil / Werd ich das Leben haben. Das alte Herrenhaus der von Kettenburgs in Matgendorf bei Teterow brannte 1851 ab. An seiner Stelle steht heute ein Neorenaissancebau im englischen Garten.

Die Gedenktafel für die Gefallenen des 1. Weltkriegs

An einem Pfeiler der Südwand ist eine relativ schlichte, farbig gefasste Gedenktafel für die Gefallenen des 1. Weltkriegs aus den Gemeinden angebracht.

Das erste Opfer war am 7. September 1914 Ernst Pohl aus Fäsekow-Stubbendorf, noch im gleichen Monat fielen vier weitere Gemeindemitglieder. Insgesamt sind auf der Tafel zwanzig Namen von Gefallenen aus Deyelsdorf, Bassendorf und Fäsekow-Stubbendorf verzeichnet. Unten auf der Tafel, die mit Stahlhelm, Eichenlaub, Eisernen Kreuzen und Lorbeergirlanden ‚verziert' ist, steht der häufig in diesem Zusammenhang gebrauchte Spruch: *Niemand hat größere Liebe denn die, daß er sein Leben lässet für seine Freunde.* (Joh 15,13) Bekrönt wird die Tafel von einem Kreuz mit einer Dornenkrone. An den einzigen Adligen auf der Liste, Leutnant Gustav von Veit, erinnert auch ein mit Eichenlaub und ‚Eisernem Kreuz' verzierter Stein, *von kunstsinniger Kameradenhand in Feindesland ausgemeißelt.* Um den Stein nicht draußen der Verwitterung auszusetzen, wurde er innen an die Ostwand der Kirche gesetzt. Gustav von Veit war der Bruder des Patrons und hatte seine Jugend in Deyelsdorf verbracht.

Die Grabstelle der Patronatsfamilie von Veit

Auf dem Kirchhof nordwestlich der Kirche befindet sich die von einem schmiedeeisernen Gitter umgebene Ruhestätte der in der Kirchenchronik viel gelobten Patronatsfamilie von Veit. Die großen Grabplatten erinnern an den Geheimen Obermedizinalrat Prof. Dr. Gustav von Veit (1824–1903), den Gründer der Bonner Frauenklinik und Präsidenten der Deutschen Gesellschaft für Geburtshilfe und Gynäkologie, an seine Ehefrau Marie von Veit sowie seine Söhne, den königlich-preußischen Landrat Dr. August von Veit (1861–1927) und den bei Nouvron in Nordfrankreich gefallenen Leutnant der Reserve Gustav von Veit (1891–1914) (siehe auch den Gedenkstein innen an der Ostwand der Kirche).

Gustav von Veit hatte von 1854 bis 1864 den Lehrstuhl für Geburtshilfe an der Universität Rostock inne und lehrte anschließend bis zu seiner Emeritierung im Jahre 1893 in Bonn. Nach ihm und William Smellie ist der Veit-Smellie-Handgriff zur Geburtshilfe bei einer Beckenendlage des Kindes benannt.

Die den Friedhof umstehenden mächtigen Linden waren 1881 vom Stralsunder Kunstgärtner Alwin Lorgus (1852–1920) anstelle der alten hohlen Eschen gepflanzt worden.

DIE ORGEL UND DIE GLOCKE IN DEYELSDORF

Rolf Kneißl

Die Orgel

Ursprünglich wurde die Deyelsdorfer Orgel von dem aus Danzig stammenden und in Grimmen ansässigen Orgelbauer Christian Weldt (1750/51 reparierte er die Grimmener Orgel) gebaut. Nach einem Hinweis in der Chronik entstand sie vermutlich im Jahre 1741/42. Christian Weldt war eventuell ein Schüler des bekannten norddeutschen Orgelbauers Arp Schnitger (1648–1719). Der Schnitzprospekt, der Spieltisch und drei von acht Registern sind aus dieser Zeit erhalten.

Der wohl erste Deyelsdorfer Organist hieß Ridel (Riedell) und starb *so etwa 38 Jahre alt gewesen*, wie uns das Sterberegister von 1750 verrät. Ihm ist auch ein Sterbebrett in der Kirche gewidmet (siehe S. 165 f.).

1878 wurde die Orgel dann durch den Stralsunder Orgelbauer Friedrich Albert Mehmel (1827–88) umgebaut. Sie erhielt in diesem Zusammenhang eine Präzisionslade. Diese Windladenkonstruktion macht die Orgel zu einem Unikat. In der technischen Umsetzbarkeit war dieses Konstruktionsprinzip

Die Mehmelorgel (1878) im Gehäuse von Christian Weldt (1741/42), Foto RK

wohl zu teuer, um in anderen Orgeln weitere Nachbauten zu erfahren. So blieb die Orgel in Deyelsdorf ein Einzelstück.

In einer Orgelbauzeitschrift vom 01.03. 1880 heißt es bezüglich der Präzisionslade: *In dem Gebiete der Kunst herrscht voller Communismus, man darf daher nicht bloß nehmen, sondern muß auch sein Eigenthum zum allgemeinen Gebrauch hergeben. Herr Mehmel behält die Bauart der Präzisionslade noch für sich, das ist nicht communistisch. Darum heraus damit!*

In der Orgel befinden sich zwei Inschriften.

Ein Schüler Mehmels schrieb:
Diese Orgel wurde von Mehmel in Stralsund erbaut im Jahre 1874 [wohl ein Fehler]. *Es war ein Schmerzenskind die ersten Jahre, denn die Windlade mußte verschiedene Verbesserungen haben, nach dem Tode von Mehmels wurde die Orgel verschiedentlich behandelt und das Pfeifenwerk total ruiniert. So gut es ging habe ich sie jetzt wieder hergestellt. Juni 1925   F. Beyer Orgelbauer Zingst a/Darß*

Als Lehrling bei Mehmel gewesen von 1879 bis 1884.   Mehmel starb 1888
Nur 9 Jahre später schrieb der Orgelbauer Walter Stutz:

Das letzte stimmt nicht. Herr Beyer hat an das Pfeifenwerk nichts gemacht. Walter Stutz   Juni 1934
Die Präzisionsladenorgel hat sieben Register, welche sich auf ein Manual und ein Pedal verteilen, und wurde 1998 von der Orgelbauwerkstatt Reiner Wolter aus Dresden restauriert.

Die Glocke

Die heute vorhandene Deyelsdorfer Kirchenglocke wurde im Jahre 1933 von der 1826 gegründeten Hofglockengießerei Franz Schilling Söhne aus dem thüringischen Apolda gegossen und ersetzt die kleinere, im Krieg als Metallreserve eingeschmolzene Glocke des ursprünglich zweistimmigen Geläuts. Ihre Inschrift berichtet davon:
ANSTELLE DER DEM VATERLANDE GEOPFERTEN GLOCKE, TRAGE ICH DIESELBE INSCHRIFT: LIEBES GLOECKLEIN TOENE! CHRISTEN FOLGT DEM RUF MIT FROMMEN SINN IN NOT UND GEFAHR EILE

(links) Detail vom Spieltisch mit Intarsien und Tastatur von 1741/42, Foto RK

(rechts) Lautespielender Engel vom barocken Orgelgehäuse, Foto RK

WER DICH HOERE, SCHNELL
ZUR RETTUNG DEINER BRUEDER
HIN.
1933
[Firmenmarke mit umlaufender Schrift:]
FRANZ SCHILLING SÖHNE APOLDA
1826

Die Entstehungsgeschichte der in der Inschrift erwähnten Vorgängerglocke wird im 1. Band des Memorabilienbuches (begonnen 1822) erzählt:

Im Herbste des Jahres 1834 wurde die große Glocke durch einen erhaltenen Riß unbrauchbar. Sie wurde daher auf Veranlassung des Herrn Grafen Wachtmeister, Patron der Kirche, abgenommen und kurz vor Weihnachten desselben Jahres nach Stralsund geschickt, um daselbst vom dortigen Glockengießer, Namens Zach, umgegossen zu werden. Ob diese Glocke nun gleich schon im Jahre 1835 fertig war; so blieb sie doch, da nicht so gleich Zahlung geleistet werden konnte – denn sie kostet 200 Rth. [Reichstaler] *22 Sgr.* [Silbergroschen] *– beim Verfertiger stehen, wurde erst den 5t. März 1836 von Herrn Pächter Holsten Eingepfarrter des Deyelsdorfer Kirchspiels abgeholt und am 6t. desselben Monat des Morgens im Thurme aufgehangen und da es gerade Sonntag war damit die Mitglieder zur Kirche gerufen. Dem äußeren Anschein nach ist es eine recht hübsche Glocke etwas schwerer als die alte war, hat einen guten Ton, ist mit dem gräflichen Wappen und Namen Axel Diedrich v. Wachtmeister, des Predigers Christ. Friedr. Eichstädt, des Küsters Johan Christ. Frenk, der beiden Kirchenvorsteher Friedrich Bernhard Trau und Joh. Christ. Becker und mit folgenden vom Unterschreiben verfertigten Verse versehen.*
Glocke, töne lange nun zu Gottes Ehre!
Christen folgt dem Ruf mit frommen Sin.
In Noth und Gefahren eile, wer dich höre
Schnell zur Rettung seiner Brüder hin!
Chr. Fr. Eichstädt.
Prediger.

Die Glocke von
1933, Foto RK

Datierung und
Marke der
Glockengießerei,
Foto RK

Rakow – Klein Rakow

Die Geschichte des Ortes und der Kirche

Tilo Schöfbeck

Detail der Schwedischen Matrikelkarte von Deyelsdorf 1696, LAKD, Landesarchiv Greifswald, Signatur AIV a35

Etwa sieben Kilometer südlich von Grimmen, unmittelbar benachbart zu Groß Rakow, befindet sich das Dorf Klein Rakow mit seiner stattlichen Kirche. Eigentümlich ist die Tatsache, dass sich hier das Kirchdorf im Klein-Ort befindet und nicht in Groß Rakow. Im Zuge der deutschen Ostsiedlung, der Einwanderung, Neustrukturierung und intensi-

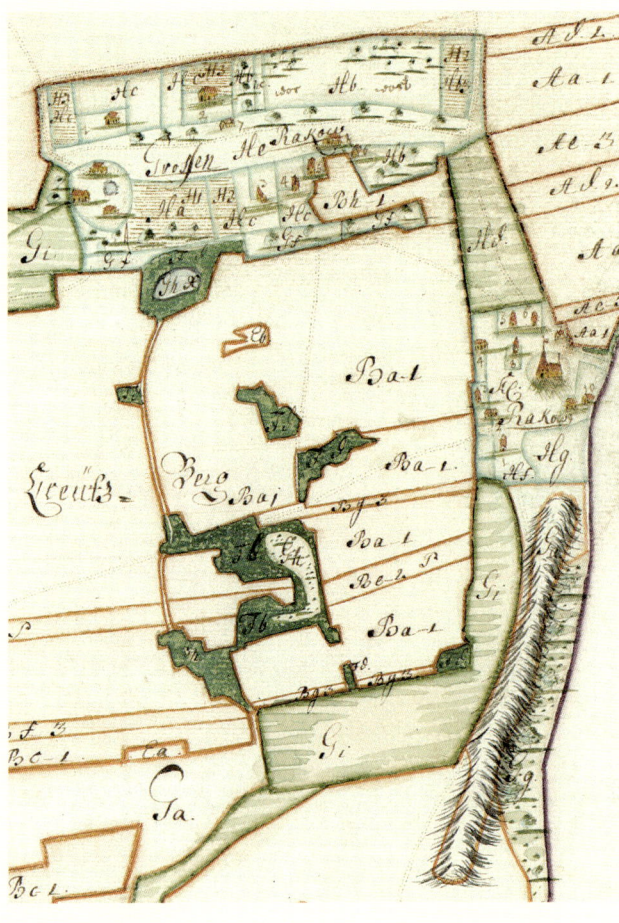

ven Landnutzung zu Beginn des 13. Jahrhunderts, entstanden häufig sogenannte ‚Doppeldörfer‘. Die Kirchspielorte finden sich sonst fast immer in den Groß-Dörfern, Beispiele dafür sind Groß Kiesow, Groß Mohrdorf oder Groß Raden.

Die Ursache mag in der Geschichte von Klein und Groß Rakow begründet liegen. Am 31. Oktober 1232 wurden beide erstmalig erwähnt, als auf Bitten des Bischofs Conrad von Cammin der Herzog Wartislaw III. dem Kloster Doberan erst einen Teil, in den folgenden Jahren die ganzen Dörfer (einschließlich des benachbarten Bretwisch) schenkte. Die nächste aussagekräftige Urkunde, das Loitzer Bederegister von 1343, besagt, dass Groß Rakow 38 Hufen hätte, in Klein Rakow dagegen u. a. ein Schuhmacher, ein Schneider sowie ein Schmied lebten und das Dorf über ein Gasthaus verfügte. Eine Handwerkersiedlung also, zudem noch Kirch- und Marktort, damit Mittelpunkt der Parochie.

Das Kirchspiel Rakow umfasste zu dieser Zeit die Dörfer Groß und Klein Rakow, Dönnie, Düvier, Grischow, Grabow, Wüsten Bilow und Bretwisch. Aufgrund der Größe der Parochie waren in Düvier, Dönnie, Wüsten Bilow und Bretwisch bereits eigenständige Kapellen vorhanden. Dort fanden aber üblicherweise nur gelegentlich Gottesdienste statt, die wichtigen kirchlichen Feste und Sakramente blieben mit der Pfarrkirche verbunden.

Das Patronatsrecht über Mutterkirche und Kapellen muss das Doberaner Kloster ebenfalls noch im 13. Jahrhundert er-

halten haben, denn 1288 gab es einen Streit mit dem Ritter Ludolf von Schlags-dorf über das Recht, wer den Priester ein-setzen darf. Er wurde mit einem Vergleich geschlichtet, in dessen Folge dieses Recht nach einer Ausnahme dauerhaft bei Do-beran verblieb. Damit erhielt das Kloster nachhaltigen Einfluss, der sich jedoch nicht unmittelbar in der Architektur wie-derfindet. Erst nach der Reformation ging das Patronat an den Landesherren über. In Stralsunder Testamenten des 15. Jahr-hunderts ist zudem überliefert, dass Ra-kow ein Gnadenort für Wallfahrten zum Heiligen Leichnam gewesen sei. Hier wurde wohl eine Hostie stellvertretend für den Leib Christi angebetet. Baulich schlägt sich das jedoch nicht nieder, auch fehlen weitere Nachrichten dazu. So gehörte die Kirche zu den kleineren Wallfahrtsorten wie Levenhagen, Zin-nowitz oder Zudar.

Die Kirche

Einfach und ländlich erscheint die Klein Rakower Kirche. An einen frühgoti-schen Chor aus Feldstein schließt sich ein etwas breiteres Kirchenschiff aus Backstein an, im Westen erhebt sich trutzig der eigentümliche, heute ze-mentgrau verputzte Turm mit dem ge-böschten Obergeschoss und seinem schlichten Pyramidenhelm.
Das Kirchenschiff aus Backstein – kei-neswegs! Nur die südliche Schauseite, die auf den Marktort hin ausgerichtet war, wurde in diesem herausgehobenen Baumaterial errichtet, die Nordwand hingegen zeigt sich in unregelmäßigem Feldsteinmauerwerk. Die bauhistori-sche Analyse dokumentiert, dass es sich eindeutig um ein und dieselbe Baupha-se gehandelt hat – also wirklich eine be-wusste Maßnahme.

Die Baugeschichte begann in den 1270er Jahren, als in den typischen Formen der Zeit ein Chor errichtet wurde. Eine Dreifenstergruppe im Osten, ein (neuzeitlich überputzter) Blendengiebel, Reste eines aufgemalten Quaderfugennetzes und nicht zuletzt die typische Kuppelwölbung kennzeichnen ihn als die erste Dorfkirchengeneration im Land. Als Besonderheit erhielt er eine große, zweijochige Sakristei. In beiden Teilen unterschiedlich gewölbt, fällt das

Grundriss und Schnitt der Rakower Kirche, Zeichnung von Kreisbaumeister Frölich 1878, Bildarchiv Caspar-David-Friedrich-Institut, Ernst-Moritz-Arndt Universität Greifswald

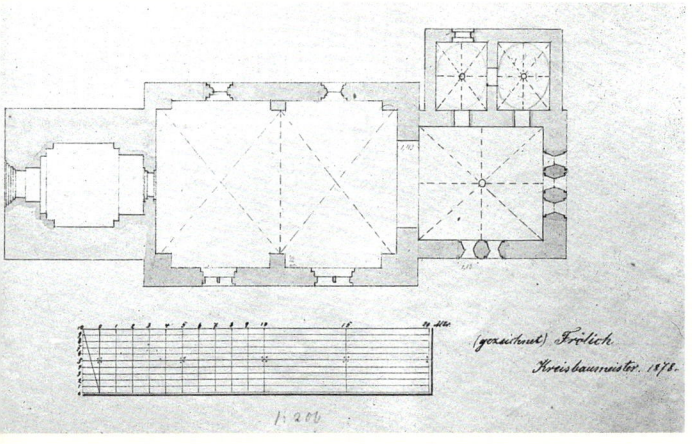

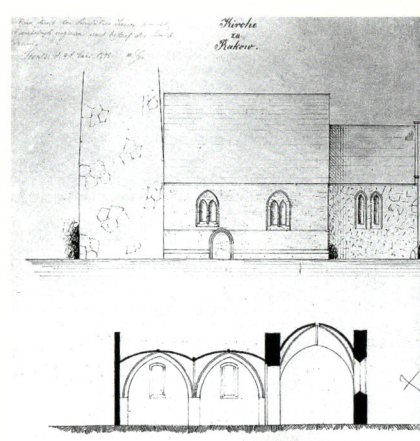

achtteilige Bandrippengewölbe auf, analog zum Chorjoch. Es dürfte um 1280 entstanden sein. Ob in die Garwe- oder Gerbekammer, wie man die Sakristei früher nannte (weil man hier auch die liturgischen Stoffe lagerte), auch eine Kapelle integriert war? Die Größe überrascht und dürfte wohl kaum etwas mit den erst im Spätmittelalter erblühenden Wallfahrten zu tun haben. Im Inneren tragen die Bandrippen der Chorkuppel die Fassung des 13. Jahrhunderts, die ebenfalls rekonstruierten Rankenmalereien in Chor und Langhaus gehören in das 15. Jahrhundert.

(rechts) Innenraum nach Osten, historische Aufnahme um 1900, Pfarrarchiv Glewitz

(links oben) Farbbefund der aufgemalten Quaderung auf der Chorsüdseite, Foto RK

(links unten) Die zweijochige Sakristei mit unterschiedlichen Spielarten der Kuppelwölbung, Foto TS

(unten) Die Kirche von Südosten, Foto TS

Es ging ein gutes Jahrhundert ins Land, bis die Gemeinde in der Lage war, sich ein festes Kirchenschiff zu leisten. Die dendrochronologische Untersuchung des erhaltenen Originaldachwerks ergab eine Fertigstellung des Langhauses im Jahr 1386. Die südliche Schauseite gestaltete man in der Formensprache, wie sie nach der Mitte des 14. Jahrhunderts mehrfach in Vorpommern zu finden ist. Die Wände über einem sauberen Sockel mit feinem Abschlussprofil erheben sich glatt und ohne Strebepfeiler. Ein horizontales Band, das Kaffgesims, umgürtet den Baukörper und umläuft dabei ganz organisch das Spitzbogenportal. Die Nordseite dagegen ist denkbar schlicht

Der Chorraum mit seiner Domikal-kuppel, Foto TS

gehalten. Für den Eckverband wurden große Feldsteinquader verwendet, das übrige Mauerwerk besteht aus unregelmäßigen Feldsteinen mit zwei etwas hilflos platzierten Fenstern mit Backsteingewänden und Segmentbogensturz, unter dem westlichen ein einfaches (heute vermauertes) Spitzbogenportal. Die beiden rechteckigen Lichtöffnungen auf beiden Langseiten sind erst entstanden, als im 19. Jahrhundert die heutige Orgelempore errichtet wurde.

Im Inneren ist das Langhaus kreuzrippengewölbt, die Stabilität gewährleisten einwärts gezogene Strebepfeiler, so dass die großen Wandarkaden dem Raum einen ruhigen, angenehmen Rhythmus verleihen.

Die Dachkonstruktionen über Chor und Schiff wurden zur Barockzeit neu errichtet. Diejenige über dem Schiff konnte auf die Zeit um 1662 dendrochrono-

Südportal mit umlaufendem Kaffgesims, Foto RK

Die Nordseite aus Feldsteinmauerwerk, Foto RK

Der Kirchenraum nach Osten, Foto TS

Das Dachwerk in seinem heutigen barocken Erscheinungsbild, Blick nach Osten, Foto TS

logisch datiert werden, dabei wurden teilweise Hölzer von 1386 wiederverwendet.

Der Turm mag am merkwürdigsten erscheinen, grau verputzt mit geböschtem Obergeschoss. Das ist ungewöhnlich für einen steinernen Turm, und tatsächlich verbirgt der Putz ein kleines Geheimnis. In Wirklichkeit haben wir es hier mit einer hölzernen Ständerkonstruktion aus dem Jahre 1422 zu tun.

Nur das Sockelgeschoss ist massiv gemauert, darüber trug der Turm ursprünglich eine Bretterverschalung, wie sie sich gelegentlich an hölzernen Glockentürmen Norddeutschlands noch findet (Dersekow, Kirch Baggendorf, Tribohm). Die Wetterseite muss jedoch so stark gelitten haben, dass der Turmaufsatz bereits 1502 repariert und im Inneren durch ein zusätzliches Ständergerüst gesichert werden musste. Solche

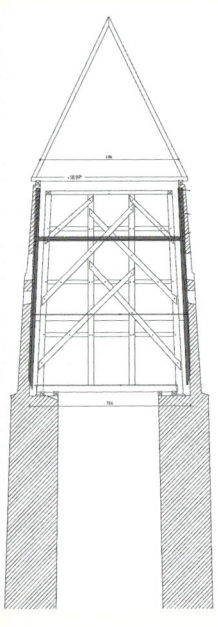

exakten Ergebnisse lassen sich selbstverständlich nur durch bauhistorische Untersuchungen und Dendrochronologie erzielen – an schriftlichen Nachrichten dazu aus Mittelalter mangelt es.

Die jüngeren Instandsetzungen wurden durch einen Bericht von 1934 im Turm-knopf schriftlich überliefert, so die Neueindeckung mit Schiefer im Jahre 1854 und die Wiederanbringung von Helmstange, Knopf und dem vergoldeten Wetterhahn mit der Jahreszahl 1828. Bereits 1878 musste die Bedachung neu verlegt werden, 1934 erfolgte die nächste Erneuerung.

DIE AUSSTATTUNG DER KIRCHE IN RAKOW

Detlef Witt

Die Renovierung von 1955 durch Gustav Hoffmann

Im April 1955 wurden bei den Vorarbeiten für eine Renovierung der Kirche im Chorgewölbe mittelalterliche Ausmalungen gefunden. Die unter späteren Tünchen aufgedeckten Malereien stammten aus zwei Epochen: die älteren, mit einer Vorritzung verbundenen, aus der Bauzeit der Kirche um 1280 und die jüngeren aus dem 15. Jahrhundert. Von der Denkmalpflege wurde entschieden, beide Gestaltungen sichtbar zu lassen und keine Ergänzungen vorzunehmen. Die Gewölbeflächen um die freigelegten Malereien wurden neu gekalkt. Im Schiff hatte Hoffmann in vier Bereichen Überreste von mittelalterlichen Ausmalungen gefunden und an drei

Stellen unbehandelt stehen gelassen. Von den spärlichen Resten am nördlichen Teil der Ostwand des Kirchenschiffes neben dem Triumphbogen wurde nach der Freilegung eine Pause angefertigt und anschließend der Befund wieder übertüncht. Das als Pendant an der Ostwand des Kirchenschiffes auf der Südseite freigelegte rankengeschmückte Kreuz könnte den Standort eines Nebenaltars markieren, vergleichbar sind Malereibefunde in Kirch Baggendorf und Klockow. Nebenaltäre waren auch in kleineren Dorfkirchen in vorreformatorischer Zeit Standard – Befunde dafür sind beispielsweise mehrere mittelalterliche Mensaplatten in der Dorfkirche von Landow auf Rügen. Zur Datierung dieses Malereibefundes wurden von Hoffmann keine Aussagen getroffen. Vermutlich ist diese Malerei älter als die Fragmente an der Nord- und Südwand. Im östlichen Bereich der Nordwand haben wir bei der Darstellung mit hoher Wahrscheinlichkeit die Höllenfahrt Christi vor uns (von Hoffmann als Auferstehung gedeutet). Christus, mit Len-

denschurz und vorn offenem Mantel bekleidet, trägt den langen Stab der Siegesfahne. Mit der linken Hand greift er eine rechts kniende Gestalt am Handgelenk. Dieser Gestus gehört ikonografisch zur Errettung Adams aus der Vorhölle. Auf der gegenüberliegenden Südwand ist nur noch das rote Bein eines Mannes in kurzem, seitlich geschlitzten Rock deutlich zu erkennen. Der Inhalt der Szene lässt sich aus diesem Fragment

Chorgewölbe, Blattornamente des 13. Jahrhunderts stehen neben Rankenornamenten des 15. Jahrhunderts, freigelegt 1955, Foto TS

(links) Mittelalterliche Wandmalerei auf der Ostwand des Kirchenschiffes, Südseite, Foto RK

(rechts) Fragment der Höllenfahrt Christi, 15. Jahrhundert, freigelegt 1955, Foto DW

Symbol für Glaube, Liebe, Hoffnung, Schablonenmalerei Gustav Hoffmanns von 1955, Foto DW

Detail der Nord-empore mit Renais-sancefüllungen, Foto DW

chenmaler Gustav Hoffmann sollte für die Anleitung der Maler 250 DM bekommen. Bereits am 25. Juli 1955 waren die Arbeiten abgeschlossen. Der Restaurierungsbericht Hoffmanns datiert vom 19. September des Jahres. Da die Gewölberippen vor der zweiten mittelalterlichen Raumfassung überputzt worden waren, hat man dort nicht die vorgeritzte Erstfassung freigelegt. Die Rippen begleitende Blatt- und Rankenmalerei zeigt die beiden aufeinanderfolgenden Gestaltungsphasen heute parallel nebeneinander. Älter sind die kurzen, dickfleischigen Blätter in Rot und Hellgrau, die denen im Chorgewölbe von Kirch Baggendorf entsprechen, das ebenfalls im ausgehenden 13. Jahrhundert entstand, während die langen dünnen, gedrehten Ranken in Rot und Grün aus dem 15. Jahrhundert stammen.

Im Zuge der Restaurierung von 1955 wurde auch das Altarretabel von der braunen Ölfarbe der Gründerzeit befreit sowie das mittelalterliche Triumphkreuz, das mit Ölfarbe gestrichen war, abgelaugt – d. h. bis aufs Holz freigelegt. Ob unter der Ölfarbe seinerzeit noch die originale Bemalung erhalten war, ist nicht dokumentiert. Die ‚Wiederherstellung‘ der Farbigkeit der anderen Ausstattungsstücke erfolgte nicht nach originalen Befunden, sondern im für Hoffmanns Neufassungen typischen Farbkanon von Grau- und Rotbraun-Tönen. (zum Kirchenmaler Hoffmann siehe auch S. 101 f.) Charakteristisch für Hoffmannsche Raumfassungen sind auch die Schablonenmuster auf der Laibung des Triumphbogens und die auf die Emporenbrüstung gemalten stilisierten christlichen Symbole. An der Nordempore stehen Sinnbilder für die Feste im Kirchenjahr – vom Advent bis zum Ewigkeitssonntag: beispielsweise eine Krippe mit Kreuz und Stern darüber für Weihnachten, ein Kreuz mit einer Krone für Himmelfahrt, ein Dreieck mit Strahlenkranz um das ‚Auge Gottes‘ für Tri-

schwerlich erschließen. Stilistisch dürften diese beiden Szenen zur rot/grünen Rankenmalerei im Chorgewölbe, also ins 15. Jahrhundert gehören.

Die Mittel für die Renovierung der Kirche brachte die Gemeinde durch Spenden zum größten Teil selbst auf. Die Kosten für die Neuausmalung wurden mit 8 800 DM veranschlagt, der Kir-

nitatis, die Lutherrose für das Reformationsfest sowie für den letzten Tag ein Kreuz mit Sense und Stundenglas. An der Südempore, die mit floralen Ornamenten geschmückt ist, stehen auf zwei Feldern Daten aus der Rakower Kirchengeschichte. An der Brüstung der Orgelempore nennt zwischen den Evangelistensymbolen eine Liste 22 Namen der hier seit der Reformation wirkenden Pastoren. Darunter Christian Lindemann (1623–77 im Amt), an dessen Tochter das kleine Epitaph im Turm erinnert, Heinrich Joachim Huth (1727–37), zu dessen Amtszeit Elias Kessler die neue Kanzel schuf, Daniel Grotjohann (1771–1809), unter dem das Altarretabel errichtet wurde, und Kurt von Puttkamer (1877–1946, im Amt 1929–43), dessen Wappen neben denen der Familien von Behr, von Schmalensee und von Wackenitz an der Nordempore gemalt ist. Leider sagt die Hoffmannsche Neubemalung nichts über den ursprünglichen Zusammenhang der dargestellten Wappen aus. Der graue Anstrich der Emporen zieht das historisch Gewachsene zu einer Einheit zusammen. Die ältesten auf der Empore verbauten Füllungen weisen noch Renaissanceformen auf. Mit über-

strichenen älteren Bemalungen und Inschriften ist zu rechnen.

Das Altarretabel von 1806

Der schlichte hohe zweigeschossige Altaraufsatz vor den Chorfenstern wurde 1806 von dem Stralsunder Bildhauer Christoph Nathanael Freese (1759–1836) errichtet, der auch die Kanzel und den Taufengel in Glewitz fertigte. Christoph Nathanael Freese war Sohn des Stralsunder Bildhauers Jakob Freese (gest. 1778), der u. a. den Skulpturenschmuck in der Greifswalder Universitätsbibliothek (heute Aula) geschaffen hatte. Die Ölbilder des Altars stammen vermutlich von dem Maler Liebrath, der sich auf der Rückseite des Altars verewigt hat. Den Vorschlag für den Neubau des Altars hatte Pastor Grotjohann im Mai 1804 anlässlich der Revision der Kirchenkasse gemacht. 235 Reichstaler wurden für den Neubau des Altars veranschlagt. Am 16. Oktober 1805 wurde das Vorhaben nach dem Entwurf Freeses von der zuständigen Stralsunder Regierungsbehörde genehmigt. Um die Kosten möglichst niedrig zu halten, erbot sich der Pastor, Freese und seine Mitarbeiter während der Aufrichtung des Altaraufsatzes umsonst zu beherbergen und zu beköstigen. (LAG: Rep. 10, Nr. 3882 II) Leider liegt der in den Schreiben erwähnte Riss (Entwurfszeichnung) den Akten der schwedischen Regierung in Stralsund, die das Patronat innehatte, nicht bei, da dieser an den Amtshauptmann Boltenstern in Loitz, dem die Bauleitung oblag, zurückging.

Im Laufe seiner Geschichte erfuhr der Altaraufsatz mehrere Überarbeitungen bzw. Renovierungen, wovon u. a. die vielen Inschriften auf der Rückseite zeugen. Das plastische Kruzifix im Kreuzigungsbild ist ein Metallguss wohl aus den 1860er Jahren. Das gleiche Kruzifix steht in der Glewitzer Kirche. Die heutige Farbfassung des Aufbaus von 1955 in stumpfen, ins Grau gebrochenen rötlichen Pastelltönen stammt wie die Fassung der Emporenbrüstungen und die Ornamente am Triumphbogen von dem Kirchenmaler Gustav Hoffmann. Die ursprüngliche klassizistische Farbgebung war Perlblau mit weißen Säulen,

weiß lackierten Figuren sowie vergoldeten Ornamenten, wie aus einem *Specificierten Kostenverschlag zu die Anfertigung eines neuen Altars in der Rackower Kirche* von Nathanael Freese vom 24. August 1805 hervorgeht. Später war das Retabel bei der großen Instandsetzung im Jahre 1898 durch den Grimmer Maler Griwahn braun gestrichen worden (siehe auch Bleistiftinschrift auf der Rückseite des Retabels).

Im Sockelgeschoss – der Predellenzone – sehen wir das Letzte Abendmahl. Christus, der vor einem Kelch in der Mitte am Tisch sitzt, ist durch einen strahlenden Nimbus ausgezeichnet. Der Verräter Judas sitzt isoliert von den anderen Aposteln mit dem Rücken zum Betrachter vor dem Tisch. In der Hand hält er den Geldbeutel mit den 30 Silberlingen, die er für den Verrat bekommen hat. Die beiden Sprüche auf den Säulenpostamenten neben dem Bild, *Nehmet hin und esset das ist mein Leib* und *nehmet hin und trincket das ist mein Blut,* beziehen sich auf das Abendmahl. Vor dem Gekreuzigten im

(links) Altarretabel von Christoph Nathanael Freese, 1806, Foto DW

(rechts) Kreuzigungsszene des Altarretabels, Kruzifix aus Metallguss, wohl Mitte 19. Jahrhundert, Foto DW

von Säulen gerahmten Hauptbild kniet eine Sünderin in betender Haltung. Es ist nicht ganz klar, ob es sich hier um Magdalena handelt, da diese unter dem Kreuz meist durch ihr langes offenes Haar gekennzeichnet ist. Über dem Kreuzesbalken steht der Spruch des Propheten Jesaja: *Mir hast du Arbeit gemacht in deinen Sünden und pp. / Ich Ich tilge deine [Ü]bertretung pp Jes: 43.24.25.* Darunter ist zu lesen: *Schau her! hir lieg ich Armer! der Zorn verdient. Gib mir o mein Erbarmer, den Anblick deiner Gnad.* Diese Stelle stammt aus der vierten Strophe des bekannten Kirchenliedes ,O Haupt voll Blut und Wunden' Paul Gerhardts (1607–76). Mit dem gegossenen Gekreuzigten ersetzte man vermutlich in der zweiten Hälfte des 19. Jahrhunderts das damals wahrscheinlich schon stark von Anobien geschädigte geschnitzte Kruzifix. In der zweiten Hälfte des 20. Jahrhunderts kam der Torso des Gekreuzigten, der bis dahin vermutlich auf dem Kirchenboden gelegen hatte, in die Sammlung kirchlicher Kunst in die Wusterhusener Kirche und wurde erst im August 2011 zusammen mit einem Zinnkelch und einer Patene aus Rakow von Pfarrer Kneißl zu-

rückgeholt. Dass beschädigte Holzskulpturen im 19. Jahrhundert gegen Metallgüsse ausgetauscht wurden, dürfte relativ selten sein. Ein weiteres Beispiel dafür gibt es beim barocken Altarretabel in Lüssow im Kreis Ostvorpommern, wo ebenfalls das Kruzifix ersetzt

Abendmahlsszene in der Predella des Altarretabels, Foto DW

Kruzifix, Christoph Nathanael Freese, 1806, ursprünglich zum Altarretabel gehörend, Foto RK

wurde. Die Inschrift auf dem Gebälk über dem Kreuzigungsbild des Rakower Altarretabels wurde bei der letzten Renovierung nicht erneuert. Das Obergeschoss zeigt ein Gemälde der Auferstehung Christi mit dem Spruch: *Ich bin die Auferstehung und das Leben / Joh: 11.25.* Christus steht inmitten eines breiten vom Himmel ausgehenden Lichtstrahls im offenen Sarkophag, dessen Deckel von einem Engel gehalten wird. Drei Soldaten, die das Grab bewachen sollten, weichen mit erschrockenen Gebärden vor der Lichtgestalt zurück. Die Bekrönung des Retabels bildet eine geschnitzte Himmelfahrtsszene. Auf dem Gebälk darunter steht: *Ich fahre auf zu meinen und zu euren Vater* (Joh 20,17). Christus, das Haupt von einem Strahlennimbus umgeben, steht mit erhobenen Armen auf einem Berg inmitten einer Wolke, neben ihm zwei aufblickende Jünger in betender Haltung. Die Stiftungsinschrift auf der Rückseite nennt den Loitzer Amtshauptmann von Boltenstern, den Pastor Grotjohann und den Vorsteher Waterstradt. Unter dem hellgrauen Anstrich der Rückseite verbirgt sich auf den Brettern des oberen Teils eine fragmentarisch erhaltene Malerei auf Kreidegrund. Möglicherweise wurden an dieser Stelle bemalte Bretter eines älteren Stückes wiederverwendet. Notwendig wäre eine restauratorische Untersuchung und Sicherung der lockeren Malschicht.

Die Barockkanzel von 1728/29

Sehr schmerzlich ist der weitgehende Verlust des Skulpturenschmuckes der barocken Kanzel. Heute kann man sich kaum noch ein Bild vom einstigen prächtigen Aussehen dieses ‚Predigtstuhls‘ machen, der von keinem geringeren als dem Stralsunder Bildhauer Elias Kessler (andere Schreibung: Keßler) (um 1690–1730), dem bedeutendsten Barockbildhauer in Vorpommern, geschaffen worden war. Karl Möller erwähnt 1933 noch drei der ursprünglich vier geschnitzten Evangelistenfiguren des Kanzelkorbes und die Figur des Auferstandenen vom Schalldeckel als beschädigt auf dem Turmboden liegend. Am Rand des Schalldeckels saßen vier Putten, und in Wolken waren die Gesetzestafeln dargestellt. Man hat sich demnach die Kanzel ursprünglich ähnlich wie die in Stoltenhagen bei Grimmen oder Lassan im Kreis Ostvorpommern vorzustellen. Laut eines Reiseberichts des Stadtbaurates a. D. Gerlach vom Provinzial-Kirchlichen Bauamt Stettin von 1938 stand damals noch ein stark vom Wurm zerfressener alter Kanzelfuß im Turm. Der figürliche Schmuck ist heute verloren. Erhalten

Kanzel von Elias Kessler, 1728/29 vor der Kirchenrenovierung 1955, vorhanden sind noch die Putti und Wolken auf dem Schalldeckel, die Evangelistenfiguren am Kanzelkorb fehlen hier bereits, historische Aufnahme, LAKD Schwerin

sind lediglich drei kleine Flachreliefs an Korb und Rückwand. Vermutlich 1898 hatte man die Kanzel braun gestrichen (diese gründerzeitliche Dunkelbraun-Fassung hat heute noch das kleine Epitaph von 1632 in der Turmhalle). Die heutige Farbfassung stammt wie die der anderen Ausstattungsstücke von der Renovierung unter der Leitung Gustav Hoffmanns im Jahre 1955. Die von Anobien angegriffenen Architektur- und Ornamentteile des Schalldeckels wurden von Hoffmann entfernt, weil sie die Laibung des Triumphbogens verdeckten.

Zum Bau der Kanzel heißt es in einer Auflistung der Rakower Pastoren seit der Reformation: *Heinrich Joachim Huth weiland gewesener Regiments Pastor bey dem hochlöbl: Königl. Schwedischen Stromfeldschen Regiment, von dar ab nach Norkioping und endlich 1727 d 27 July hierher nach Rakow vociret und tom II post Trinitatis Instituiret worden. Weil er bey antritt seines Amtes die Cantzel, so von Seel: Past: Sülflohn Zeiten ao 1620 her schon gestanden, im schlechten Stande gefunden; so hat er gleich seine erste Sorge seyn laßen eine Neue bauen zu laßen, womit er 1728 den anfang gemacht, und 1729 biß auff das anmahlen nach völlig zum Stande gebracht. Gott wolle selbige zu seiner Ehre und des Seel: Hrn Pastoris Ewigen Nachruhm, in Gnaden vor allen Schaden bewahren welcher 1736 d. 5. Septembri gestorben.* Auch in den Kirchenrechnungen finden sich einzelne Ausgaben zum Bau der Kanzel verzeichnet. In den Aufwendungen des Jahres 1728 heißt es (im folgenden Zitat: fl=Gulden, sl=Schilling): *Vor die Eichen so der Bildhauer zur Cantzel bekam im Grellenberger Holtz zu fällen 1. fl.* Weiter unter *Extraordinaire* Ausgaben: *Die Unkosten so Speiß und Schlaff-Geldt vor dem Bildhauer seine Leute erfordert alles in allem 21 fl. 8 sl.* und: *Die Kost*[en] *wegen der Cantzel laut Contract an den Bildhauer bezahlt*

40 fl.; bey Aufrichtung der Cantzel haben die Vorsteher verdient 2 fl. 16 sl.; Vor die Nagel zur Cantzel 14 fl.; Vor das Schloß und Hengen an der Cantzel-Thür 1 fl. 8 sl. Schließlich 1729: *Dem Tisch[l]er vor die kleine Cantzel-Thür zu machen nebst den kleinen Tisch und Stuhl in der Cantzel 2 fl. 4 sl.; Vor die Henge und Nägel zur kleinen Cantzel-Thür – 9 sl.* und Tit. IV.: *Vor die Fuhre nach Grimm des Tisch[l]ers Sachen heraus zuholen und heim zufahren – 12 sl.* (Transkription der Kirchenrechnungen durch Johannes Soeder).

Vielleicht gehörte die heutige Sakristeitür mit dem Petrusrelief im Innern ursprünglich zum Kanzelaufgang. Die Handschrift des Schnitzers verweist auf Elias Kessler (vgl. die Kanzeltüren in Lassan, Niepars und in Landow auf Rügen). Anscheinend arbeitete Kessler also mit

Kanzel in der heutigen, stark reduzierten Form, mit der Farbfassung Gustav Hoffmanns von 1955, Foto DW

einem Grimmener Tischler zusammen, der die konstruktiven Teile fertigte, während der Bildhauer den – heute zum größten Teil verlorenen – Skulpturenschmuck der Kanzel schuf.

Das mittelalterliche Triumphkreuz

Das Triumphkruzifix, das heute an der Nordwand des Chores hängt, stammt nach stilistischen Kriterien etwa aus der Zeit um 1480. Ursprünglich war es farbig gefasst und hing vermutlich im Triumphbogen zum Chor bzw. stand auf einem dort angebrachten Balken. Vor der Restaurierung um 1955 hing es im Turm. Alte Farbfassungen wurden bei dieser Maßnahme leider vollständig abgelaugt, so dass wichtige Anhaltspunkte zur einstigen Gestaltung und Werkgeschichte zerstört sind. Die summarische Behandlung des Haares ist Indiz dafür, dass das Bildwerk ursprünglich durch Kreidegrund und Farbfassung stärker differenziert war. Verloren sind auch die Stacheln der Dornenkrone, die separat

geschnitzt und eingesteckt waren. Elisabeth Niesel wies in ihrer Diplomarbeit zur mittelalterlichen Holzskulptur in Pommern 1956 auf die Nähe zur Triumphkreuzgruppe in Gustow auf Rügen hin. Beide Arbeiten könnten aus derselben vorpommerschen Werkstatt stammen, wobei aber das Rakower Kruzifix mit den gedrehten Bartlocken feiner durchgearbeitet ist. Wie in Gustow dürfte das schmale Kreuz, auf dem der Corpus befestigt ist, einmal auf einem breiteren Kreuz mit den vier Evangelistensymbolen an den Endungen aufgelegen haben.

Der Taufständer von 1697

Der erst kürzlich nach Rakow zurückgekehrte hölzerne Taufständer stand von etwa 1980 bis 2011 als Leihgabe in der Franzburger Kirche. 1965 war er zusammen mit dem alten Deyelsdorfer Kanzelkorb zur Restaurierung in das Stralsunder Museum gebracht worden. Nachdem die Stücke dort viele Jahre unbearbeitet gelegen hatten, wurden sie 1980 an den

(links) Triumphkruzifix, Haupt Christi, Foto DW

(rechts) Triumphkruzifix, um 1480, Foto DW

Stralsunder Restaurator Lindner weiter-
gegeben und nach der Wiederherstellung in Franzburg aufgestellt.

Die Inschrift auf den Feldern des von
nackten Putten getragenen achteckigen
oberen Teils lautet: *Gott zur Ehre und
dieser Kirche* [auf diesem Feld wurde
die Vergoldung der Schrift bei der Restaurierung nicht erneuert und ist zum
Teil vergangen] / *Zum Zierath habe aus
christlichem / gemüthe gegenwertige
tauffe / Verehret Tit. Matthias Warnekros
/ Arrhendat* [Pächter] *auf Duviger* [heu-
te Düvier] / *und seine Ehefrauw Catharina / Clempen nebst ihrm Sohn Christoph / Warnekros im Jahr Xsty* [Christi]
1697. Die Putten, die sich gegenseitig
einhaken und den Taufständer tragen,
machen den Rakower Taufständer zu etwas ganz Besonderem. Die Idee der
von Kindern getragenen Taufe geht auf
berühmte Vorbilder wie die Taufe von
Hans Witten in der Annenkirche zu An-
naberg-Buchholz zurück.

Die Fenster

In die schmalen frühgotischen Fenster
links und rechts des Altarretabels wurden im 19. Jahrhundert farbige Glasmalereien mit der Darstellung von Johannes dem Evangelisten (links) und Paulus
(rechts) eingesetzt. Die roten Hinter-
gründe der Figuren erinnern an die
Apostelfenster in Bretwisch von 1895,
die aus der Kunstanstalt von Theodor
Prüfer in Berlin kamen. Das Teppich-
muster der Fenster wiederholte sich vor
der Renovierung von 1955 ähnlich im
Schablonenmuster der Laibung des Triumphbogens.

Die Apostel stehen barfuß über orna-
mentalen Blattkonsolen. Kräftig leuch-
ten die Farben der schwer drapierten
Gewänder. Johannes trägt über der weißen Albe eine dunkelblaue Dalmatika,
Paulus einen grünen Mantel. Sein Attribut ist das Schwert, mit dem er den

*Taufständer von
1697, Foto RK*

Märtyrertod fand, das des jugendlichen
Evangelisten ist die Schreibfeder. Beide
halten Bibeln im Arm, die mit dem
Kreuz und kostbaren Buchschließen
verziert sind.

Die Grabplatten

Im Turm, am Eingang zur Kirche, liegt
eine Grabplatte mit der Inschrift *Hier
erwartet ihre künftige Verklärung Frau
Anna Catharina Krusen, gebohrne Pae-
towen [...]*. Das Jahr ihrer Geburt zu
Neukloster an einem 9. Oktober ist
nicht mehr lesbar. Gestorben ist Anna
Catharina Kruse am 17. April 1780 auf

Dönnie. *Sie hinterließ drey Stiefsöhne welche diesem Steine das Andencken der Frömmigkeit, Rechtschaffenheit, Liebe und Treue ihrer Mutter anvertrauten.* Außen an der Kirchenmauer lehnt ein Grabstein für den 1818 verstorbenen Friedrich Benedictus Kruse. Weitere Grabstelen des späten 18. und frühen 19. Jahrhunderts werden in der Sakristei aufbewahrt.

Vor dem Altar liegt im Mittelgang die große Grabplatte aus Kalkstein des 1610 verstorbenen Bartelt Schmalensee. Die Familie lässt sich bereits im 14. Jahrhundert auf Dönnie nachweisen. Das Allianzwappen zeigt neben dem Schmalenseeschen Wappen mit einem Schössling das Behrsche Wappen der Gattin des Verstorbenen. Beide Wappen sind auch an der Empore im Kirchenschiff dargestellt.

1860 wurde der Eingang zum Schmalenseeschen Erbbegräbnis, das sich von dort weiter nach Norden Richtung Sakristei ausdehnt, unter der Platte überwölbt, da die Balken der Abdeckung verrottet waren.

Das Totenbrett für die Pastorentochter Catharina Lindemann von 1632

Im Turm hängt das leider 1898 mit einer stark glänzenden dunkelbraunen Holzimitation überstrichene Totenbrett für Catharina Lindemann, die am Heiligen Abend 1632 verstorbene Tochter des Pastors Christian Lindemann. Die kleine Konsole im Giebelfeld war zur Aufnahme der Totenkrone bestimmt (vgl. die Gedenktafeln in Deyelsdorf). Unter der lateinischen Inschrift steht in deutsch: *Ach mein Hertzliebes Jesulein / mache dir ein rein sanfft Bettelein / Zu ruhen in meins Hertzen Schrein / daß ich nimmer vergeße dein.*

Pastor Christian Lindemann (1594–1677) war seit 1628 Pastor in Rakow und musste mit ansehen, wie das Dorf von Plünderung und Verwüstung durch die Soldateska des Dreißigjährigen Krieges heimgesucht wurde. Die Kapellen in Dönnie und Boltenhagen wurden damals völlig zerstört. (HEYDEN 1973, S. 205, Nr. 5)

Die Gedenktafeln zum siebenhundertjährigen Missionsjubiläum 1824

Zwei Gedenktafeln im Turm erinnern an das am 15. Juni 1824 von der Gemeinde begangene Jubelfest zum siebenhundertjährigen Jubiläum der Mission in Pommern. Bischof Otto von Bamberg (um 1060–1139), der ‚Apostel der Pommern', hatte durch seine Missionsreisen den *Allerersten Anfang des Christenthums in Pommern* gebracht. Dazu passend steht auf der Tafel der Spruch: *Das Volk, das in Finsternis saß, hat ein großes Licht gesehen. Math. 4,16.* Bischof Otto war vom polnischen Herzog Bolesław III. Schiefmund 1124 zu seiner ersten Missionsreise nach Pommern gerufen worden, der 1128 eine zweite folgte.

Die Gefallenengedenktafeln

Im Turm hängt eine Tafel zur Erinnerung an die 42 Gemeindemitglieder, die im 1. Weltkrieg den Tod *für König und Vaterland* erlitten haben. Sie stammen aus Groß Rakow und Klein Rakow, Grabow, Dönnie, Bretwisch Hof und Bretwisch Dorf, ‚Boltenhagen adlig' sowie ‚Boltenhagen allodium'. Die Inschriften unterscheiden zwischen den Gefallenen und den im Lazarett an ihren Verwundungen Verstorbenen. Letzteres Schicksal betraf 16 Gemeindemitglieder. Hinzu kommt der Name des Studenten der Agrarwissenschaften Heinrich Vathje aus Dönnie, der bei den Märzunruhen 1920 in Halle fiel.
Eine zweite Tafel erinnert an vier in den Kriegen 1866 und 1870/71 bzw. an deren Folgen verstorbene Gemeindemitglieder. Die ehemals an der Tafel befestigten Orden oder Medaillen wurden gestohlen.

(links) Leuchterkrone von 1727, Foto RK

(rechts) Detail eines Leuchterarms, Foto RK

Die Kronleuchter

In die Rakower Kirche gehören zwei große barocke Leuchterkronen, von denen zur Zeit nur die etwas jüngere, 1727 gestiftete, im Chorgewölbe hängt. Nach dem Verbleib der zweiten Kerzenkrone, die auf Aufnahmen aus der ersten Hälfte des 20. Jahrhunderts noch im Kirchenschiff hängend zu sehen ist, muss noch geforscht werden. Der Leuchter im Chor trägt auf der Kugel die Inschrift: *GOTT ZU EHREN, UND DER KIRCHEN ZUM ZIERATH IST DIESE CROHN, VON DEM 13 JAHRIGEN PENSIONARIUS ZU BRETEWISCH, DANIEL CLAUS CLHEPPIEN UND DESSEN EHEFRAU CATHARINA AMALIA LAMPEN IN DER RACKOER = KIRCHEN GESHENCKET WORDEN, DATUM KITZHOFF. IN DECEMBER, 1727.* Die S-förmig geschwungenen Arme, welche die breiten Tropfschalen mit den Kerzenhaltern tragen, sind in drei Etagen in den langen Balusterschaft, der oben von einem Doppeladler bekrönt wird, eingehangen. Ursprünglich waren es dreimal sechs Arme, einige fehlen heute. Die eingedrehten inneren Endungen der Arme enden in grotesken Gesichtern. Ein ähnlicher Leuchter in Samtens auf Rügen wurde 1687 gestiftet. Das

Verschollene Leuchterkrone, Ausschnitt aus einer historischen Aufnahme um 1900

spricht dafür, dass entsprechende Guss-
formen in den Gelbgießerwerkstätten
über einen längeren Zeitraum benutzt
wurden. Als Herstellungsort käme hier
Stralsund in Frage.

Auch der heute verschollene Leuchter
von 1724 mit geschwungenen Häkchen
an den Armen und Glockenblüten oben,
der im Kirchenschiff hing, hat ein ähnliches Pendant in Samtens auf Rügen.

Die zwei schmiedeeisernen Grabkreuze im Kulturhistorischen Museum Stralsund

Das Stralsunder Kulturhistorische Museum bewahrt zwei kunstvoll geschmiedete Grabkreuze aus dem 19. Jahrhundert, die 1927 von der Rakower Gemeinde als Leihgaben abgegeben wurden (Inv.-Nrn. 1927/201 und 202). Nur
auf einem ist noch die Inschrift lesbar.
Es wurde dem 1834 verstorbenen Carl
Nicolaus Schwebke (geboren 1768) gesetzt. Das 1,36 m hohe Kreuz hat drei
Querarme und ist zusätzlich mit gewell-
ten Ranken verziert. Die Inschrift auf
der Tafel des zweiten, 1,01 m hohen
Kreuzes ist nicht mehr lesbar.

Derartige geschmiedete Grabkreuze
wird es neben steinernen und hölzernen Stelen einst in größerer Zahl gegeben haben – erhalten sind in Vorpommern nur einige wenige. In der zweiten
Hälfte des 19. Jahrhunderts wurden die
handwerklich geschmiedeten Kreuze
mehr und mehr durch industriell gegossene verdrängt. In der Sakristei werden
auch noch zehn steinerne Grabstelen
aus dem 18. und 19. Jahrhundert aufbewahrt.

DIE ORGEL UND DIE GLOCKE IN RAKOW

Rolf Kneißl

Die Fischerorgel

Die 1852 durch W. F. Fischer erbaute mechanische Schleifladenorgel
besitzt acht Register, welche sich auf ein
Manual und ein Pedal verteilen. Fischer
war Schüler von Johann Friedrich Schulze, der die Glewitzer Orgel erbaute.
Die Rakower Orgel wurde 1996 durch
die Orgelbauwerkstatt Wolter restauriert.

Die Glocken

Die drei im Turm befindlichen, am 1. Advent 1922 in Dienst genommenen Ei-
sengussglocken wurden im Herbst 2010
gesperrt. Nach 88 Jahren ist die Mate-
rialermüdung so groß, dass eine gefahr-
lose Weiternutzung nicht mehr garan-
tiert werden kann – sie drohen zu bers-
ten und schlimmstenfalls abzustürzen.
Im 1. Weltkrieg wurden die barocken
Vorgängerglocken als Metallreserve eingeschmolzen.

Die drei Glocken lassen sich durch ihre
Majuskelinschriften in ihrer Funktion
zuordnen:

Taufglocke (Durchmesser 100 cm) –
Lasset die Kindlein zu mir kommen.
Gebetsglocke (Durchmesser 120 cm) –
*O Land, Land, Land, höre des Herrn
Wort.*
Sterbeglocke (Durchmesser 150 cm) –
*Selig sind die Toten, die in dem Herrn
sterben.*

Die gusseisernen
Glocken (1922)
dürfen nicht mehr
geläutet werden,
Foto RK

Über die Geschichte der Rakower Glocken berichtet der Kirchenälteste Johannes Soeder: „Schon einmal – 1883 bei einer Beerdigung – war in Rakow eine Glocke, die die Gemeinde mit einem großen Spendenbeitrag 1703 angeschafft hatte, zersprungen. Zum Glück ohne Unfall. Die gesprungene Glocke konnte damals in Stettin umgegossen werden, wobei die kleinere und älteste Glocke, 1521 gegossen, in die neue Glocke eingearbeitet wurde. Diese umgegossene Glocke musste 1917 zur Materialgewinnung für die Kriegswirtschaft abgegeben werden. Über die verbliebene kleine Glocke – gegossen 1755 in Stralsund – schrieb Lehrer Schultz 1936, dass sie *aus Trauer um die Genossin dahinsiechte –, so erhielt die Glocke einen Riss, der einen heulenden Ton verursachte, so daß schließlich das Läuten ganz aufhören musste.* Die Bemühungen um ein neues Geläut für die Rakower Kirche setzten schon 1918 ein, kamen aber durch die Inflation ins Stocken und konnten durch die Kirchgemeinde nicht umgesetzt werden. Ende 1921 hatte dann der Gutsbesitzer Franz Briest aus Boltenhagen die Initiative ergriffen und mit den Familien Bischoff, Wolffradt, Nehls und Wallmüller zusammen als Stiftergemeinschaft die Anschaffung des nun stillgelegten Stahlgussgeläuts besorgt. Bronzeglocken wären aufgrund der Zeitumstände damals nicht möglich gewesen."

Wann die für einen neuen Glockeneinbau notwendigen Reparaturen am Turm für ca. 100 000 € geleistet werden können, ist heute noch ungewiss.

Die Fischerorgel
von 1852, Foto RK

Rakow – Die Orgel und die Glocke in Rakow   193

BRETWISCH

DIE GESCHICHTE DES ORTES UND DER KIRCHE

Tilo Schöfbeck

*Detail der Schwe-
dischen Matrikel-
karte von
Bretwisch um
1740, LAKD,
Landesarchiv
Greifswald,
Signatur AIVa34*

Im Rakower Kirchspiel, also dem Einzugsgebiet aller Dörfer, die der Seelsorge des Rakower Pfarrers unterlagen, befindet sich im Jahre 1343 (Bederegister) neben sechs anderen auch das halbe Dorf Bretwisch. Dass nur ein halbes Dorf eingepfarrt ist, erscheint sehr ungewöhnlich. So wird in einem Bericht über Bretwisch von 1554 im Stettiner Archiv berichtet: *Die Loizer*

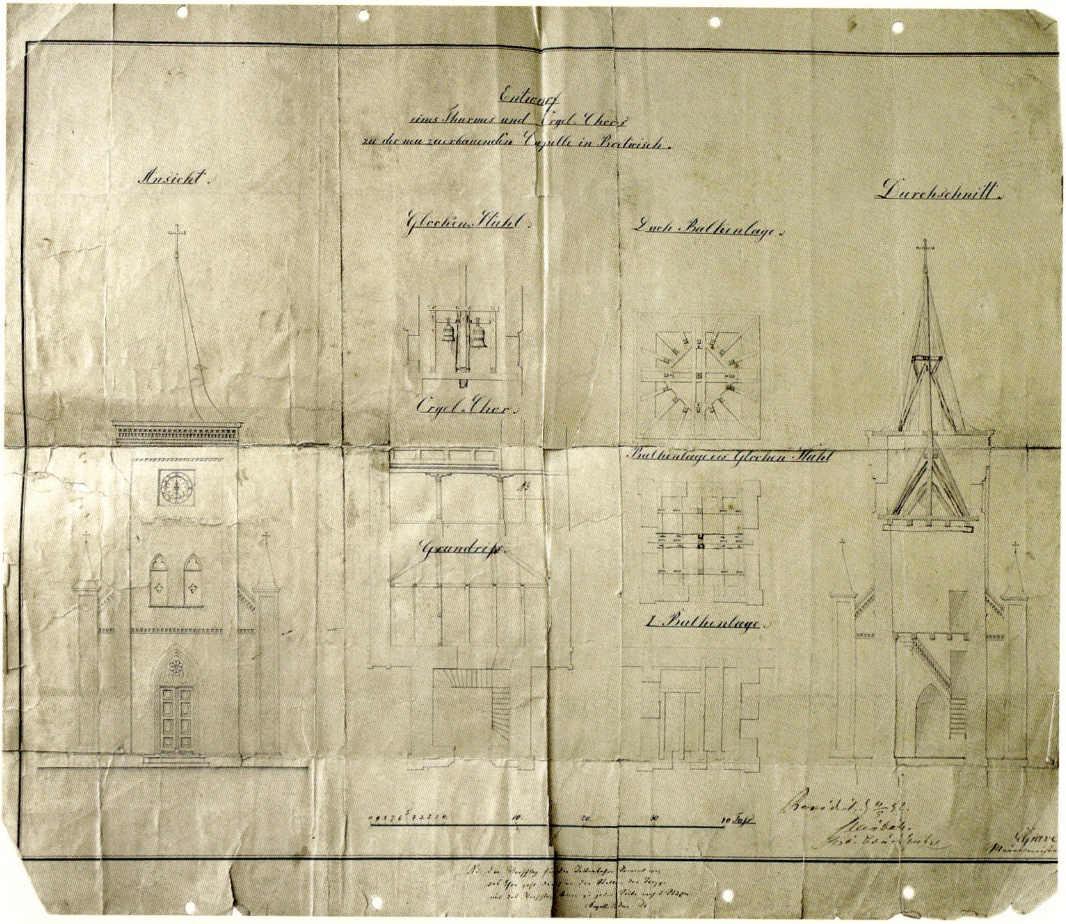

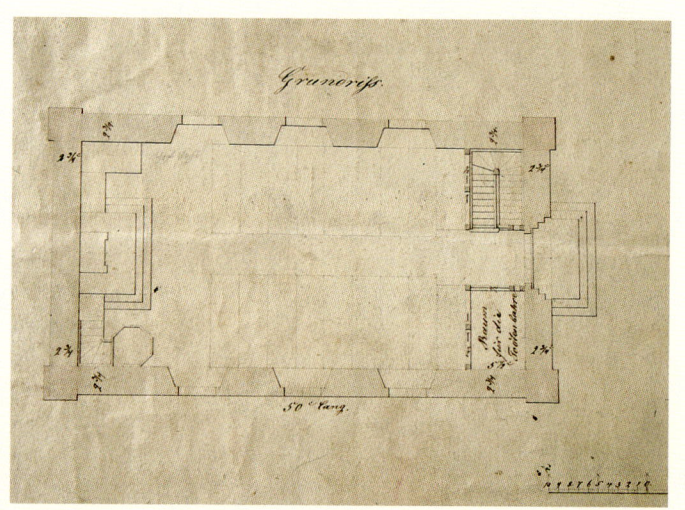

Entwurf für einen geplanten Turm von Landbaumeister Steinbach, um 1852, Pfarrarchiv Glewitz

Grundriss (links) und Schnitt (rechts) durch die geplante Kirche, um 1852, Pfarrarchiv Glewitz

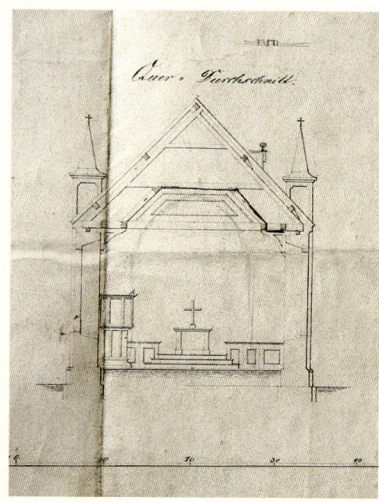

Die Kapelle Bretwisch vor der Erweiterung durch den Choranbau, historische Aufnahme von Christian Beerbohm von 1877, Stadtarchiv Stralsund, Signatur HF-0930

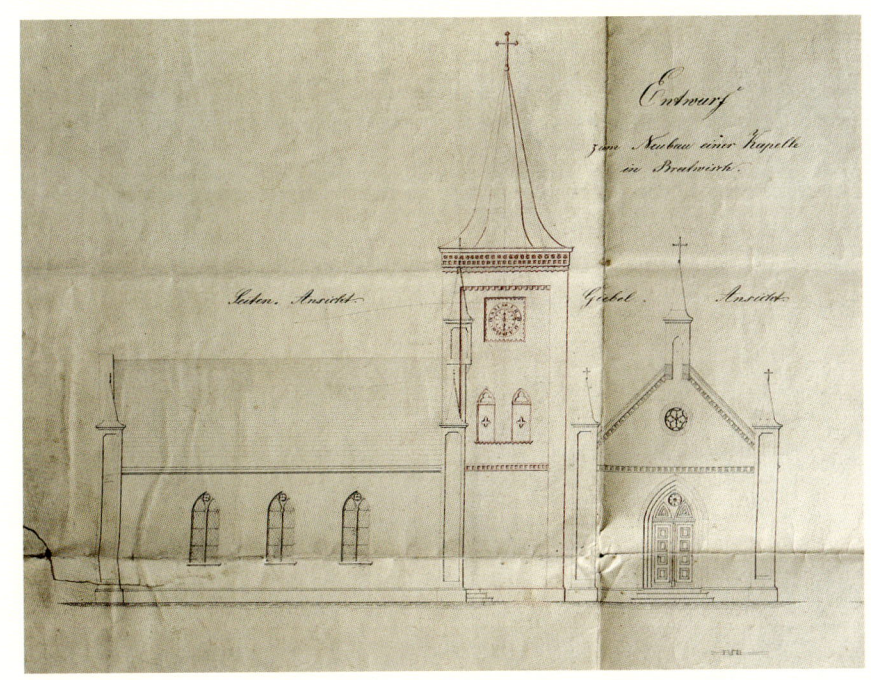

Entwurfsvarianten mit und ohne Westturm, um 1852, Pfarrarchiv Glewitz

Seite ist Camminischen Stiftes und ge-
hört zur Kirche Rakow, die Triebseer
Seite gehört zur Kirche Baggendorf
und ist Schwerinschen Stifts. Die Ursachen liegen in der historischen Herr-
schafts- und gleichzeitigen Bistumsgrenze begründet, die das Dorf in einen Schweriner (Land Tribsees im Fürstentum Rügen) sowie einen Kamminer
Teil (Land Loitz im Herzogtum Pommern) trennte. Die Grenzlinie bildete
der Graben, der aus dem Strelower
Wald kommt, mitten durchs Dorf fließt
und anschließend in den Ibitzgraben
mündet. Erst im 18. Jahrhundert wurde
ganz Bretwisch Teil der Rakower Pfarre.

Der Anteil des Fürstentums Rügen an
Bretwisch wird wie das benachbarte
Rakow 1232 von Wartislaw III. dem
Kloster Doberan geschenkt. Die bedeutendste lokale Adelsfamilie war die Familie von Pentz, die bereits 1343 im
Loitzer Bederegister genannt wurde und
mindestens bis Mitte des 15. Jahrhunderts als wichtigster Grundbesitzer neben dem Kloster auftrat.

Die Kirche

Der heutige Feldsteinbau entstand im
Jahre 1852. Von seinen Vorgängerbau-
ten, deren mehrere über fünf Jahrhunderte hinweg am Ort existiert haben
müssen, ist keine Spur mehr zu finden.
Bei diesen Bauten dürfte es sich mit
ziemlicher Sicherheit anfänglich um
Holz-, später meist um Fachwerkbauten
gehandelt haben. Aus dem Jahr 1816 –
die Kapelle gehörte noch bis 1863 zu
Kirch Baggendorf – wird berichtet, dass
dort *vier Predigten alle Jahr und auch
Communionen* gehalten werden (BIE-
DERSTEDT 1816, S. 183). Bereits sechs
Jahre später soll die Kapelle niederge-
rissen und neugebaut worden sein (HEY-
DEN 1973, S. 204). Ob es diesen Neubau tatsächlich gegeben hat oder dieser
nicht einmal 40 Jahre Bestand hatte,
bleibt im Dunkeln.

Der heutige neugotische Bau jedenfalls
entstand in zwei Bauphasen, zuerst
1852 nach Entwurf des Königlichen
Landbaumeisters Steinbach (vgl. die
Zeichnung Maurermeister Grave) ein

*Innenraum nach
Osten, Foto RK*

(mittig) Kirche
von Südwesten,
Foto RK

(unten) Kirche
von Nordosten
mit Chorverlän-
gerung von
1895 nach
Plänen von
Theodor Prüfer,
Foto DW

(oben) Innenraum nach Westen,
Foto DW

Feldsteinsaal mit Backsteindetails von drei Achsen Länge mit eingezogenem quadratischen Turm mit Backstein-Glockengeschoss im Westen. 1895 erhielt die Kapelle nach Plänen von Theodor Prüfer einen polygonalen Chor mit Nordsakristei aus Backstein.

Glücklicherweise hat sich eine Fotografie Christian Beerbohms aus dem Jahre 1877 erhalten, die den Zustand der Kapelle vor der Erweiterung zeigt. Das Feldsteinmauerwerk präsentiert sich in typischer Manier des 19. Jahrhunderts, mit sorgfältig gearbeitetem mosaikartigen Steinversatz und ornamentaler Fugenzwickelung mit dunklem Split. Bemerkenswert erscheint die fensterlose Chorostwand, die wohl dem neuen Altar geschuldet war. Flankiert wird der Rechtecksaal von vier blendengegliederten Ecktürmen aus Backstein, die als Fialspitzen über die Traufe hinausragen. Der relativ flachgeneigte Ostgiebel, wie alle Zierelemente ebenfalls aus Backstein, greift mit fünf weißen Staffelblenden und umlaufendem Fries klassisch gotische Zierelemente auf. Den in preußischer Bauschulenmanier (Nachfolge von Schinkel) errichteten Westturm mit differenzierter Backsteingestaltung des Glockengeschosses bekrönt ein niedriger achtseitiger Spitzhelm mit markant gebrochener Dachlinie, was dem ganzen Bau einen etwas gedrungenen Charakter verleiht. Ein Blick ins Innere zeigt eine dreiseitig gebrochene Holzdecke, die somit in den Dachraum hineinragt und einzelne Binderbalken auf Konsolen durchlaufen lässt. Gestalterisch wurde hier das meiste durch die Eingriffe Theodor Prüfers verändert. Typisch sind die strenge Raumauffassung, die kräftigen, flächig-teppichhaften Gestaltungen von Wand und Decke, die gerade in Bretwisch sehr geschlossen wirken und im Geist der Entstehungszeit eine Art Gesamtkunstwerk bilden. Eine verwandte Gestaltung findet man auch in der nahegelegenen Pfarrkirche von Wotenick.

Die Ausstattung der Kirche in Bretwisch

Detlef Witt

Altarretabel mit dem Kreuzigungs- gemälde von Ernst Hancke von 1864, Fotos DW

Der Altar mit dem Kreuzigungs- bild von Ernst Hancke von 1864

Auf der Altarmensa steht ein schlich- tes hölzernes neugotisches Retabel mit einem Gemälde auf Leinwand, das den Gekreuzigten in düsterer Land- schaft zeigt. Über dem tiefen verschat- teten Horizont breitet sich in einem schmalen Streifen das Abendrot aus. Hell hebt sich der blasse Körper des Ge- kreuzigten vom fast schwarzen Himmel ab. Um das dornengekrönte Haupt Christi leuchtet das Licht eines Nimbus. Zu Füßen des Kreuzes, an dem die Schmähschrift ‚INRI‘ angebracht ist, liegt ein Totenschädel.

Ernst Hancke (1834–1914) war Genre-, Historien- und Porträtmaler und Profes- sor an der Königlichen Akademischen Hochschule für bildende Künste in Ber- lin, wo er eine Zeichenklasse leitete. Zu seinen Schülern an der Hochschule ge- hörten zeitweilig der spätere Bildhauer Fritz Klimsch und der Maler Lyonel Fei- ninger.
Der mittelalterliche Marienaltar aus der abgebrochenen alten Bretwischer Kir- che wurde von Fritz Baron von der Lan- cken-Wakenitz für seine Grabkapelle in Klevenow angekauft, kam jedoch 1866 in das neugegründete Stralsunder Pro- vinzialmuseum für Neuvorpommern und Rügen.

(nächste Seite) Marienaltar aus Bretwisch, heute im Kulturhisto- rischen Museum Stralsund, histo- rische Aufnahme, LAKD Schwerin

Der Marienaltar aus Bretwisch im Kulturhistorischen Museum Stralsund

Im Rakower Pfarrarchiv fand Johannes Soeder kürzlich einen den mittelalterlichen Bretwischer Schnitzaltar betreffenden Briefwechsel mit der Königlichen Regierung in Stralsund aus den Jahren 1856/57. Darin ist abschriftlich auch ein Bericht des Berliner Bildhauers Friedrich Holbein (1804–68) vom 31. August 1856 enthalten, der den Wert des Altars sehr hoch einschätzte. Holbein hatte im Auftrag der Königlichen Regierung mehrere Werke mittelalterlicher Bildhauerkunst in Vorpommern begutachtet und Vorschläge zu deren Restaurierung unterbreitet. (EHLICH ET AL 2000) Wörtlich heißt es in dem Bericht: *Das Schnitzwerk in der neu erbauten Kapelle zu Bretwisch, auch ein noch vollständig erhaltener Altarschrein, mit überaus figurenreichen Darstellungen aus dem Jugendleben Jesu, hatte bisher in der alten abgebrochenen Kapelle auch auf dem Altar gestanden befindet sich aber jetzt in der Thurmhalle bis auf Weiteres bei Seite gestellt. Das Werk /: Siehe die beigelegte Zeichnung :/ gehört ebenfalls dem Ende des 15, auch evntl dem Anfang des 16 Jahrhunderts an, und ist von bedeutendem Kunstwerth. Die 4 Fuß hohe Figur der Maria mit dem Christuskinde, von einer Glorie umgeben, welche den Mittelschrein einnimmt, ist eine vortreffliche Gestalt, die Gewandung im schönsten Fluß der Linien ohne eckig gebrochene Falten; auch der Kopf ist*

von schöner Bildung. Von fast griechischer Form sind viele Köpfe in den reichen Gruppen der Flügel-
schreine, auch die neben der Mittelgruppe stehenden, weiblichen Heiligen, sind von schöner Gestalt
und Gewandung, auch die reiche Ornamentierung ist im Uebergangsstyl gut gearbeitet und jedenfalls
gehört auch dies Werk zu den besseren jener produktiven Zeit der Holzschneidekunst. Es hat dasselbe
indeß sehr gelitten und ist stark beraubt worden, und obschon sich das Eichenholz aus welchem es gearbeitet ist, noch gut erhalten hat, so ist doch die reiche Vergoldung und schöne Bemalung von deren
Wert noch einzelne gut erhaltene Köpfe Zeugniß geben, total zu Grunde gegangen, so daß, soll das
Werk wie der Prediger und die Gemeinde es wünschen, wieder auf dem neuen Altar aufgestellt werden,
eine sehr umfassende Restauration, ja eine vollständig neue Vergoldung und Bemalung vorhergehen
muß. Sollten die hierzu nothwendigen Mittel nicht zu beschaffen sein, so dürfte doch wenigstens und
vorzugsweise im Interesse der Kunst die minder kostspielige Restauration der fehlenden Theile der Figuren
und Ornamente wünschenswerth sein, und zwar in der Art, daß das Werk wie eine reine ungefärbte
Holz Sculptur erscheint, in welcher Gestalt es dann den Kennern immer noch sehr schätzbar bleiben
wird [...]. Die erwähnte Zeichnung ist leider nicht in den Akten enthalten, und von zwei weiteren von
Holbein seinerzeit in Bretwisch vorgefundenen stark beschädigten Figuren, einem Christus und einer
heiligen Anna, fehlen bisher Hinweise zu deren Verbleib.

Da der Gemeinde keine Mittel zur Restaurierung des Altarschnitzwerkes
zur Verfügung standen, wurde das Retabel an Fritz Baron von der Lancken-
Wakenitz verkauft, der es durch den Stralsunder Mackenthun für seine
Grabkapelle in Klevenow restaurieren lassen wollte. Glücklicherweise
kam es nicht zu einer ,Wiederherstellung' in einer der von Holbein vor-
geschlagenen Formen, also weder zu einer neuen Bemalung und Vergoldung des Ganzen wie beim Deyelsdorfer Altar geschehen noch zur vollständigen Entfernung der Fassungsreste bis aufs bloße Holz, sondern das
Stück gelangte 1866 ins Stralsunder Museum (Inv.-Nr. 1866:18), und die
originalen Fassungsreste blieben erhalten. Nur dort, wo die Farbe bereits
abgeplatzt war, hat man den Kreidegrund entfernt und das Holz freigelegt.
Bei geöffnetem Schrein ist das Retabel fast drei Meter breit und 1,78 m
hoch. Im Mittelschrein steht die gekrönte Gottesmutter mit dem Kind
auf dem Arm inmitten eines Strahlenkranzes mit acht kleineren Engel-
figürchen. Einige musizierten auf heute zum Teil verlorenen Instrumen-
ten, die oberen und die unten knienden schwenkten vermutlich Weih-
rauchgefäße. Über dem Haupt Marias erscheint Gottvater als Halbfigur.
Bei zwei männlichen Figuren in den oberen Zwickeln könnte es sich
um Propheten oder aber um Figuren aus Szenen der marianischen Typologie handeln, ähnlich etwa wie beim Marienrelief aus Moltzahn,
das sich heute in der Marienkirche in Loitz befindet. An den Außenseiten des Mittelschreins stehen in separaten Gefachen jeweils zwei
Heiligenfiguren übereinander: links oben Johannes der Evangelist und
unten die heilige Dorothea, rechts oben Katharina und unten Barbara.
Die Schleierbretter und Sockelfüllungen der Gefache sind sämtlich verloren, und von der farbigen Bemalung der Reliefs und Figuren sind nur
noch Reste erhalten. In den Flügeln sehen wir oben links die Vermählung Marias mit Josef, oben rechts die Anbetung des Kindes durch die
Heiligen Drei Könige, links unten die Geburt und rechts unten die Be-
schneidung Christi. Von den Gemälden auf den Flügelrückseiten ist
leider nichts erhalten geblieben. Stilistisch lassen sich die Schnitzereien
etwa in die Zeit um 1470 datieren. Vergleichbar sind die Skulpturen
eines Marienaltars in Alt-Sommersdorf, östlich des Kummerower Sees.

Die Glasmalereien von 1895

Im Chorpolygon sind zwei farbige Fenster mit der Darstellung der Apostelfürs-
ten Petrus und Paulus eingelassen. Die
Apostel stehen vor leuchtend rotem
Hintergrund unter Baldachinen von go-
tischem Maßwerk und halten in den
Händen jeweils ihre Attribute: Paulus
das Schwert, mit dem er gerichtet wurde, und Petrus den Schlüssel, der auf
die Macht des Bindens und Lösens verweist, die ihm von Christus auf der Erde
verliehen wurde.

Die Fenster stammen wie auch der Anbau der Chorapsis von dem aus Vorpommern stammenden Berliner Architekten Theodor Prüfer (geb. 1845), der
ein ,Atelier für Kirchenbau und Kirchen-
einrichtung' betrieb.

Die Kanzel

Die neugotische Kanzel wurde vermutlich 1895 zur Zeit der Chorerweiterung
unter dem Berliner Architekten Theodor
Prüfer, der auch derartige Kirchenausstattungen vertrieb, angeschafft. Den
Kanzelkorb, der auf einer schlanken
Säule ruht, zieren die in flachem Relief
geschnitzten Bilder der vier Evangelisten mit ihren jeweiligen Symbolwesen:
Johannes mit dem Adler, Lukas mit dem
Stier, Markus mit dem Löwen und Matthäus mit dem Engel. Sie sind den 1897
gestifteten Figuren an der Deyelsdorfer
Kanzel sehr ähnlich und dürften aus
derselben Werkstatt stammen.

Gegenüber der Kanzel auf der Südseite
ist eine schlichte Holztafel mit einem
Kreuz zum Gedenken an die Gefallenen
des 2. Weltkrieges aus der Kapellenge-
meinde Bretwisch angebracht.

Kanzel, um 1895, Kunsthandlung Theodor Prüfer, Berlin, Foto DW

*Evangelisten Lukas (oben)
und Matthäus (unten) vom
Kanzelkorb, Fotos DW*

Bretwisch – Die Ausstattung der Kirche in Bretwisch   203

Die Orgel in Bretwisch

Rolf Kneißl

D ie mechanische Schleifladenorgel wurde 1868 durch Friedrich August Mehmel erbaut. Bevor sie allerdings in Bretwisch eingebaut wurde, stand sie stand zunächst auf einer Ausstellung. Auf ihr ließen sich ursprünglich 8 Register über zwei Manuale und ein Pedal zum Klingen bringen. Heute lassen sich nur noch 6 Register bespielen. Lediglich das zweite Manual, die beiden Registerzüge und die Manualkoppel zeugen noch vom einstigen Klangumfang. Die zweite Windlade sowie die Orgelpfeifen der beiden Register ‚Nachthorn' und ‚Aeoline' fehlen. Wann und warum der Umbau erfolgte, lässt sich nur vermuten, da die Akten dazu schweigen – vielleicht im Zusammenhang mit einem der Weltkriege, als Orgelpfeifen vielerorts als Metallreserve ausgebaut und eingeschmolzen wurden.

1997 wurde die Orgel durch die Orgelbaufirma Wolter überholt.

Die Mehmelorgel von 1868, Foto RK

Spieltisch, Foto RK

LITERATURVERZEICHNIS

Zitate aus Quellenschriften bzw. Übernahmen aus Inschriften sind im Text durch kursive Zeichensetzung kenntlich gemacht.

ANGENENDT 2005: Arnold Angenendt: Geschichte der Religiosität im Mittelalter. Darmstadt 2005.

BECKER-CARUS 2006: Brigitte Becker-Carus: Taufengel in Vorpommern mit einem Überblick über die nördlichen und östlich angrenzenden Regionen. In: Brandenburgisches Landesamt für Denkmalpflege und Archäologisches Landesmuseum (Hrsg.). Taufengel in Brandenburg. Eine Bestandserfassung. Berlin 2006. S. 26–33.

BENZ 1963/1993: Richard Benz (Hrsg. u. Übers.): Die Legenda Aurea des Jacobus de Voragine. Berlin 1963. Heidelberg 1993.

BERCKENHAGEN 1952: Ekhart Berckenhagen: Die mittelalterlichen Wandmalereien in Stralsund und im westlichen Pommern. Mit einem Beitrag zum Meister-Bertram-Problem. Diss. Berlin 1952.

BIEDERSTEDT 1816: Diedrich Hermann Biederstedt: Sammlung aller kirchlichen, das Predigtamt, dessen Verwaltung, Verhältnisse, Pflichten und Rechte betreffenden Verordnungen im Herzogthume Neuvorpommern und Fürstenthume Rügen. Erster Teil, Stralsund 1816.

BIEDERSTEDT 1818: Diedrich Hermann Biederstedt: Beiträge zur Geschichte der Kirchen und Prediger in Neuvorpommern, vom Anfange der Kirchenverbesserung des Herzogthumes bis zum Ende des Jahres ein tausend achthundert und siebenzehn. Zweiter Theil. Greifswald 1818.

BKD MECKLENBURG-VORPOMMERN 1995: Die Bau- und Kunstdenkmale in Mecklenburg-Vorpommern. Vorpommersche Küstenregion mit Stralsund, Greifswald, Rügen und Usedom. Bearb. von der Abteilung Forschung und Dokumentation durch Gerd Baier, Horst Ende, Beatrix Dräger, Dirk Handorf und Brigitte Oltmanns. Hrsg. vom Landesamt für Denkmalpflege Mecklenburg-Vorpommern, Berlin 1995.

BOLVIG 2002: Axel Bolvig: Danmarks Kalkmalerier. Kopenhagen 2002.

BUSKE / BAIER 1987: Norbert Buske / Gerd Baier: Dorfkirchen in der Landeskirche Greifswald. Mit Aufnahmen von Thomas Helms. Berlin 2. Aufl. 1987.

DANIEL 1863: Hermann Adalbert Daniel: Handbuch der Geographie. Teil 3. Stuttgart 1863.

DEHIO MECKLENBURG-VORPOMMERN 2000: Georg Dehio: Handbuch der Deutschen Kunstdenkmäler. Mecklenburg-Vorpommern. Bearb. von Hans-Christian Feldmann, München; Berlin 2000.

EHLICH ET AL 2000: Volker Ehlich, Katharina Geipel und Gabriele Schwartz: Der Marienkrönungsaltar in St. Marien in Stralsund und seine Restaurierung durch die Brüder Holbein. Für Johannes Voss. In: Beiträge zur Erhaltung von Kunstwerken 9 (2000). Hrsg. vom Restauratoren Fachverband e. V. und Restauratorenverband Sachsen e. V. S. 159–171.

EIS 1933: Gerhard Eis: Die Quellen für das Sanctuarium des Mailänder Humanisten Boninus Mombritius. Eine Untersuchung zur Geschichte der großen Legendensammlungen des Mittelalters. In: Germanische Studien Heft 140. Berlin 1933.

FREY 1989: Tatjana Frey: Elias Kessler. Ein Stralsunder Bildhauer des Barock, Diss. Ernst-Moritz-Arndt-Universität Greifswald 1989 (masch.).

FUNK 1994: Udo Funk: Die Trebel. Eine historische Flusslandschaft. In: Mecklenburg Magazin 1994, Nr. 23.

GESTERDING 1842: Carl Gesterding: Genealogien und beziehungsweise Familienstiftungen Pommerscher, insbesondere ritterschaftlicher Familien. Erste Sammlung. Berlin 1842.

HAMEL 2007: Jürgen Hamel: Inventar der historischen Sonnenuhren in Mecklenburg-Vorpommern. Frankfurt a. M. 2007.

HASELBERG 1855: Ernst von Haselberg: Ueber einige aus Holz geschnitzte Bildwerke in Pommern. In: Deutsches Kunstblatt 5 (Februar 1855). S. 55–57.

HASELBERG 1888: Ernst von Haselberg: Die Baudenkmäler des Regierungs-Bezirks Stralsund. Heft III. Der Kreis Grimmen. Stettin 1888.

HEIDELMANN & MEISSNER 2001: Hildegard Heidelmann und Helmuth Meißner: Evangelische Beichtstühle in Franken.

Verlag Fränkisches Freilandmuseum. Bad Windsheim 2001.

HEYDEN 1957: Hellmuth Heyden: Kirchengeschichte Pommerns. Bd. 1 u. 2. Köln-Braunsfeld 1957.

HEYDEN 1973: Hellmuth Heyden: Die Evangelischen Geistlichen des ehemaligen Regierungsbezirks Stralsund. Die Synoden Wolgast, Stralsund, Loitz. Im Auftrage des Evangelischen Konsistoriums Greifswald. Greifswald, als Manuskript gedruckt, o. J. (1973)

KIRMIS 2003: Gunther Kirmis: Spuren der Ewigkeit. Schätze der Pommerschen Evangelischen Kirche. Text Norbert Buske. Fotos Thomas Helms. Schwerin 2003.

KROOS 1970: Renate Kroos: Niedersächsische Bildstickereien des Mittelalters. Deutscher Verlag für Kunstwissenschaft. Berlin 1970.

KUHL 2001: Reinhard Kuhl: Glasmalereien des 19. Jahrhunderts. Mecklenburg-Vorpommern. Die Kirchen. Hrsg. von der Arbeitsstelle für Glasmalereiforschung des CVMA, Potsdam, der Berlin-Brandenburgischen Akademie der Wissenschaften. Leipzig 2001.

LAMPE 1978: Willi Lampe: Der Hacksilberfund von Dorow, Kreis Grimmen. In: Bodendenkmalpflege in Mecklenburg 1977. Berlin 1978. S. 129–179.

LEGNER 1978: Anton Legner (Hrsg.): Die Parler und der Schöne Stil 1350–1400. Europäische Kunst unter den Luxemburgern. Ein Handbuch zur Ausstellung des Schnütgen-Museums in der Kunsthalle Köln. 3 Bde. Köln 1978.

LICHTWARK 1905: Alfred Lichtwark: Meister Bertram. Hamburg 1905.

LISCH 1864: Georg Christian Friedrich Lisch: Urkunden und Forschungen zur Geschichte des Geschlechts Behr. Bd. 3. Schwerin 1864.

MANGELSDORF 2001: Günter Mangelsdorf: Die Drachenfibel von Nehringen und das Problem der Vendelzeit in Vorpommern. In: Michael Meyer (Hrsg.): „... trans albim fluvium". Forschungen zur vorrömischen, kaiserzeitlichen und mittelalterlichen Archäologie. [Festschrift Achim Leube.] Internationale Archäologie. Studia honoria 10. S. 493–504. Rahden/Westf. 2001.

MÖLLER 1933: Karl Möller: Die Stralsunder Bildhauerkunst des 18. Jahrhunderts. Greifswald (Sonderdruck aus den Pommerschen Jahrbüchern 27 [1933]. zgl. Diss. Greifswald 1933).

MOMBRITIUS (1910) 1978: Boninus Mombritius: Sanctuarium seu Vitae Sanctorum. Nachdruck der von zwei Mönchen des Klosters Solesmes herausgegebenen Neuausgabe von Paris 1910. Darmstadt 1978.

NIESEL 1958: Elisabeth Niesel: Die Holzplastik in Pommern zwischen Recknitz und Oder von 1350 bis ca. 1530. Diplomarbeit Leipzig 1958 (masch.)

OBERDÖRFER 2007: Eckhard Oberdörfer: Nordvorpommern. Von der Ostseeküste ins Trebeltal – ein Reise- und Lesebuch. Bremen 2. Auflage 2007.

OHLE 1936: Walter Ohle: Die protestantischen Schloßkapellen der Renaissance in Deutschland: im Anschluß an die Kapelle des Schlosses Hartenfels in Torgau, Stettin 1936 (Phil. Diss. Leipzig 1936).

OLSCHEWSKI 2006: Jana Olschewski: Der evangelische Kirchenbau im preußischen Regierungsbezirk Stralsund 1815–1932. Eine Untersuchung zur Typologie und Stilistik der Architektur des Historismus in Vorpommern. Beiträge zur Architekturgeschichte und Denkmalpflege in Mecklenburg und Vorpommern. Bd. 6. Schwerin 2006.

PORADA 2009: Haik Thomas Porada: Die Nachbarn der Familie Mevius. Mit einem Exkurs zur Kulturlandschaftsentwicklung zwischen Trebel und Peene zwischen dem 17. und 20. Jahrhundert. In: Nils Jörn und Haik Thomas Porada (Hrsg.): Lebenswelt und Lebenswirklichkeit des Adels im Ostseeraum. Festgabe zum 80. Geburtstag von Bernhard Diestelkamp. Hamburg 2009. S. 129–155.

RÖMER 1934: Ilse Römer: Der Altar in Nehringen. In: Monatsblätter der Gesellschaft für Pommersche Geschichte und Altertumskunde 48 (1934) Nr. 3, S. 104–107.

RÖMER 1935: Ilse Römer: Renaissanceplastik in Neu-Vorpommern. Diss. Ernst-Moritz-Arndt-Universität Greifswald 1935.

SCHMITT 1931: Otto Schmitt: Kunstdenkmäler des Kreises Grimmen. In: Unsere Heimat: Bilder und Urkunden aus Geschichte und Volkstum des Kreises Grimmen. Bearb. und hrsg. von Fritz Kohls. Grimmen 1931. S. 17–30.

SEIDEL 1994: Kurt Otto Seidel (Hrsg.): Die mittelniederdeutsche Margarethenlegende. In: Texte des späten Mittelalters und der frühen Neuzeit 36 (1994).

SOBIETZKY 2004: Gerd Sobietzky: Beiträge zu ausgewählten Glashütten im Trebel-Recknitz-Raum. In: Glasfreund. Sonderheft 5 (2004).

Sörries 1998: Reiner Sörries: Der Übergang von den mittelalterlichen Todeslegenden zu den Totentänzen. In: Wolfgang Neumann (Red.): Tanz der Toten – Todestanz. Der monumentale Totentanz im deutschsprachigen Raum. Hrsg. vom Zentralinstitut und Museum für Sepulkralkultur. Arbeitsgemeinschaft Friedhof und Denkmal e. V. Kassel, Dettelbach 1998.

Stejskal 1880: Karl Stejskal: Büchelin der Heiligen Margarêta. Beitrag zur Geschichte der geistlichen Literatur des XIV. Jahrhunderts. Wien 1880.

Thielscher 1937: Paul Thielscher: Kreisheimatmuseum Demmin: Die Bildwerke. Hrsg. im Auftrage des Landrats Gottfried von und zu Gilsa. Demmin 1937.

Umbach 2005: Helmut Umbach: Heilige Räume – Pforten des Himmels. Vom Umgang der Protestanten mit ihren Kirchen. Göttingen 2005.

Voss 1982: Johannes Voss: Spätgotische Skulpturen aus Nußbaumholz in Mecklenburg und Vorpommern. In: Mitteilungen des Instituts für Denkmalpflege – Arbeitsstelle Schwerin 27 (1982). S. 482–495.

Wehlte 1985: Kurt Wehlte: Werkstoffe und Techniken der Malerei. 5. überarbeitete Auflage. Ravensburg 1967 und 1985.

Weitzmann-Fiedler 1966: J. Weitzmann-Fiedler: Zur Illustration der Margarethenlegende. In: Münchner Jahrbuch 3 F. XVII (1966).

Wenghöfer 2009: Hans-Georg Wenghöfer: Kirchen, Klöster und Hospitäler mit ihren Bestattungsflächen in der Stadt Greifswald, im Dorf Wieck und im Kloster Eldena. Die Vorgänger städtischer Friedhöfe und ihre Entwicklung bis zum Ende des 19. Jahrhunderts. In: Zeitschrift ‚Pommern‘ 4 (2009).

Wichert 2000: Sven Wichert: Das Zisterzienserkloster Doberan im Mittelalter, Studien zur Geschichte, Kunst und Kultur der Zisterzienser. Bd. 9. Berlin 2000.

Wolgast 1997: Eike Wolgast: Die Reformation im Herzogtum Mecklenburg und das Schicksal der Kirchenausstattungen. In: Johann Michael Fritz: Die bewahrende Kraft des Luthertums. Mittelalterliche Kunstwerke in evangelischen Kirchen. Regensburg 1997.

Würth 2004: Hanna Würth: Pfarrwitwenversorgung im Herzogtum Mecklenburg-Schwerin von der Reformation bis zum 20. Jahrhundert. Diss. Georg-August-Universität Göttingen 2004.

Quellen

EG 1993: Evangelisches Gesangbuch. Ausgabe für die Evangelische Landeskirche Anhalts, die Evangelische Kirche in Berlin-Brandenburg, die Evangelische Kirche der schlesischen Oberlausitz, die Pommersche Evangelische Kirche, die Evangelische Kirche der Kirchenprovinz Sachsen. Berlin 1993.

Kirchenordnung 1690: Kirchenordnung im Lande zu Pommern. Revidierte Fassung von 1563. Alten Stettin 1690.

Pub: Pommersches Urkundenbuch: Königliches Staatsarchiv zu Stettin (Hrsg.). Stettin 1868 ff.

unpublizierte Quellen

LAKD Schwerin: Landesamt für Kultur und Denkmalpflege Schwerin
Ortsakte Glewitz 2748 Kirche Mappe 01, vom 01.08.1908 bis 11.12.1997
Ortsakte Klein Rakow 2810. Mappe 01. begonnen am 03.08.1898
Ortsakte Nehringen 2759. Mappe 01. vom 14.12.1899 bis 03.11.1989
Ortsakte Nehringen 2759. Mappe 02, begonnen am 03.07.1990
Ortsakten Medrow, Deyelsdorf, Bretwisch

LAG: Landesarchiv Greifswald
Rep 10 Nr. 3882 II Rakow betreffend die Erbbau- und Reparierung der Kirche- Pfarr- Wittwen- und Cüsterey Gebäude zu Rakow Tom 2
Rep 10 Nr. 3883 betr. die Umgießung der Rakowschen Glocken

Matrikeln, Memorabilienbücher und Chroniken der Kirchengemeinden Glewitz, Medrow, Nehringen, Deyelsdorf und Rakow, sowie Akten im Pfarramt Glewitz

Bildautoren

RK   Rolf Kneißl
DW   Detlef Witt
TS   Tilo Schöfbeck
LAKD   Landesamt für Kultur und Denkmalpflege

Wir würden uns freuen, wenn wir Sie mit diesem Kirchenführer neugierig gemacht und in Ihnen den Wunsch geweckt haben, unsere Kirchen näher kennenzulernen. Besuchen Sie uns doch zu den Gottesdiensten oder besichtigen Sie unsere Kirchen.
Unseren Gemeindegliedern und den Bewohnern unserer Region hoffen wir, mit diesem Buch ein bewussteres Erleben Ihrer Kirchen zu ermöglichen.

Weitere Informationen erhalten Sie im Pfarramt Glewitz:

Ev. Pfarramt Glewitz
Dorfstraße 44
18513 Glewitz
Tel.: 038334-454

Autoren

Rolf Kneißl

Rolf Kneißl

· geboren 1962 in Jena, in Heilbad Heiligenstadt aufgewachsen
· 1985–90 Studium der Theologie sowie weiterführende Studien der Christlichen Archäologie an der Martin-Luther-Universität Halle
· seit 1992 Pastor in Glewitz und den weiteren beschriebenen Kirchdörfern

Detlef Witt

Detlef Witt

· geboren 1962 in Hohen Neuendorf bei Berlin
· Studium der Kunstgeschichte, Christlichen Archäologie sowie Neueren und neuesten deutschen Literatur an der Ernst-Moritz-Arndt-Universität Greifswald
· anschließend Tätigkeit in einem Greifswalder Restaurierungsatelier
· seit 2003 Erfassung von Kunst- und Kulturgut im Kirchenkreis Stralsund der Pommerschen Evangelischen Kirche
· 2006, 2007 und 2010 Lehraufträge an der Ernst-Moritz-Arndt-Universität Greifswald zu Kirchenausstattungen in Mecklenburg-Vorpommern
· 2006–08 Forschungsprojekt zu Leben und Werk des pommerschen Bildhauers Max Uecker
· lebt als freiberuflicher Kunsthistoriker in Greifswald
· Publikationen, Vorträge und Fotoausstellungen zur Kunst in Mecklenburg-Vorpommern und in Brandenburg vom Mittelalter bis ins 20. Jahrhundert

Tilo Schöfbeck

Dr. Tilo Schöfbeck

· geboren 1973, lebt in Schwerin
· 1992–99 Studium der Ur- und Frühgeschichte sowie Geschichte an der Humboldt-Universität Berlin, in Greifswald und Bamberg
· 2000–03 Mitglied im Graduiertenkolleg »Kunstwissenschaft – Bauforschung – Denkmalpflege« der TU Berlin und der Universität Bamberg
· 2009 in Greifswald Promotion über Mittelalterliche Kirchen zwischen Trave und Peene. Studien zur Entwicklung einer Architekturlandschaft
· seit 2000 als freiberuflicher Bauforscher in Norddeutschland tätig
· Forschungsschwerpunkte: Dorfkirchen, Dachwerks- und Gefügeforschungen an Kirchen und Bürgerhäusern, Dendrochronologie, interdisziplinäre Forschungen zur ländlichen Siedlungsgeschichte in Ostdeutschland, Mittelalterarchäologie

Sandra Hauff

· geboren 1975, lebt in Berlin, Greifswald und auf Rügen
· Studium der Kunst-, Ur- und Frühgeschichte sowie Kunstpädagogik an der Ernst-Moritz-Arndt-Universität Greifswald
· 2007 Abschluss der Magisterarbeit zum Thema: Wandmalerei in der Glewitzer Kirche; danach weiterführende Untersuchung des Margarethenfrieses mit dem Ziel der Erstellung einer vervollständigt lesbaren Übertragung der Malerei mit Dokumentationsanspruch
· derzeit projektgebundene Tätigkeit im Bereich der geophysikalischen Prospektion für Archäologen

Sandra Hauff